高等职业教育公共课精品教材
“互联网+”新形态立体化教学资源特色教材

信息技术基础
（Windows 10+WPS Office 2024）

主　编　王　谦　刘姗姗　张成强
副主编　马妍妍　林淑云　宗京秀　刘　斌
参　编　邢士涛　樊晓卿　刘　莹　张仲达　苗　青　韩　琦　刘　爽

中国轻工业出版社

图书在版编目（CIP）数据

信息技术基础：Windows 10 + WPS Office 2024 / 王谦，刘姗姗，张成强主编. — 北京：中国轻工业出版社，2025.8

高等职业教育公共课精品教材“互联网+”新形态立体化教学资源特色教材

ISBN 978-7-5184-4985-9

Ⅰ. ①信… Ⅱ. ①王… ②刘… ③张… Ⅲ. ①电子计算机—高等职业教育—教材 Ⅳ. ①TP3

中国国家版本馆CIP数据核字（2024）第106858号

责任编辑：李金慧

文字编辑：刘　晶　　责任终审：李建华　　设计制作：锋尚设计

策划编辑：张文佳　李金慧　　责任校对：朱　慧　朱燕春　　责任监印：张　可

出版发行：中国轻工业出版社（北京鲁谷东街5号，邮编：100040）

印　　刷：三河市万龙印装有限公司

经　　销：各地新华书店

版　　次：2025年8月第1版第3次印刷

开　　本：787 × 1092　1/16　印张：15

字　　数：330 千字

书　　号：ISBN 978-7-5184-4985-9　定价：49.80元

邮购电话：010-85119873

发行电话：010-85119832　010-85119912

网　　址：http://www.chlip.com.cn

Email：club@chlip.com.cn

251286J2C103ZBW

前 言

在信息化时代的浪潮中，计算机和信息技术已经成为人们日常生活和工作中不可或缺的一部分。掌握基本的计算机操作技能和信息素养，对于提升个人综合素质、提高工作效率和适应社会发展具有重要意义。

回顾党的二十大报告不难发现，信息技术和科技创新被赋予了前所未有的战略地位。报告中明确提到“实现高水平科技自立自强”，这为新时代的人才培养赋予了新的使命，即培养学生的信息素养和创新型思维。

本书共分为八个项目，涵盖信息技术的各个方面，包括认识与使用计算机、Windows 10的使用、WPS文字、WPS表格、WPS演示、信息素养与社会责任、新一代信息技术、信息检索。每个项目都包含深入理解这些概念和技能的任务，以提供实践的机会。理论知识和实践操作的结合，才能让学习更具效果。

本书编写特色主要体现在以下几方面。

1. 结构清晰，层次分明：本书按照不同的项目和任务进行划分，从文件和文件夹操作到WPS文字、WPS表格、WPS演示等多个方面进行了详细的介绍，使得读者能够清晰地了解各个部分的内容和重点。

2. 实用性强，注重操作：本书不仅介绍了 WPS Office 2024 软件的基础知识，还通过具体的任务和实例，指导读者进行实际操作。这种理论与实践相结合的方式，有助于读者更好地掌握 WPS Office 2024 的使用技巧，提高实际操作能力。

3. 内容全面，涵盖广泛：除了 WPS Office 2024 的基本操作外，本书还涉及了信息素养、信息技术、信息安全等方面的知识，帮助读者全面了解信息技术领域的相关知识，提升信息素养。

本书在编写过程中，参考了一些相关资料，得到了许多同行的支持与帮助，在此表示衷心的感谢。由于时间仓促，编者精力有限，书中难免存在一些不足，敬请广大师生及读者不吝批评和指正。

编者

《信息技术基础（Windows 10 + WPS Office 2024）》教材介绍

目 录

项目一

认识与使用计算机

项目概述

本项目旨在构建一个全面且深入的基础框架，以理解和掌握信息技术的核心组成部分——计算机及其网络的应用与发展趋势。通过本项目的系统学习，不仅能够明确信息技术的基本定义与广泛应用，还能深入探索计算机从诞生至今的发展历程、特点、分类以及未来发展趋势。此外，项目还涵盖计算机网络的基础知识，包括对计算机网络的构成、Internet的工作原理以及不同网络类型的理解，从而为在信息时代有效利用技术资源奠定坚实基础。

学习目标

在完成每个目标后，请在相应的方框内打钩，并撰写自我评价，以反映自己在学习过程中的表现。

目标	目标内容	是否完成	自我评价
知识目标	明确信息技术的定义，了解信息技术应用与发展趋势	□	
	掌握计算机的发展历程，理解计算机硬件与软件的基本构成	□	
	认识计算机网络的基本概念，理解Internet的工作原理	□	
能力目标	能够运用网络资源进行高效的信息搜索、筛选与分析，提升数据处理与信息整合的能力	□	
	通过实践操作，掌握计算机的基本操作技能，包括软件安装、系统设置等	□	
	面对计算机使用与网络通信中的常见问题，能够运用所学知识独立思考，提出解决方案	□	

续表

目标	目标内容	是否完成	自我评价
素质目标	在小组任务中，培养良好的团队合作精神，学会倾听他人意见，有效沟通协调，共同完成项目目标	□	
	激发自我学习的兴趣与动力，学会利用网络资源进行自主探究学习，形成终身学习的习惯	□	
	树立正确的网络道德观念，理解并遵守知识产权法律法规，保护个人隐私与网络安全，展现良好的数字公民素养	□	

思政园地

作为身处信息技术时代的青年学子，当怀抱崇高理想、锤炼精湛本领、肩扛时代担当。青年学子不仅要成为信息技术的受益者，更应积极担当起负责任的使用者与勇于创新的先行者之责，为建设网络强国、智慧社会贡献青春之智，发出青年之声，展现青年之力。

思维导图

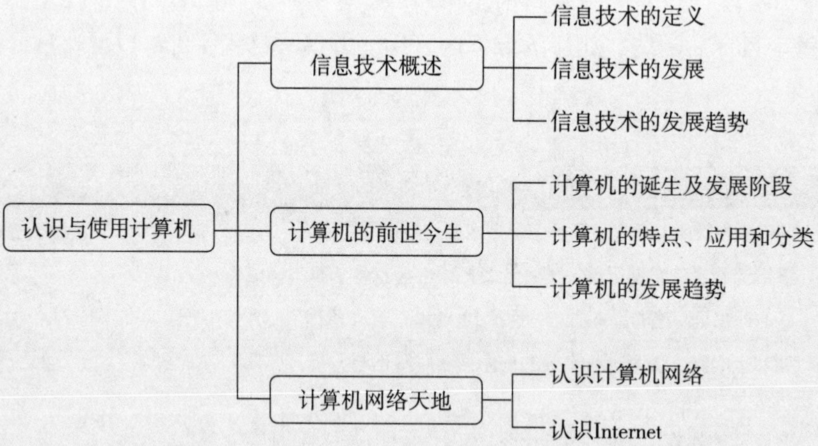

任务一

信息技术概述

任务导入

【任务描述】

在当前社会中，信息技术的广泛应用已深入人们日常生活的各个角落，各类智能设备已成为人们日常活动中不可或缺的辅助工具。随着科技的飞速发展，人们愈发依赖于这些先进技术所带来的便捷与高效。

为了进一步拓宽学生的知识视野，提升其实践操作能力，班级精心组织了一次活动。在活动中，引导学生安装了一款名为“高德地图”的App，并教授他们如何利用该应用查找“燕郊公园”的相关信息。

【任务思考】

1. 学生分组讨论，并回答如下问题。

（1）在使用高德地图时，如何避免走错路或迷路的问题？

____

____

（2）使用高德地图时，怎样更加合理地规划路线？

____

____

2. 按照实际操作过程，将操作内容及实施过程中遇到的问题或解决方法记录在表1-1-1中。

表 1-1-1　任务实施过程记录表

序号	操作内容	遇到的问题	解决方法
1			
2			
3			
4			
…			

知识积累

一、信息技术的定义

对信息技术的定义，有不同的表述。

从广义上讲，信息技术是指能充分利用与扩展人类信息器官功能的各种方法、工具与技能的总和。

从狭义上讲，现代的信息技术是指利用计算机、网络、广播电视等各种硬件设备及软件工具与科学方法，对数、文、图、声、像等各种信息进行获取、加工、存储、传输与使用的技术之和。

二、信息技术的发展

信息技术是随着人类对外部世界的认识和控制能力的提高而逐步发展的，按照信息的载体和通信方式的发展，可以大致分为古代信息技术、近代信息技术和现代信息技术三个不同的发展阶段，经历了语言的利用、文字的发明、印刷术的发明、电信革命，以及计算机技术的发明和利用五次重大的变革。

（一）古代信息技术

自有人类活动以来到1837年漫长的古代信息技术发展阶段内，信息传递基本上是以声、光、文字、图形等方式进行的。在这一时期，信息技术经历了语言的利用、文字的发明、印刷术的发明三次重大的变革。

人类最原始的信息表达和传递是通过手势、面部表情、身体动作或简单的嗓音来进行的，只能在视觉和听觉范围内近距离传递。随着历史的演变，简单的嗓音逐渐演变为语言，又经过长时期的进化，语言变得越来越丰富多彩。人类通过语言表达和传递信息，使信息的表达质量和效率大大提高。

语言信息的表达只能是瞬间的，除了用脑记忆外无法记录，因此信息的表达和传递在时间和空间上都受到限制。为了克服人脑容易遗忘的缺陷，人类开始创造符号来记录语言。经过长期的演变，符号逐渐发展成文字。文字的发明是人类信息活动的一次革命性变革，使古代信息技术产生了突破性的进展。文字出现后，人类摆脱了自身的束缚，在大脑之外开始大量记录和存贮信息。文字的产生，也使得信息的远距离传输成为可能，用书信传递信息的方式开始出现，我国在秦朝就已经建立了信息传递系统——驿站。

随着文字的产生，古代记录文字的载体也开始随着不同的历史时期逐渐发展。从石刻、甲骨、青铜器、竹简、木牍、丝绸到造纸术和印刷术的发明，文字的记录变得既方便又经济。尤其是印刷术的发明和使用，结束了人类记录和传递信息单纯依靠手写的阶段，使得信息的记录、存储、传递和使用范围在时间和空间上变得更为久远和广阔。

古代信息技术的特征是以文字记录为主要的信息存储手段，以书信传递为主要的信息传输方法，信息的采集、记录、传输都是在人工条件下实施的，因此，当时人们的信息活动范围小、效率低，可靠性也较差。

（二）近代信息技术

近代信息技术的发展是将以电为主角的信息传输技术的突破作为先导的。整个近代信息技术的发展过程就是信息技术的第四次重大变革——电信革命的过程。

1837年美国科学家莫尔斯成功地发明了有线电报和莫尔斯电码，拉开了以信息的电传输技术为主要特征的近代信息技术发展的序幕。

电通信是用电波作为信息载体，将信号传输到远方的通信方式。携带信息的电波沿着通信线路（电话线、各种通信电缆等）传输的通信方式称为“有线电通信”；电波借助于空间传播的通信方式称为“无线电通信”。电通信传递信息快、传递信息远、传送信息多。电通信的问世，是人类通信发展史上的一大飞跃，它使信息传输空间空前扩大，信息传输时效空前提高。在发明和发展电通信方面，美国发明家莫尔斯、贝尔，意大利发明家马可尼以及英国年轻军官克拉克四人做出了不朽的贡献，被誉为电通信领域的“四大金刚”。

在物理学，特别是电子学和电子技术发展的推动下，有线电通信、无线电通信等新的信息传递方式不断涌现。电报、传真、有线电话、无线电话、广播、电视等新的信息传播工具不断产生，它们的功能和性能不断得到改进和提高。

近代信息技术发展阶段的特征是以电为主角的信息传输技术加快了信息传递的速度，从而使人类的信息活动步入新的阶段。伴随着信息传播技术的发展，诸如录音、唱片、照相、摄录像等信息存储技术也在快速发展。

（三）现代信息技术

20世纪40年代，电子计算机诞生，这是人类社会进入现代信息技术发展阶段的标志。

随着社会生活和经济活动的发展，人类信息活动的强度和范围增大，社会的信息量猛增，尤其在20世纪60年代后，人类社会进入“信息爆炸”时代。

推动信息技术革命性变革的直接动力是计算机的智能化和通信设施的大容量、高速化。计算机智能化的发展使其能快速处理大容量的数据，强大的功能使电脑能以惊人的速度在普通家庭中得以普及。由于诸如无线电通信等各种通信技术的发展，通信的速度和容量飞速提高，通信的费用不断降低，网络通信快速渗透到了人们的日常生活中。

现代信息技术是产生、转换、存储、加工和传输数字、文字、声音、图像信息的一切现代高新技术的总称，其核心包括计算机技术、通信技术和控制技术。现代信息技术之所以能够处于现代高新技术群体中最核心、最先导的地位，具有非凡的重要作用，根本原因在于它是渗透性、综合性、应用性极强的高科技，它包括的技术十分广泛，它和其他高新科技如材料科学、生命科学等相互渗透、相互支撑和相互促进。

三、信息技术的发展趋势

云计算、大数据、物联网、人工智能等新一代信息技术已渗透到经济和社会生活的各个领域，软件产业服务化、平台化、融合化趋势更加明显。我国高度重视新一代信息技术产业，就人工智能、工业互联网、5G、机器人等领域的发展作出一系列战略部署，有力地推动了我国新一代信息技术产业的发展。

（一）信息技术向纵深化和融合化发展

一是信息技术作为一个技术领域，其关键技术（如芯片技术、通信网络技术、数据挖掘技术等）将沿纵深方向不断发展。二是信息技术与产业发展正加速融合，产业发展不断对信息技术提出新的需求，二者相互融合、相互促进，呈现融合化发展的局面。因此，新一代信息技术的发展将呈现信息技术的纵深化和融合化互相促进的特征。

（二）信息处理向云集化和泛在化发展

一是在信息技术发展的初期，信息处理是在分散的服务器上进行的，而随着云计算和虚拟化技术的快速发展，信息处理呈现云集化趋势。二是云计算和数据中心技术正日趋成熟，不同行业和企业纷纷建立了自己的云计算中心和数据中心，这又表现为更高层次的信息处理泛在化。因此，新一代信息技术将呈现出信息处理云集化和泛在化协同发展的特征。

（三）信息服务向个性化和共性化发展

一是随着经济社会的不断发展，人们对信息服务的需求日益多样化和个性化，信息技术的发展也在不断满足人们对个性化服务的需求。二是当个性化发展到一定程度，差异性逐渐成为普遍性，信息服务呈现越来越多的共性特征。因此，新一代信息技术将呈现出信息服务的个性化和共性化辩证统一的特征。

任务工单

展示任务实施的成果，并完成如表1–1–2所示的任务评价表。

表1–1–2 任务评价表

评价项目	评价内容	分值	评价分值		
			自评	互评	师评
职业素养考核项目	考勤、仪容仪表	5			
	小组协作与沟通技巧	10			
	学习积极性	5			
	创新意识、纪律意识	10			
专业能力考核项目	积极参与教学活动并正确理解任务要求	10			
	认真搜集并积极讨论相关资料	20			
	具备利用地图进行导航、规划行程以及识别周边设施的能力	20			
	正确搜索“燕郊公园”的地点	20			
合计：综合分数________		100			
综合评价：					
备注：					

任务实施

安装与使用“高德地图”App。

（1）在手机桌面，点击“应用商店”，出现搜索界面。

（2）在搜索框中输入“高德地图”，点击“搜索”。

（3）点击“获取”，开始安装“高德地图”App。

（4）点击“打开”或在桌面上点击“高德地图”App，进入“高德地图”App。

（5）打开高德地图，点击搜索“燕郊公园”，页面上显示了燕郊公园的相关信息，如图1–1–1所示。

图1–1–1 燕郊公园的界面

任务二

计算机的前世今生

任务导入

【任务描述】

班级为提升同学们对计算机科技的理解与认识，特地组织了一次网络资料收集活动。同学们积极响应，通过网络平台深入探寻计算机的诞生背景，并将所收集到的信息整理记录在记事本中，以备日后查阅与学习。此次活动旨在培养同学们的自主学习能力，同时也为同学们提供了一个交流学习心得的平台，促进了班级内部的互动与合作。

【任务思考】

1. 学生分组讨论，并回答如下问题。

（1）通过这次活动，你对计算机科技有了哪些新的认识？这些认识如何影响你对计算机技术的看法？

____

____

（2）你认为这种网络资料收集活动对提升同学们的计算机科技素养有多大帮助？为什么？

____

____

2. 按照实际操作过程，将操作内容及实施过程中遇到的问题或解决方法记录在表1-2-1中。

表1-2-1　任务实施过程记录表

序号	操作内容	遇到的问题	解决方法
1			
2			
3			
4			
…			

知识积累

一、计算机的诞生及发展阶段

17世纪，德国数学家莱布尼茨发明了二进制计数法。20世纪初，电子技术得到飞速发展。

1904年，英国电气工程师弗莱明研制出真空二极管。1906年，美国科学家福雷斯特发明真空三极管，为计算机的诞生奠定了基础。

20世纪40年代，西方国家的工业技术得到迅猛发展，相继出现了雷达和导弹等高科技产品，原有的计算工具难以满足大量高科技产品对复杂计算的需要，迫切需要在计算技术上有所突破。1943年，美国宾夕法尼亚大学电子工程系的教授莫奇利和他的研究生埃克特计划采用电子管（真空管）建造一台通用电子计算机。1946年2月，由美国宾夕法尼亚大学研制的世界上第一台通用电子计算机——电子数字积分计算机（electronic numerical integrator and computer，ENIAC）诞生，如图1-2-1所示。

图1-2-1　世界上第一台通用电子计算机ENIAC

ENIAC的主要元件是电子管，每秒可完成约5000次加法运算、300多次乘法运算。ENIAC重30多吨，占地约170平方米，采用了17000 多个电子管、1500多个继电器、70000多个电阻器和10000多个电容器，每小时耗电量约为150千瓦。虽然ENIAC的体积庞大、性能不佳，但它的出现具有跨时代的意义，它开创了电子技术发展的新时代——“计算机时代”。

同一时期，离散变量自动电子计算机（electronic discrete variable automatic computer，EDVAC）研制成功，这是当时理论上最快的计算机，其主要设计理论是采用二进制和存储程序工作方式。

从第一台通用电子计算机ENIAC诞生至今，计算机技术已成为发展较快的现代技术之一。根据计算机所采用的元器件，可以将计算机的发展划分为4个阶段，如表1-2-2所示。

表 1-2-2　计算机发展的 4 个阶段

阶段	划分年份	采用的元器件	运算速度（每秒执行的指令数）	主要特点	应用领域
第一代计算机	1946—1957年	电子管	几千条	主存储器采用磁鼓，体积庞大、耗电量大、运行速度低、可靠性较差、内存容量小	国防及科学研究工作
第二代计算机	1958—1964年	晶体管	几万至几十万条	主存储器采用磁芯，开始使用高级程序及操作系统，运算速度提高、体积减小	工程设计、数据处理
第三代计算机	1965—1970年	中小规模集成电路	几十万至几百万条	主存储器采用半导体存储器，集成度高、功能增强、价格下降	工业控制、数据处理
第四代计算机	1971年至今	大规模、超大规模集成电路	上千万至万亿条	计算机走向微型化，性能大幅度提高，软件也越来越丰富，为网络化创造了条件。同时计算机逐渐走向人工智能化，并采用了多媒体技术，具有听、说、读和写等功能	工业、生活等各个方面

二、计算机的特点、应用和分类

随着科学技术的发展，计算机已被广泛应用于各个领域，在人们的生活和工作中起着重要的作用。下面介绍计算机的特点、应用和分类。

计算机的特点、应用和分类

（一）计算机的特点

计算机主要有以下5个特点。

1. 运算速度快

计算机的运算速度指的是计算机在单位时间内执行指令的条数，一般以每秒能执行多少条指令来描述。早期的计算机由于技术的原因，工作效率较低，而随着集成电路技术的发展，计算机的运算速度得到飞速提升，目前世界上已经有运算速度超过“每秒亿亿次”的超级计算机。

2. 计算精度高

计算机的计算精度取决于其采用的机器码（二进制码）的字长，即常说的8位、16位、

32位和64位等。机器码的字长越长，有效位数就越多，计算精度也就越高。

3．逻辑判断准确

除了计算功能外，计算机还具备数据分析和逻辑判断能力，高级计算机还具有推理、诊断和联想等模拟人类思维的能力。因此，计算机俗称“电脑”，而具有准确、可靠的逻辑判断能力是计算机能够实现自动化信息处理的重要保证。

4．存储能力强大

计算机具有许多存储信息的载体，可以将运行的数据、指令程序和运算的结果存储起来，供计算机本身或用户使用，还可即时输出文字、图像、声音和视频等各种形式的信息。例如，要在一个大型图书馆使用人工查阅的方法查找图书可能会比较复杂，而采用计算机管理后，所有的图书及索引信息都被存储在计算机中，这时查找一本图书就会非常快。

5．自动化程度高

计算机内具有运算单元、控制单元、存储单元和输入输出单元。计算机可以按照编写的程序（一组指令）实现工作自动化，不需要人的干预，而且可以反复执行。例如，正是因为企业生产车间及流水线管理中的各种自动化生产设备植入了计算机控制系统，工厂生产自动化才成为可能。

（二）计算机的应用

在诞生初期，计算机主要应用于科研和军事等领域，负责的工作内容主要是大型的高科技研发活动。近年来，随着社会的发展和科技的进步，计算机的功能不断扩展，计算机在社会各个领域都得到了广泛的应用。计算机的应用可以概括为以下7个方面。

1．科学计算

科学计算即通常所说的数值计算，是指利用计算机来完成科学研究和工程设计中提出的数学问题的计算。计算机不仅可以进行数值计算，还可以解微积分方程及不等式。由于计算机运算速度较快，因此以往人工难以完成甚至无法完成的数值计算，使用计算机都可以完成，如气象资料分析和卫星轨道的测算等。目前，基于互联网的云计算甚至可以达到每秒10万亿次的超高运算速度。

2．数据处理和信息管理

数据处理和信息管理是指使用计算机来完成对大量数据进行的分析、加工和处理等工作。这些数据不仅包括“数”，还包括文字、图像和声音等。现代计算机运算速度快、存储容量大，因此在数据处理和信息加工方面的应用十分广泛，如企业的财务管理、事务管理、资料和人事档案的文字处理等。计算机在数据处理和信息管理方面的应用为实现办公自动化和管理自动化创造了有利条件。

3．过程控制

过程控制也称实时控制，是利用计算机对生产过程和其他过程进行自动监测，以及自动控制设备工作状态的一种控制方式，被广泛应用于各种工业环境中，还可以取代人在危险、有害的环境中作业。计算机作业不受疲劳等因素的影响，可完成大量有高精度和高速度要求的操作，从而节省大量的人力、物力，大大提高经济效益。

4．人工智能

人工智能（artificial intelligence，AI）是指智能的计算机系统。人工智能具备人才具有的智能特性，能模拟人类的智能活动，如“学习”“识别图形和声音”“推理过程”“适应环境”等。目前，人工智能主要应用于智能机器人、机器翻译、医疗诊断、故障诊断、案件侦破和经营管理等方面。

5．计算机辅助

计算机辅助也称为计算机辅助工程应用，是指利用计算机协助人们完成各种设计工作的技术。计算机辅助是目前正在迅速发展并不断取得成果的重要应用领域，主要有计算机辅助制造（computer-aided manufacturing，CAM）、计算机辅助工程（computer-aided engineering，CAE）、计算机辅助教学（computer-aided instruction，CAI）和计算机辅助测试（computer-aided testing，CAT）等。

6．网络通信

网络通信利用通信设备和线路将地理位置不同的、功能独立的多个计算机系统连接起来，从而形成计算机网络。随着网络技术的快速发展，人们通过计算机网络可以在不同地区和国家间进行数据的传递，还可以开展各种商务活动。

7．多媒体技术

多媒体技术（multimedia technology）是指通过计算机对文字、数据、图形、图像、动画和声音等多媒体信息进行综合处理和管理，使用户可以通过多种感官与计算机进行实时信息交互的技术。多媒体技术拓宽了计算机的应用领域，使计算机广泛应用于教育、广告宣传、视频会议、服务业和文化娱乐业等领域。

（三）计算机的分类

计算机的种类非常多，划分的方法也有很多种。

按用途不同，计算机分为专用计算机和通用计算机两种。其中，专用计算机是指为适应某种特殊需要而设计的计算机，如计算导弹弹道的计算机等。因为这类计算机都强化了计算机的某些特定功能，忽略了一些次要功能，所以有高速度、高效率、使用面窄和专机专用等特点。通用计算机广泛适用于一般科学运算、学术研究、工程设计和数据处理等领域，具有功能多、配置全、用途广和通用性强等特点。目前市面上销售的计算机大多属于通用计算机。

按性能、规模和处理能力不同，计算机可以分为巨型机、大型机、中型机、小型机和微型机5种，具体介绍如下。

1. 巨型机

巨型机也称为超级计算机或高性能计算机。巨型机是运算速度较快、处理能力较强的计算机之一，是为满足特殊需要而设计的。巨型机多用于国家高科技领域和尖端技术研究，是国家科研实力的体现。现有的巨型机运算速度大多可以达到每秒1万亿次以上。

2. 大型机

大型机也称为大型主机，如图1-2-2所示。大型机的特点是运算速度快、存储量大和通用性强，主要针对计算量大、信息流通量大、通信需求大的用户，如银行、政府部门和大型企业等。目前，生产大型机的公司主要有国际商业机器（IBM）和富士通等。

图1-2-2　大型机

3. 中型机

中型机在性能上低于大型机，其特点是处理能力强，常用于中小型企业。

4. 小型机

小型机是指采用精简指令集处理器，性能和价格上介于微型机与大型机之间的一种高性能64位计算机。小型机的特点是结构简单、可靠性高和维护费用低，它常用于中小型企业。随着微型计算机的飞速发展，小型机被微型机取代的趋势已非常明显。

5. 微型机

微型计算机简称微型机，是应用普遍的机型。微型机价格便宜、功能齐全，被广泛应用于机关、学校、企业和家庭中。按结构和性能不同，微型机可以划分为单片机、单板机、个人计算机（personal computer，PC）、工作站和服务器等。其中，个人计算机又可分为台式计算机和便携式计算机（如笔记本电脑）两类，分别如图1-2-3和图1-2-4所示。

图1-2-3　台式计算机

图1-2-4　便携式计算机

三、计算机的发展趋势

下面从计算机的发展方向和未来新一代计算机芯片技术两个方面对计算机的发展趋势进行介绍。

（一）计算机的发展方向

计算机未来的发展呈现巨型化、微型化、网络化和智能化的趋势。

1．巨型化

巨型化是指计算机的运算速度更快、存储容量更大、功能更强和可靠性更高。巨型化计算机的应用领域主要包括天文、天气预报、军事和生物仿真等。这些领域需进行大量的数据处理和运算，这些数据处理和运算只有性能强的计算机才能完成。

2．微型化

随着超大规模集成电路的进一步发展，个人计算机将更加微型化。膝上型、书本型、笔记本型和掌上型等微型化计算机将不断涌现，并会受到越来越多用户的喜爱。

3．网络化

随着计算机的普及，计算机网络也逐步深入人们的工作和生活。人们通过计算机网络可以连接分散在全球的计算机，然后共享各种分散的计算机资源。计算机网络逐步成为人们工作和生活中不可或缺的事物，它可以让人们足不出户就获得大量的信息，并能与世界各地的人进行网络通信、网上贸易等。

4．智能化

早期的计算机只能按照人的意愿和指令去处理数据，而智能化的计算机能够代替人进行脑力劳动，具有类似人的智能，如能听懂人类的语言、能看懂各种图形、可以自己学习等。智能化的计算机可以代替人的部分工作，未来的智能化计算机将会代替甚至超越人类在某些方面开展脑力劳动。

（二）未来新一代计算机芯片技术

由于计算机的核心部件是芯片，因此计算机芯片技术的不断发展也是推动计算机未来发展的动力。英特尔（Intel）公司的创始人之一戈登·摩尔在1965年曾预言了计算机集成技术的发展规律，即摩尔定律，那就是每18个月在同样面积的芯片中集成的晶体管数量将翻一番，而其成本将下降一半。几十年来，计算机芯片中集成的晶体管数量按照摩尔定律发展，不过其发展并不是无限的。

现有计算机采用电流作为数据传输的信号，而电流主要靠电子的迁移产生，电子基本的通路是原子，按现在的发展趋势，传输电流的导线直径将达到一个原子的直径长度，但这样的电流极易造成原子迁移，十分容易出现断路的情况。因此，世界上许多国家在很早的时候就开始了对各种非晶体管计算机的研究，如DNA生物计算机、光计算机、量子计算机等。这类计算机也被称为第五代计算机或新一代计算机，它们能在更大程度上模仿人类的智能。这类技术也是目前世界各国计算机技术研究的重点。

1. DNA生物计算机

DNA生物计算机以脱氧核糖核酸（deoxyribonucleic acid，DNA）作为基本的运算单元，通过控制DNA分子间的生化反应来完成运算。DNA生物计算机具有体积小、存储量大、运算快、耗能低、可并行等优点。

2. 光计算机

光计算机是以光子作为载体来进行信息处理的计算机。光计算机具有光器件的带宽非常大、传输和处理的信息量极大、信息传输中畸变和失真小、信息运算速度高、光传输和转换时能量消耗极低等优点。

3. 量子计算机

量子计算机是遵循物理学的量子规律来进行数学计算和逻辑计算，并进行信息处理的计算机。量子计算机具有运算速度快、存储量大、功耗低等优点。

任务工单

展示任务实施的成果，并完成如表1-2-3所示的任务评价表。

表 1-2-3　任务评价表

评价项目	评价内容	分值	评价分值		
			自评	互评	师评
职业素养考核项目	考勤、仪容仪表	5			
	小组协作与沟通技巧	10			
职业素养考核项目	学习积极性	5			
	创新意识、纪律意识	10			
专业能力考核项目	积极参与教学活动并正确理解任务要求	10			
	认真搜集并积极讨论相关资料	20			
	正确的计算机的诞生背景资料	20			
	进行资料的收集整合	20			
合计：综合分数________		100			
综合评价：					
备注：					

任务实施

一、资料收集阶段

1．网络搜索与筛选

同学们利用课余时间，通过搜索引擎、专业网站等途径，搜集了大量关于计算机诞生背景的资料。在搜集过程中，同学们注重筛选信息的真实性和权威性，确保所收集到的资料具有参考价值，如图1–2–5所示。

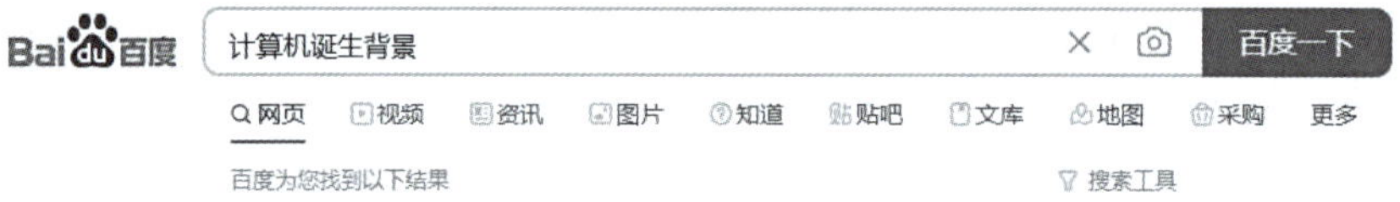

图1–2–5　网页搜索

2．交流与讨论

小组内成员定期进行交流与讨论，分享各自收集到的资料和学习心得。通过相互学习和借鉴，同学们不断丰富和完善自己的知识体系。

二、资料整理与记录阶段

1．整理资料

各小组将收集到的资料进行整理，按照时间顺序或主题进行分类，形成清晰明了的资料体系，如图1–2–6所示。

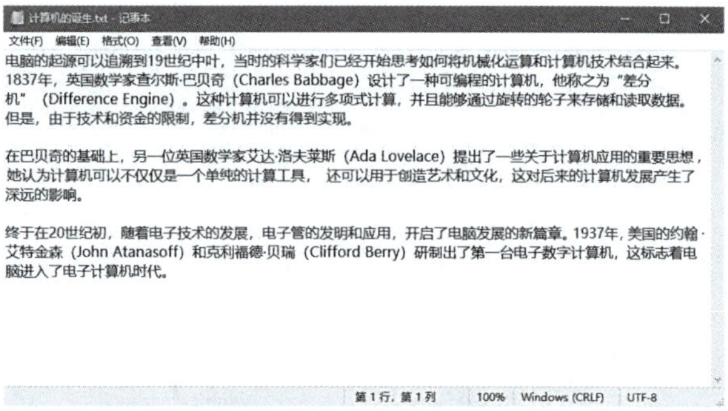
计算机的诞生.txt - 记事本

文件(F)　编辑(E)　格式(O)　查看(V)　帮助(H)

电脑的起源可以追溯到19世纪中叶，当时的科学家们已经开始思考如何将机械化运算和计算机技术结合起来。1837年，英国数学家查尔斯·巴贝奇（Charles Babbage）设计了一种可编程的计算机，他称之为“差分机”（Difference Engine）。这种计算机可以进行多项式计算，并且能够通过旋转的轮子来存储和读取数据。但是，由于技术和资金的限制，差分机并没有得到实现。

在巴贝奇的基础上，另一位英国数学家艾达·洛夫莱斯（Ada Lovelace）提出了一些关于计算机应用的重要思想，她认为计算机可以不仅仅是一个单纯的计算工具，还可以用于创造艺术和文化，这对后来的计算机发展产生了深远的影响。

终于在20世纪初，随着电子技术的发展，电子管的发明和应用，开启了电脑发展的新篇章。1937年，美国的约翰·艾特金森（John Atanasoff）和克利福德·贝瑞（Clifford Berry）研制出了第一台电子数字计算机，这标志着电脑进入了电子计算机时代。

第1行，第1列　100%　Windows (CRLF)　UTF-8

图1–2–6　资料整理

2．记录学习心得

同学们在整理资料的过程中，结合自己的学习体会和思考，记录下自己的学习心得和感悟。这些心得和感悟不仅有助于同学们加深对计算机科技的理解，也为日后的学习和交流提供了宝贵的素材。

任务三

计算机网络天地

任务导入

【任务描述】

在信息化时代的浪潮中，互联网以其强大的信息整合和分享能力，为教育领域的创新与发展提供了广阔的空间。近日，班级的老师便巧妙地利用这一现代科技工具，组织学生们开展了一次别开生面的实践活动——利用Internet收集中国名胜古迹的照片。

【任务思考】

1. 学生分组讨论，并回答如下问题。

（1）如何利用关键词搜索技巧，快速筛选出符合要求的图片？

____

____

（2）如何利用Internet资源提升学习效率和效果？

____

____

2. 按照实际操作过程，将操作内容及实施过程中遇到的问题或解决方法记录在表1-3-1中。

表1-3-1　任务实施过程记录表

序号	操作内容	遇到的问题	解决方法
1			
2			

续表

序号	操作内容	遇到的问题	解决方法
3			
4			
…			

知识积累

一、认识计算机网络

（一）计算机网络的定义

在计算机网络发展的不同阶段，由于对计算机网络的理解和应用侧重点不同，人们提出了不同的定义。就目前的计算机网络来看，从资源共享的观点出发，通常将计算机网络定义为：以能够相互共享资源的方式连接起来的独立计算机系统的集合。也就是说，将相互独立的计算机系统用通信线路连接，按照全网统一的网络协议进行数据通信，从而实现网络资源共享。

从计算机网络的定义可以看出，构成计算机网络有以下4点要求。

1．计算机相互独立

从分布的地理位置来看，它们是独立的，既可以相距很近，也可以相隔千里；从数据处理功能上来看，它们的独立不是必须的，既可以联网工作，也可以脱离网络独立工作，而且联网工作时没有明确的主从关系，即网内的一台计算机不能强制性地控制另一台计算机。

2．通信线路相连接

各计算机系统必须用传输介质和互联设备实现互联，传输介质可以是双绞线、同轴电缆、光缆、微波和无线电波等。

3．采用统一的网络协议

全网中的各计算机在通信过程中必须共同遵守“全网统一”的通信规则，即网络协议。

4．资源共享

计算机网络中一台计算机的资源（包括硬件、软件和信息）可以与全网其他计算机系统共享。

（二）网络中的硬件

要形成一个能传输信号的网络，必须要有硬件设备的支持。由于网络的类型不一样，使用的硬件设备可能有所差异。总体说来，网络中的硬件设备有传输介质、网卡、路由器和交换机等。

1．传输介质

传输介质是连接网络中各节点的“物理通路”。目前，常用的网络传输介质有双绞线、同轴电缆、光缆与无线传输介质等，对其分别介绍如下。

（1）双绞线。双绞线由2根、4根或8根绝缘导线组成，2根绝缘导线绞合为1根线来作为一条通信链路。为了减少各线对之间的电磁干扰，各线对以均匀对称、螺旋状的方式扭绞在一起。线对的绞合程度越高，抗干扰能力越强。

（2）同轴电缆。同轴电缆由内导体、外屏蔽层、绝缘层及外部保护层组成。同轴电缆可连接的地理范围较双绞线更大，抗干扰能力更强，使用与维护也更方便，但其价格较双绞线更高。

（3）光缆。一条光缆中包含多根光纤。每根光纤由玻璃或塑料拉成极细的、能传导光波的纤芯和包层构成，外面再包裹多层保护材料。光纤通过内部的全反射来传输经过编码的光信号。光缆因其数据传输速率高、抗干扰能力强、误码率低及安全保密性好的特点，被认为是一种非常有前途的传输介质。光缆价格一般高于同轴电缆与双绞线。

（4）无线传输介质。无线传输介质使用特定频率的电磁波作为传输介质，可以“挣脱”有线介质（双绞线、同轴电缆、光缆）的束缚，组成无线局域网。目前计算机网络中常用的无线传输介质有无线电波（信号频率为10kHz～30GHz）、微波（信号频率为30MHz～300GHz）、红外线（信号频率为300GHz～400THz）。

2．网卡

网卡的全称是网络接口卡（network interface card，NIC），用于连接计算机和传输介质，从而实现信号传输。网卡具备帧的发送与接收、帧的封装与拆封、介质访问控制、数据的编码与解码及数据缓存等功能。网卡是计算机连接到局域网的必备设备，一般分为有线网卡和无线网卡两种。

3．路由器

路由器（router，意为“转发者”）是各局域网、广域网连接Internet的设备，它会根据信道的情况自动选择和设定路由，以最佳路径，按前后顺序发送信号。由此可见，选择最佳路径的策略是路由器发送信号的关键所在。路由器保存着各种传输路径的相关数据（这些数据构成路径表），供选择时使用。路径表可以由系统管理员固定设置好，也可以由系统动态修改；路径表可以由路由器自动调整，也可以由主机控制。

4．交换机

交换机（switch，意为“开关”）是一种用于转发电信号的网络设备。它可以为接入交换机的任意两个网络节点提供独享的电信号通路，支持端口连接节点之间的多个并发连接（类似于电路中的“并联”效应），从而增加网络带宽，改善局域网的性能。交换机的主要功能包括物理编址、网络拓扑结构、错误校验、帧序列及流控等。交换机分为以太网交换机、电话语音交换机和光纤交换机等。

（三）网络中的软件

与硬件相对的是软件，要在网络中实现资源共享及一些需要的功能就必须得到软件的支持。网络软件一般是指网络操作系统、网络通信协议和应用级的提供网络服务功能的专用软件。下面对它们分别进行讲解。

1．网络操作系统

网络操作系统用于管理网络软、硬件资源，常见的网络操作系统有Unix、NetWare、Windows和Linux等。

2．网络通信协议

网络通信协议是网络中计算机交换信息时的约定，规定了计算机在网络中互通信息的规则。Internet采用的协议是TCP/IP。

3．应用级的提供网络服务功能的专用软件

该类软件用于提供一些特定的网络服务功能，如文件的上传与下载服务、信息传输服务等功能。

（四）无线局域网

随着技术的发展，无线局域网（wireless local area network，WLAN）已逐渐代替有线局域网，成为现在家庭和小型公司主流的局域网组建方式。无线局域网利用射频技术，使用电磁波取代由双绞线构成的局域网络。

无线局域网的实现技术有很多，其中应用较广泛的是无线保真技术（Wi-Fi）。它是一种能够使各种终端都使用无线互联的技术，可为用户屏蔽各种终端之间的差异性。要实现无线局域网功能，目前一般需要一台无线路由器，以及多台有无线网卡的计算机和手机等可以上网的智能移动设备。

无线路由器可以被看作一个转发器，它将宽带网络信号通过天线转发给附近的无线网络设备，同时它还具有其他网络管理功能，如动态主机配置协议（dynamic host configuration protocol，DHCP）服务、网络地址转换（network address translation，NAT）防火墙、介质访问控制（medium access control，MAC）地址过滤和动态域名等。

二、认识 Internet

（一）认识Internet与万维网

Internet和万维网是两种不同类型的网络，其功能各不相同。

1．Internet

Internet俗称互联网，也称国际互联网，它是目前全球最大、连接能力最强、由遍布全世界的众多大大小小的网络相互连接而成的计算机网络。它是由美国的阿帕网（ARPANet）发展起来的。

目前，Internet 可通过全球的信息资源和覆盖全世界多个国家和地区的海量网点，提供软件分发、商业交易、视频会议及视频节目点播等服务。一旦连接到Web节点，就意味着你的计算机已经进入Internet。

Internet将全球范围内的网站连接在一起，形成了一个资源十分丰富的信息库。Internet 在人们的工作、生活和社会活动中起着越来越重要的作用。

2．万维网

万维网（world wide web，WWW）又称环球信息网、环球网和全球浏览系统等。WWW是一种基于超文本的、方便用户在Internet上搜索和浏览信息的信息服务系统，起源于瑞士日内瓦的欧洲粒子物理实验室。它通过超链接把世界各地不同Internet节点上的相关信息有机地组织在一起，用户只需发出搜索要求，它就能自动进行定位并找到相应的搜索信息。用户可用WWW在Internet上浏览、传递和编辑超文本格式的文件。WWW是Internet上极受欢迎、极为流行的信息搜索工具，它能把各种类型的信息（文本、图像、声音和影像等）集成起来供用户查询。可以说，WWW为全世界的人们提供了查找和共享知识的手段。

WWW还具有连接文件传送协议（file transfer protocol，FTP）和公告板系统（bulletin board system，BBS）等的能力。总之，WWW的应用和发展已经远远超出网络技术的范畴，影响着新闻、广告、娱乐、电子商务和信息服务等诸多领域。甚至可以说，WWW的出现是Internet应用历史上一个革命性的里程碑。

（二）了解TCP/IP

了解TCP/IP

计算机网络要有网络协议支持。网络中每个主机系统都应配置相应的协议软件，以确保网络中不同系统之间能够可靠、有效地相互通信和合作。TCP/IP（transmission control protocol/internet protocol）是Internet中基本的协议，它被译为传输控制协议/互联网协议，又名网络通信协议，也是国际互联网络的基础。TCP/IP由网络层的IP和传输层的TCP组成。它定义了电子设备如何连入Internet，以及数据在它们之间传输的标准。

TCP即传输控制协议，位于传输层，负责向应用层提供面向连接的服务，确保网上发送的数据包可以被完整接收。如果发现传输有问题，则要求重新传输，直到所有数据被安全、正确地传输到目的地。IP即互联网协议，负责给Internet的每一台联网设备规定一个地址，即常说的IP地址。同时，IP还有另一个重要的功能，即路由选择功能，用于选择从网上一个节点到另一个节点的传输路径。

TCP/IP共分为4层——网络接口层、互连网络层、传输层和应用层，分别介绍如下。

1．网络接口层（host-to-network layer）

网络接口层用于规定数据包从一台设备的网络层传输到另一台设备的网络层的方法。

2．互连网络层（internet layer）

互连网络层负责提供基本的数据封包传送功能，让每一个数据包都能够到达目标主机，使用IP、互联网控制报文协议（internet control message protocol，ICMP）。

3．传输层（transport layer）

传输层用于为两台联网设备提供端到端的通信，在这一层有TCP和用户数据报协议（user datagram protocol，UDP）。其中TCP是面向连接的协议，它能提供可靠的报文传输和对上层应用的连接服务；UDP是面向无连接的不可靠传输的协议，主要用于不需要TCP的排序和流量控制等功能的应用程序。

4．应用层（application layer）

应用层包含所有的高层协议，用于处理特定的应用程序数据，为应用软件提供网络接口，包括FTP、简单邮件传送协议（simple mail transfer protocol，SMTP）、域名服务（domain name service，DNS）和网联新闻传送协议（network news transfer protocol，NNTP）等。

（三）认识IP地址和域名系统

认识IP地址和域名系统

Internet连接了众多的计算机，要想有效地分辨这些计算机，则需要通过IP地址和域名来实现。

1．IP地址

IP地址即网络协议地址。连接在Internet上的每台主机都有一个在全世界范围内唯一的IP地址。一个IP地址由4字节（32bit）组成，通常用小圆点分隔，其中每字节可用一个十进制数来表示。例如，192.168.1.51就是一个IP地址。

IP地址通常可分成两个部分：第一部分是网络号；第二部分是主机号。

Internet的IP地址可以分为A、B、C、D、E 5类。其中，0～127为A类地址；128～191为B类地址；192～223为C类地址；D类地址留给Internet体系结构委员会使用，224～239为D类；E类地址保留在今后使用，240~255为E类。也就是说，每字节的数字由0～255组成，大于或小于该数字的IP地址都不正确，通过数字所在的区域可判断该IP地址的类别。

知识链接

由于网络发展迅速，第4版互联网协议（internet protocol version4，IPv4）规定的IP地址已不能满足用户的需要。第6版互联网协议（internet protocol version6，IPv6）采用128位地址长度，几乎可以不受限制地提供地址。IPv6除解决了地址短缺问题以外，还解决了在IPv4中存在的其他问题，如端到端IP连接、服务质量（quality of service，QoS）安全性、多播、移动性和即插即用等方面的问题。IPv6已成为新一代的网络协议标准。

2. 域名系统

数字形式的IP地址难以记忆，故在实际使用时常采用字符形式来表示IP地址，即域名系统（domain name system）。域名系统由若干子域名构成，子域名之间用小圆点来分隔。域名系统的层次结构为“三级子域名.二级子域名.顶级子域名”。

每一级的子域名都由英文字母和数字组成（不超过63个字符，并且不区分大小写字母），级别最低的子域名写在最左边，级别最高的顶级子域名写在最右边。一个完整的域名不超过255个字符，其子域级数一般没有限制。

（四）连入Internet

用户的计算机连入Internet的方法有多种，一般都是先联系互联网服务提供方（internet service provider，ISP），对方派专人进行实际查看、连接后，分配IP地址、设置网关及域名系统等，从而实现上网。

目前，连入Internet的方法主要有非对称数字用户线（asymmetric digital subscriber line，ADSL）拨号上网和光纤宽带拨号上网两种，下面对其分别介绍。

（1）ADSL拨号上网。ADSL可直接利用现有的电话线路，通过ADSL modem（ADSL调制调解器）传输数字信息，理论上ADSL连接速率可达到1 ~ 8Mbit/s。它具有速率稳定、带宽独享、语音数据不干扰等优点，能满足家庭、个人等用户的大多数网络应用需求。ADSL可以与普通电话线共存于一条线上，接听、拨打电话的同时又能进行ADSL传输，且互不影响。

（2）光纤宽带拨号上网。光纤宽带是多种传输媒介宽带网络中非常理想的一种，它具有传输容量大、传输质量高、损耗小、中继距离长等优点。在家庭中，光纤连入Internet一般有两种方法：一种是通过光纤接入小区节点或楼道，再由网线连接到各个共享点；另一种是“光纤到户”，即将光缆扩展到每一台终端设备上。

任务工单

展示任务实施的成果，并完成如表1-3-2所示的任务评价表。

表 1-3-2　任务评价表

评价项目	评价内容	分值	评价分值		
			自评	互评	师评
职业素养考核项目	考勤、仪容仪表	5			
	小组协作与沟通技巧	10			
	学习积极性	5			
	创新意识、纪律意识	10			
专业能力考核项目	积极参与教学活动并正确理解任务要求	10			
	认真搜集并积极讨论相关资料	20			
	能够收集名胜古迹照片	20			
	正确运用Internet的搜索功能	20			
合计：综合分数______		100			
综合评价：					
备注：					

任务实施

下面使用Microsoft Edge浏览器打开网易的网页，然后进入“名胜古迹”专题，查看其中的内容。

（1）单击任务栏上的Microsoft Edge图标启动浏览器，在上方的地址栏中输入网易网址的关键部分，按“Enter”键确认，Microsoft Edge浏览器系统会自动补充剩余部分，并打开该网页。

（2）进入网易首页后，将鼠标指针移动到搜索框并输入“名胜古迹”，鼠标指针变为，单击超链接。

（3）打开“名胜古迹”专题，滚动鼠标滚轮上下移动网页，在该网页中找到自己感兴趣的内容的超链接后，再次单击该超链接，打开的网页中会显示其具体内容，如图1-3-1所示。

网易首页　应用　无障碍浏览　进入关怀版

中国十大名胜古迹：去过三处算及格，全去过的此生无憾了

2022-02-02 23:28:04　举报

这是文章头部

我国是个幅员辽阔之地，地势复杂多变，有让人着迷的名山大川宽广平原，也有备受后世夸赞的历史建筑和人文古迹。但不论它们在哪儿，属于哪种类型，如今都已经成为了我国的名片。今天小威来给大家介绍的就是我国的十大名胜古迹，去游览过得游客无一不流连忘返拍案叫绝，因此没有去过的小伙伴们一定要在年假里去看一次感受一番哦。

一：万里长城

图1-3-1　网页节选

项目小结

本项目介绍了信息技术概念及其发展历程，深入探讨了计算机的工作原理，网络的分类以及网络协议（如TCP/IP）在数据传输中的重要作用，这一过程不仅加深了学生对现代科技的理解，也为学生进一步掌握信息技术技能奠定了坚实的基础。

课后习题

一、填空题

1. 计算机未来的发展呈现________、________、________和________的趋势。
2. 计算机的特点：________、________、________、________、________。
3. TCP/IP共分为4层：________、________、________和________。

二、简答题

1. 讨论信息技术的发展如何改变了人们的沟通方式，并分析这种变化带来的利弊。
2. 解释什么是TCP/IP协议，并说明其在网络通信中的作用。

项目二

Windows 10 的使用

项目概述

本项目专注于Windows 10操作系统的实际应用与个性化设置，旨在通过一系列实践操作，熟练掌握这一主流操作系统的基本功能与高级配置技巧。项目内容设计从操作系统的基础概念出发，逐步深入到用户界面操作、程序管理、系统个性化设置、文件与文件夹管理，以及汉字输入法的灵活应用，全面提升日常学习与工作中的计算机操作效率与体验。

学习目标

在完成每个目标后，请在相应的方框内打钩，并撰写自我评价，以反映自己在学习过程中的表现。

目标	目标内容	是否完成	自我评价
知识目标	深刻理解操作系统的概念、功能及其在计算机系统中的核心作用	□	
	掌握Windows 10中程序安装、卸载的方法，理解文件系统结构，精通文件与文件夹的基本操作与管理策略	□	
	了解并能实践Windows 10桌面定制、任务栏设置、输入法选择与配置等个性化设置技巧	□	
	熟悉各类汉字输入法的分类、状态条功能	□	
能力目标	通过实操训练，能够快速高效地在Windows 10环境下执行日常任务	□	
	面对系统使用中的常见问题，能够独立分析并采取有效措施解决	□	
	能够合理组织文件和文件夹，运用搜索功能高效查找信息，提升个人数据管理与工作效率	□	

续表

目标	目标内容	是否完成	自我评价
素质目标	在使用计算机和网络资源时，树立牢固的版权意识，尊重隐私权，培养良好的网络行为习惯	□	
	激发自主学习的动力，能够主动探索Windows 10及其他信息技术的新功能与应用，持续更新知识库	□	
	认识到信息技术对社会的影响，积极参与信息素养的普及活动，为构建安全、和谐的网络环境贡献自己的力量	□	

思政园地

在数字化时代，作为Windows 10的使用者，不仅要在技术上追求卓越，更应注重信息道德与信息安全。在享受技术带来的便利时，应尊重版权，合法使用软件；保护个人信息，避免泄露隐私；积极传播正能量，营造健康的网络环境。同时，作为未来的社会成员与行业精英，应具备创新意识与协作精神，利用所学技术服务社会，推动信息技术的健康发展，为建设智慧中国贡献力量。

思维导图

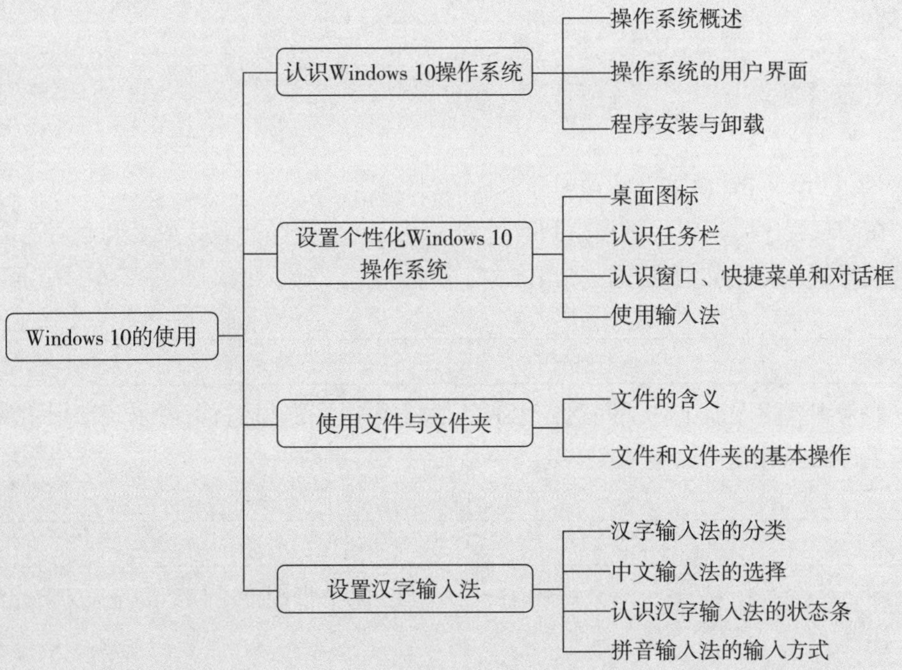

任务一

认识 Windows 10 操作系统

任务导入

【任务描述】

在数字时代的今天，电脑和各类智能设备已经成为我们生活中不可或缺的一部分。这些设备之所以能够执行各种复杂的任务，离不开背后默默支持它们的各种软件程序。然而，对于许多非专业人士来说，程序的安装与卸载可能仍然是一个相对陌生的领域。今天，我们就来详细探讨一下程序的安装与卸载的过程，帮助大家更好地管理和维护自己的电脑或智能设备。

【任务思考】

1. 学生分组，并针对本次活动展开深入的讨论。

（1）在卸载程序时，你是否注意到有些程序可能无法完全卸载，或者卸载后还会残留一些文件或设置？你是如何处理这种情况的？

____

____

（2）如果卸载程序后出现了问题，比如其他程序无法正常运行或者系统出现错误，你认为可能的原因是什么？

____

____

2. 按照实际操作过程，将操作内容及实施过程中遇到的问题或解决方法记录在表2-1-1中。

表 2-1-1　任务实施过程记录表

序号	操作内容	遇到的问题	解决方法
1			
2			
3			
4			
…			

知识积累

知识积累

操作系统的种类很多，除了我们熟知的用于计算机的Windows操作系统，还有很多其他种类的操作系统，如Linux、Unix等。智能手机、平板电脑等移动终端上运行的则有Android、iOS等操作系统。虽然不同的操作系统在工作机制、软件和信息资源管理方式上存在着差异，但用户界面和使用方法差别不大。

一、操作系统概述

操作系统，是用于管理和控制计算机等信息技术设备软件、硬件以及信息资源的专门程序，是人们操作信息技术设备的交互接口，是最重要的系统软件。

根据支持信息技术设备类型的不同，目前的主流操作系统分为桌面操作系统、服务器操作系统和移动终端设备操作系统。

桌面操作系统中，Windows系列占主导地位，当前的主流版本是Windows 10；Linux系列产品较多，有Deepin、中兴新支点、Ubuntu、Linux Mint等，近年来受到越来越多的欢迎；Unix系列有苹果公司推出的macOS X。

服务器操作系统，主要分四大系列：Windows Server、Netware、Unix和Linux。近年来，Linux系列应用越来越广泛，主流产品有CentOS、Debian、Ubuntu、Fedora，以及我国的中标麒麟、银河麒麟等。

用于智能手机和平板电脑等移动终端设备的操作系统，主要有Android和iOS。

操作系统是信息技术应用的基石，开发和使用具有自主知识产权的国产操作系统，对于维护国家信息安全具有极为重要的意义。

二、操作系统的用户界面

用户界面，又称人机界面，是用户使用计算机等信息技术设备的接口。操作系统的用户界面主要包括信息呈现方式、操作命令等，有命令行界面（CUI）和图形用户界面（GUI）等类型。

早期的操作系统，如Unix、Ms-Dos等，采用的是命令行界面，需要通过输入由字符组成的命令来完成各种操作。Windows出现以后，图形用户界面操作系统成为主流，可以通过屏幕上显示的窗口、图标、按钮等不同图形呈现操作信息，用户使用鼠标等指针设备进行控制操作，相对命令行界面更加直观、简便。但在一些专业领域，如网络远程调试等，命令行操作会更有效率。目前，大多数的桌面和服务器操作系统都同时支持图形用户界面和命令行界面的操作，智能手机和平板电脑等移动终端设备的操作系统，一般只支持图形用户界面操作。不同操作系统的图形用户界面略有区别。

（一）图形用户界面操作指令

在使用图形用户界面的信息技术设备时，鼠标、键盘和多点触控屏幕是最常用的输入设备。在台式计算机和笔记本电脑上，除了输入文字之外，其他操作大多使用鼠标来完成。在移动终端和配备了多点触控屏幕的笔记本电脑上，可以通过触控屏来替代鼠标的操作。鼠标操作指令主要有指向、单击、双击、右击、拖动、滚动等，触控屏操作常用指令有单击、点住、拖动、双击、滑动、缩放等。

（二）图形用户界面常见操作元素

在图形用户界面中，常见操作元素有桌面、窗口、对话框、菜单、图标、按钮、工具栏、任务栏等。

三、程序安装与卸载

信息技术设备要完成不同的功能应用，主要是依靠各种程序。除操作系统等系统软件外，最常用的是应用程序和驱动程序。安装与卸载程序是操作系统提供的重要功能。程序的安装卸载一般可通过操作系统自带的应用商店完成，从中选择经过认证的应用程序直接安装，并可在该软件推出新的版本后手动或自动更新。

程序安装后，会占用一定的系统资源，当不再需要这个程序时，应当及时卸载以清理空间。当一些程序运行出现问题时，可先卸载已安装的程序、再重新安装以便排除故障。卸载程序可通过系统提供的应用管理工具完成，也可使用第三方软件工具进行。

当计算机等信息技术设备新安装了显卡、打印机等硬件或外围设备后，需要安装驱动程序才能正常使用。目前，主流操作系统大多已能自动适配和支持绝大部分硬件和外围设备，当设备接入时，操作系统自动安装驱动程序。但一些特定的设备需要单独安装驱动程序才能正常使用，因此需要先安装或连接好设备，再安装相应的驱动程序。驱动程序的安装和卸载方法与普通应用软件的安装与卸载类似。

任务工单

展示任务实施的成果，并完成如表2-1-2所示的任务评价表。

表 2-1-2　任务评价表

评价项目	评价内容	分值	评价分值		
			自评	互评	师评
职业素养考核项目	考勤、仪容仪表	10			
	团队交流与合作意识	10			
	创新意识、纪律意识	10			
专业能力考核项目	积极参与教学活动并正确理解任务要求	10			
	认真搜集并积极讨论相关资料	10			
	任务实施过程记录表的完成度	10			
	了解程序的安装与卸载操作	20			
	识别并处理安装过程中的错误提示和异常情况	20			
合计：综合分数______		100			
综合评价：					
备注：					

任务实施

Windows操作系统中，应用程序安装包的格式为“.exe”。安装程序时，双击程序安装包，根据提示步骤，按顺序进行安装，即可安装新的程序。通常情况下，程序安装好后，桌面上会出现该程序的快捷方式，双击快捷方式便可运行该程序。当桌面没有快捷方式时，则需自行创建。此处以PowerPoint为例，如果当前桌面上并没有PowerPoint的快捷方式，可以单击“开始”按钮，找到PowerPoint，单击鼠标右键，在弹出的快捷菜单中选择“更多”→“打开文件位置”，如图2-1-1所示，系统自动定位到文件位置，复制快捷方式到桌面或者右击该快捷方式选择“发送到”→“桌面快捷方式”，即可在桌面创建快捷方式，如图2-1-2所示。

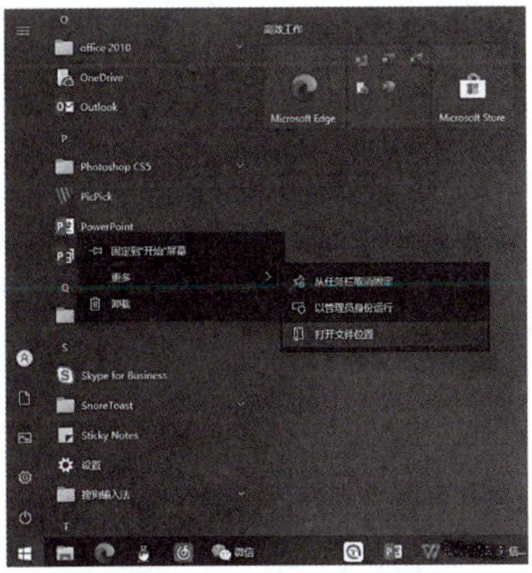

图2-1-1　打开文件位置

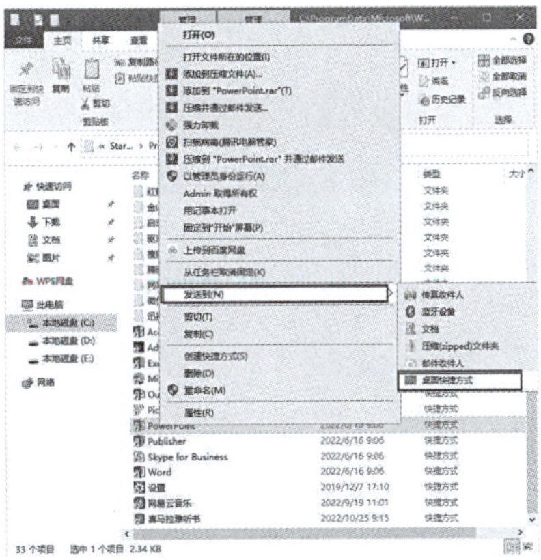

图2-1-2　创建桌面快捷方式

如果不需要某一应用程序，可以将其卸载，步骤如下。

（1）将鼠标移至桌面左下角的“开始”按钮处，单击鼠标右键，在弹出的快捷菜单中选择“设置”，如图2–1–3所示。

（2）在“Windows设置”窗口中单击“应用”，如图2–1–4所示。

（3）此时打开的窗口中会显示当前计算机已安装的所有应用，单击要卸载的应用，然后单击“卸载”按钮即可，如图2–1–5所示。

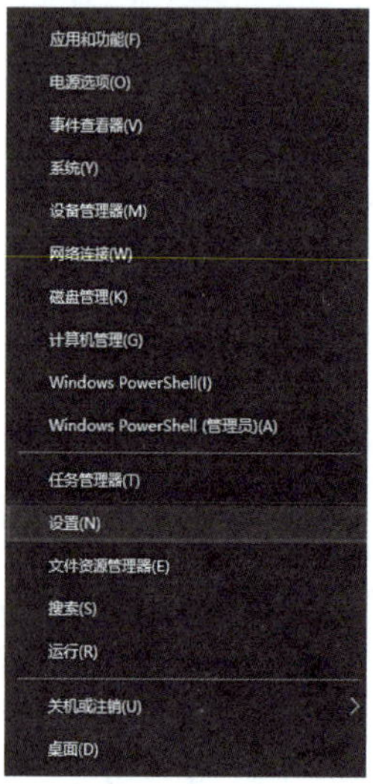

图2–1–3 选择“设置”

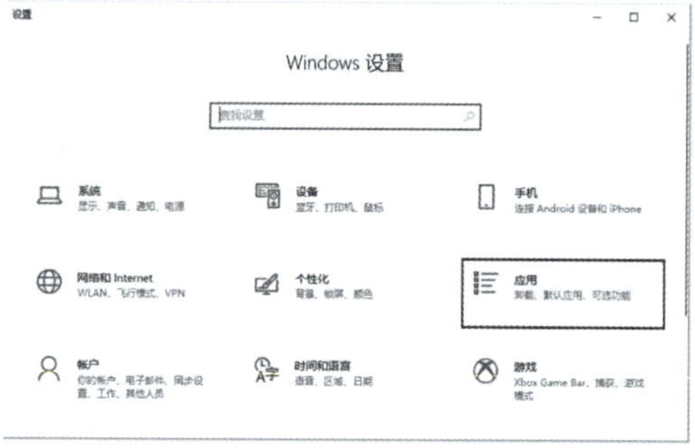

图2–1–4 选择“应用”

图2–1–5 卸载应用

任务二

设置个性化 Windows 10 操作系统

任务导入

【任务描述】

在现代社会，计算机已成为我们日常生活和工作中不可或缺的工具。Windows 10作为广泛使用的操作系统，其个性化设置功能更是让桌面焕然一新，充满个性与创意。想象一下，当你打开自己的电脑，首先映入眼帘的是一张独特的壁纸，一个与众不同的主题，以及一个定制化的任务栏，这样的桌面不仅令人赏心悦目，还能提升工作效率。

【任务思考】

1. 学生分组，并针对本次活动展开深入的讨论。

（1）Windows 10在个性化设置方面有哪些创新之处？

____

____

（2）个性化设置是否真正有助于提高工作效率？

____

____

2. 按照实际操作过程，将操作内容及实施过程中遇到的问题或解决方法记录在下表2-2-1中。

表 2-2-1 任务实施过程记录表

序号	操作内容	遇到的问题	解决方法
1			
2			

续表

序号	操作内容	遇到的问题	解决方法
3			
4			
…			

知识积累

登录到Windows 10系统后，展现在用户面前的是它的桌面，其主要包括桌面图标、任务栏和桌面区3个部分，如图2-2-1所示。

图2-2-1　Windows 10系统的桌面

一、桌面图标

Windows 10系统桌面上或文件资源管理器中伴有名称的小型图片称为图标。图标可代表程序、文件、文件夹、快捷方式和其他项目，双击图标可启动或打开它所代表的项目，用户也可以根据需要在桌面上排列、增减图标。常见的桌面图标有以下几个。

桌面图标

1.“用户文档”图标

双击此图标，可打开“用户文档”文件夹，该文件夹中包含了图片、视频、音乐、收藏夹、文档等多个文件夹，用于分类存放对应的文件。“用户文档”文件夹是系统默认的文档保存位置。

2.“此电脑”图标

双击此图标，可打开“此电脑”窗口，在该窗口中可实现对计算机中所有文件夹和文件的管理，用户在其中还可以访问连接到计算机的手机、U盘、摄像头、数码相机和其他硬件的有关信息。

3．“网络”图标

双击此图标，可打开“网络”窗口，在该窗口中可查看网络状态，如图2-2-2所示。

图2-2-2　查看网络状态

4．“回收站”图标

双击此图标，可打开“回收站”窗口，在该窗口中可查看、还原或彻底删除用户已删除的文件或文件夹。

5．“控制面板”图标

双击此图标，可打开“控制面板”窗口，在该窗口中可查看并操作基本的系统设置，例如，添加删除软件，设置用户账户操作图标。

小提示

默认情况下，首次启动Windows 10系统时，桌面上只有一个“回收站”图标，用户可将常用的桌面图标“此电脑”“用户文档”“网络”“控制面板”等添加到桌面上。

（1）右击桌面空白区域，在弹出的快捷菜单中选择“个性化”项，打开“设置”窗口，如图2-2-3所示。单击左侧窗格中的“主题”项，然后在右侧窗格中单击“桌面图标设置”项。

（2）打开“桌面图标设置”对话框，在“桌面图标”设置区中选中需要在桌面上显示的桌面图标复选框，然后单击“确定”按钮即可，如图2-2-4所示。

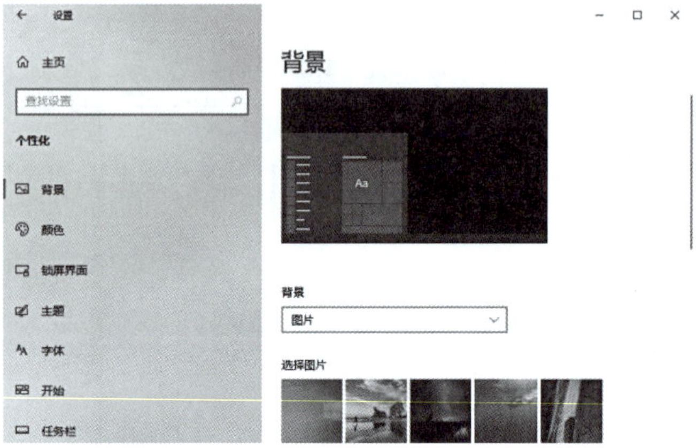

图2-2-3 “设置”—“主题”—“桌面图标设置”

图2-2-4 “桌面图标设置”对话框

二、认识任务栏

任务栏左端是“开始”按钮，从左往右依次是搜索栏和“任务视图”按钮和通知区域，如图2-2-5所示。当打开某一程序后在任务栏上会显示该程序的任务栏图标，程序关闭，该图标消失。

图2-2-5 任务栏

（1）“开始”按钮：单击此按钮，可打开“开始”菜单。通过“开始”菜单可以启动应用程序、对Windows 10系统进行环境设置、关闭和重启计算机等。

（2）搜索栏：在搜索栏中输入文件名、应用程序名或其他内容，能迅速获得本地和网络搜索结果。

（3）“任务视图”按钮：单击此按钮，会显示所有已打开窗口的缩略图，单击某一窗口缩略图可将其切换为当前窗口。

（4）通知区域：包括时钟、扬声器、网络、输入法以及一些程序通知的图标。单击、双击或右击通知区域中的图标可分别执行不同的操作。

如果我们要对任务栏进行设置，例如，隐藏／显示任务栏、锁定／解锁任务栏，则可执行如下操作。

（1）右击任务栏空白区域，在弹出的快捷菜单中选择“任务栏设置”项。

（2）打开“设置”窗口，单击任务栏设置选项对应的滑块，将其设置为“开”或“关”，即可开启或关闭对应的功能，如图2-2-6所示。

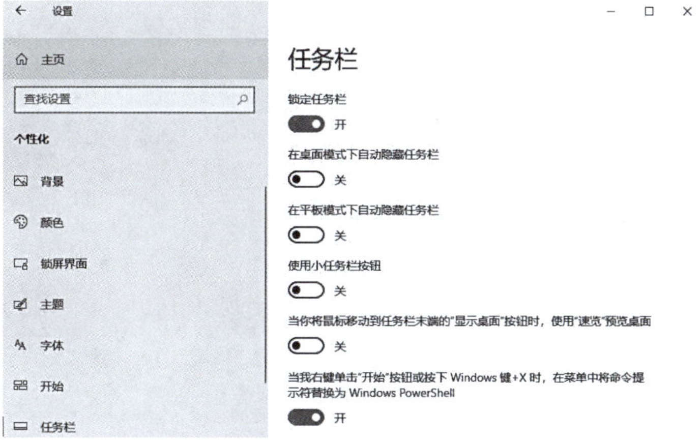

图2-2-6 设置任务栏

小提示

若要一次移动或删除多个桌面图标，需先将它们选中，然后再执行相应的操作，操作步骤如下。

（1）在桌面的空白区域单击鼠标左键，并向想要选择的桌面图标方向拖动，此时会出现矩形框。

（2）释放鼠标左键，即可选中矩形框内的多个桌面图标，然后就可以对它们进行统一移动位置或删除操作，如图2-2-7所示。

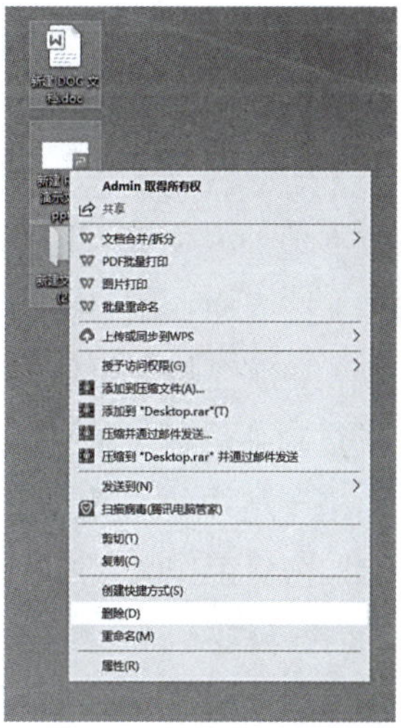

图2-2-7 删除多个桌面图标

三、认识窗口、快捷菜单和对话框

1. 认识窗口

单击或双击某一项目或文件夹，即可打开对应的窗口，Windows 10系统中的各种窗口间有所差别，但大多数窗口都有共同的组成元素。下面，双击桌面上的“此电脑”图标，打开“此电脑”窗口（图2-2-8），以该窗口为例，介绍窗口的组成元素。

（1）标题栏：位于窗口顶端，显示了当前目录的位置。标题栏右端为窗口的“关闭”按钮。

（2）快速访问工具栏：用于显示用户常用的命令，默认只显示“属性”和“新建文件夹”两个命令，用户可单击快速访问工具栏右侧的下拉按钮，从弹出的下拉列表中勾选需要在快速访问工具栏上出现的命令选项，将其显示在快速访问工具栏上。

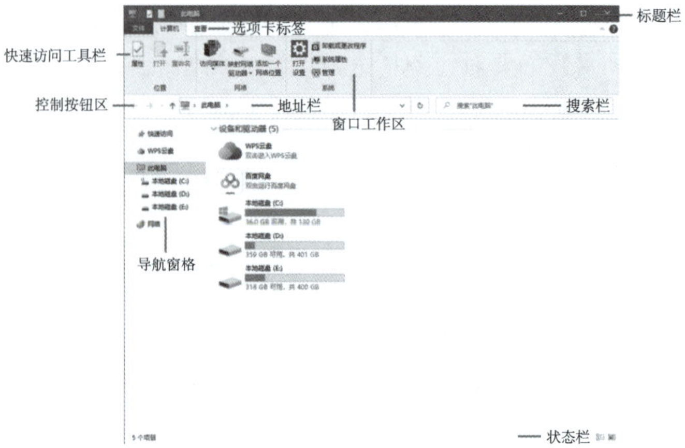

图2-2-8 “此电脑”窗口

（3）选项卡标签：用于分类存放与当前窗口相关的命令。例如，在“此电脑”窗口中“文件”选项卡中是一些与文件操作相关的命令；“查看”选项卡中则是一些与浏览视图、项目布局、项目显示等相关的命令。单击选项卡标签右侧的按钮可展开功能区（用于显示当前选项卡包含的命令），再次单击可最小化功能区。

（4）控制按钮区：主要功能是实现目录的后退←、前进→或返回上级目录。

（5）地址栏：显示了当前目录的路径信息，单击某一级目录即可切换到该目录；用户还可以在地址栏中输入要查看的目录的路径信息，按“Enter”键访问该目录。

（6）搜索栏：用于在当前目录中搜索文件。

（7）导航窗格：可使用导航窗格来查找文件和文件夹，还可在导航窗格中将项目直接移动或复制到目标位置。如果在已打开的窗口中没有看到导航窗格，可单击“查看”选项卡“窗格”组中的“导航窗格”按钮，在展开的列表中选择“导航窗格”项，将其显示。

（8）窗口工作区：用于显示当前窗口的内容或执行某项操作后显示的内容。若窗口工作区中的内容较多，将在其右侧和下方出现滚动条，通过拖动滚动条可查看其他未显示的内容。

（9）状态栏：会根据用户选择的内容，显示当前窗口中的项目数量、已选择项目数量、选中文件的大小等属性信息；状态栏右端显示了“列表”按钮和“缩略图”按钮，单击某一按钮，即可切换到对应的视图模式，除了最小化、最大化、还原和关闭窗口的操作外，常用的窗口操作还包括如下几项。

①窗口的移动：将鼠标指针移到窗口标题栏的空白区域，然后按住鼠标左键并拖动，到合适位置后释放鼠标左键即可。注意，最大化的窗口不能移动。

②窗口最小化后还原：最小化窗口后，窗口将缩小为图标并显示在任务栏上，要将图标还原成窗口，则只需单击该图标即可。

③窗口大小的改变：将鼠标指针移到窗口的左或右（上或下）侧边框时，待鼠标指针变为左右双向箭头（或上下双向箭头）时，按住鼠标左键不放并左右或上下拖动，到合适

大小后，释放鼠标左键，可调整窗口的宽度或高度；要同时改变窗口的高度和宽度，可将鼠标指针移到窗口的任意一个角上，当鼠标指针变为倾斜双向箭头时，按住鼠标左键并拖动，到合适大小后，释放鼠标左键即可。

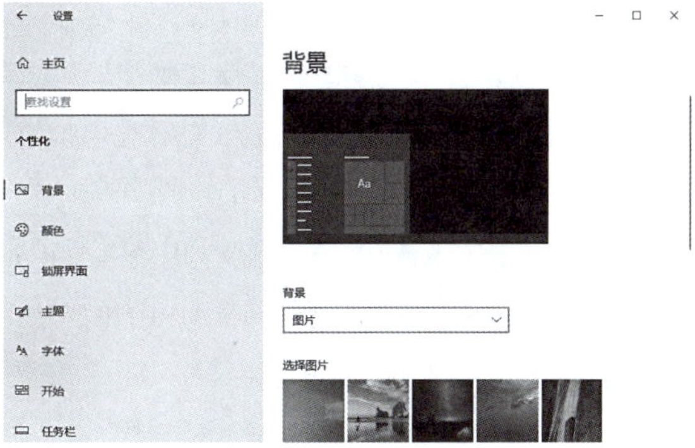

图2-2-9 更换桌面背景

2. 认识快捷菜单

在Windows 10系统桌面、窗口等的不同位置右击，会弹出一个快捷菜单，其中列出了一些与当前所选对象相关的快捷操作，单击快捷菜单中的某一项，即可执行对应的操作。例如，单击“个性化”项，可打开“设置”窗口，如图2-2-9所示，在该窗口中可对计算机进行更换桌面背景、调整图片颜色等个性化设置。

3. 认识对话框

对话框是Windows 10系统中的一种特殊窗口，用于对所操作项目进行信息显示、获得用户响应或设置参数等操作。对话框的大小、形状各异，但基本上都是一组控制命令的集合。下面，在“此电脑”窗口中，单击“查看”选项卡中的“选项”按钮，打开“文件夹选项”对话框（图2-2-10），以该对话框为例，介绍对话框的组成。

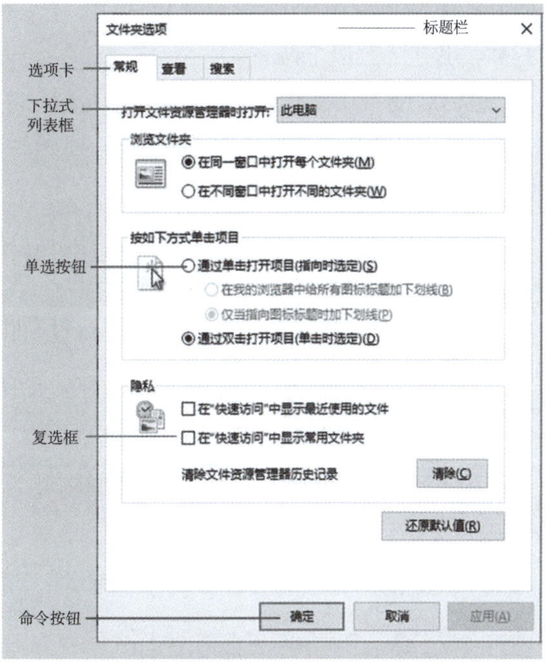

图2-2-10 “文件夹选项”对话框

（1）标题栏：左端显示了对话框的名称，右端是“关闭”按钮，单击它可关闭对话框。

（2）选项卡：当对话框中的内容较多时，通常采用选项卡的方式，将内容归类到不同的选项卡中。

（3）下拉式列表框：包含了某些设置的可选择项。下拉式列表框只显示一个当前选项，需单击其右侧的三角按钮打开下拉列表，再选择其他项。

（4）复选框：用于设定或取消某些项目，单击可选中当前项，此时方框变为☑形状，再次单击可以取消选择。

（5）单选按钮：通常由多个单选按钮组成一组，我们只能选择其中之一，从而完成某种设置。被选中的单选按钮呈◉显示，未被中的单选按钮呈◎显示。

（6）命令按钮：在对话框中有许多按钮，单击这些按钮可打开某个对话框或应用相关设置。几乎所有的对话框中都有“确定”“取消”“应用”等按钮，其中单击“确定”按钮可使对话框中所做的设置生效并关闭对话框，单击“应用”按钮可使设置生效而不关闭对话框，单击“取消”按钮将取消操作并关闭对话框。

除了以上各元素外，Windows 10系统对话框中还有编辑框（用于编辑参数值）、帮助按钮“?”（单击此按钮可显示对应项目的帮助信息）等元素。

四、使用输入法

在Windows 10系统中，用户如果没有特别设定，则计算机启动后默认处于英文输入状态，要使用其他输入法则必须先选择再使用。选择输入法的常用方法有以下两种。

单击任务栏或桌面语言栏中的输入法图标，从展开的列表中选择所需的输入法，如图2-2-11所示。

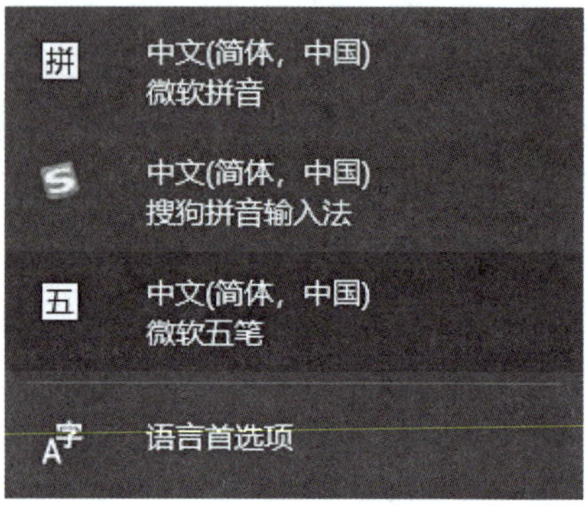

图2-2-11　输入法图标

按“Ctrl+Shift”组合键，可在安装的输入法间逐一切换，直到切换为所需输入法为止。当选择了某种输入法时，会出现类似如图2-2-12所示的输入法提示条。

图2-2-12　输入法提示条

知识链接

Windows 10桌面的新功能

Windows 10有两种桌面形式：一种是原有的桌面模式，另一种是平板模式。

两者之间的切换是单击任务栏右侧▣，出现选择模式界面，根据需要进行选择即可。另外也可通过“设置”→“系统”→“平板模式”中进行更改。如果电脑不是触屏，平板模式使用则不如原有桌面方式方便。

Windows 10中可创建多桌面。如果不愿让其他人看到你日常使用的桌面，你可以再建一个桌面。单击任务栏中的视图▣→选择左上角的新建桌面“+ 新建桌面”（有些系统在右下角位置）→即可新建一个桌面。在此窗口可切换各个桌面，也可使用键盘上“Ctrl+开始⊞（Win热键）”+方向键进行各个桌面之间的切换。

Windows 10中可以双屏或四屏同时工作，长按标题栏，往侧边拖动鼠标，直到鼠标移动到屏幕之外时桌面上便会出现一个虚框，松开鼠标，此时活动窗口即为1/2屏幕。如按以上方法，可将4个窗口分别移动到4个角，则会出现4个工作窗口，在4个窗口中工作可以互不干扰。

任务工单

展示任务实施的成果，并完成如表2-2-2所示的任务评价表。

表 2-2-2　任务评价表

评价项目	评价内容	分值	评价分值		
			自评	互评	师评
职业素养考核项目	考勤、仪容仪表	10			
	团队交流与合作意识	10			
	创新意识、纪律意识	10			
专业能力考核项目	积极参与教学活动并正确理解任务要求	10			
	认真搜集并积极讨论相关资料	10			
	任务实施过程记录表的完成度	10			
	了解个性化设置的基本操作	20			
	正确设置个性化桌面	20			
合计：综合分数_______		100			
综合评价：					
备注：					

任务实施

一、启动 Windows 10 系统

当我们对计算机进行设置或使用时，首先要启动Windows 10操作系统，启动系统的方法是：启动 Windows 10操作系统实质上就是启动计算机，我们在计算机接通电源的前提下按一次主机电源按钮（Power）⏻→计算机开机后首先进入自检→自检通过后即启动Windows 10系统→系统启动完毕即进入系统桌面并加载相关程序，计算机桌面如图2-2-13所示，此时我们便可使用计算机了。

图2-2-13　Windows 10桌面

二、自定义桌面

自定义桌面

1. 设置桌面图标

需要在桌面上添加“用户的文件”和“控制面板”图标，同时隐

藏“网络”图标，具体方法是：在桌面空白处右键单击鼠标→在快捷菜单中单击“个性化” 个性化(R) →在个性化“设置”面板左侧单击“主题”→在面板右侧找到“桌面图标设置” 桌面图标设置 鼠标左键单击→打开“桌面图标设置”对话框→分别勾选“计算机”“回收站”“用户的文件”“控制面板”→取消勾选“网络”→单击“确定”即可，效果如图2-2-14所示。

图2-2-14　Windows10桌面（系统）图标

2. 固定到“工具栏”及桌面添加快捷图标

高频使用的文件夹、文件或程序如果每次都按文件路径进入、启动，则非常耗时。现需在任务栏的“C：\”盘下新增“项目常用” 项目常用 文件夹和在桌面添加“项目常用”文件夹图标（快捷方式），从而节省时间，提高工作效率。

（1）在任务栏添加“项目常用”文件夹：右键单击任务栏空白位置→快捷菜单中鼠标指向“工具栏”→子菜单中单击“新建工具栏”→弹出的“新建工具栏”对话框中依次打开“C：\”盘下的“项目常用”文件夹→单击“选择文件夹”，即可看到在任务栏中出现“项目常用”文件夹 项目常用 →鼠标右击该文件夹→选择“打开文件夹”选项即能直接打开该文件夹。

（2）在桌面创建便于我们直接在桌面上找到对文件或应用程序进行启动，现需在桌面上添加“C：\”盘下“项目常用” 项目常用 文件夹“快捷方式”。方法是：桌面空白处单击鼠标右键→快捷菜单中选择“新建”→快捷方式 快捷方式(S)→打开“创建快捷方式”对话框→单击“浏览” 浏览(R)... →在弹出的“浏览文件或文件夹”中依次单击“此电脑”→“C：\”→“项目常用”文件夹→确定 确定 →下一步 下一步(N) →如果需该快捷方式修改文件夹名则可直接输入新的名字后单击“完成”，否则（按原文件夹名保持不变）直接单击“完成”即可→此时便可在桌面找到该文件夹图标，鼠标左键双击即可打开该文件夹。

3. 固定到“开始”屏幕

现在需要把“项目常用”文件夹固定到“开始”屏幕，方法是：在“C：\”盘下右键单击“项目常用”文件夹→在弹出的快捷菜单中单击“固定到‘开始’屏幕”即可，如图2-2-15所示。

如需从“开始”屏幕中删除该对象，方法是：右击该对象→从“开始”屏幕取消固定即可，如图2-2-16所示。

图2-2-15　“项目常用”文件夹固定到“开始”屏幕效果

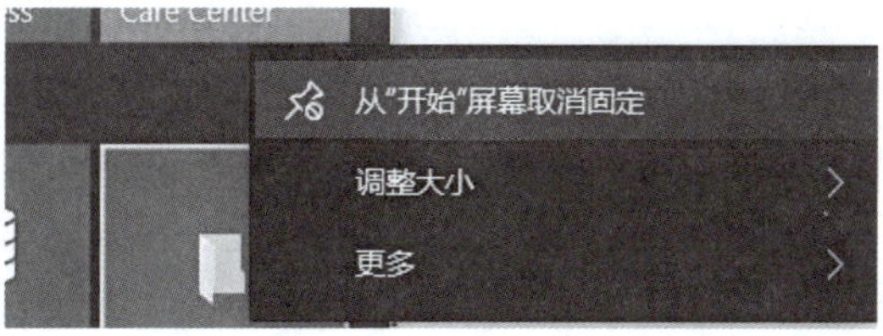

图2-2-16　“项目常用”文件夹从“开始”屏幕中取消固定设置

4. 固定到“任务栏”

现需要把“项目常用”文件夹固定到“任务栏”，方法是：打开该文件夹→在任务栏中鼠标右键单击该文件夹→“固定到任务栏”即可，如图2–2–17所示。取消方法与取消“固定到‘开始’屏幕”类似。

5. 固定到“快速访问”

现需要把“项目常用”文件夹固定到“快速访问”，方法是：在“C：\”盘下右键单击“项目常用”文件夹→在弹出的快捷菜单中单击“固定到快速访问”即可，如图2–2–18所示，取消方法与取消“固定到‘开始’屏幕”类似，此处不再赘述。

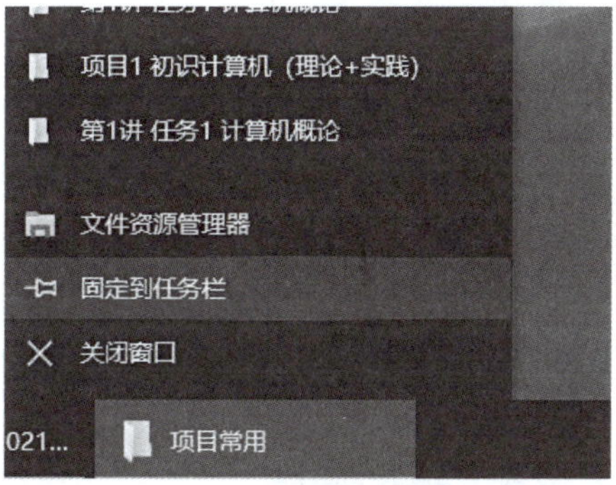

图2-2-17　“项目常用”文件夹固定到“任务栏”

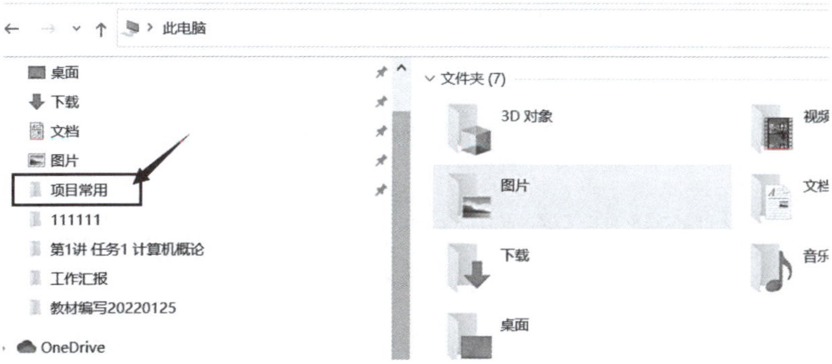

图2-2-18　“项目常用”文件夹固定到“快速访问”效果

三、设置桌面属性

（一）设置桌面背景和颜色

设置桌面背景和颜色的方法是：右键单击桌面空白处→选择“个性化”→单击左侧“背景”→“背景”选择“图片”→在图片中任意选择一张图片即更换成功，如图2-2-19所示。

（二）设置显示分辨率及屏幕保护

若对当前显示的分辨率不太适应，需要设置为“1920×1080”，同时设置屏幕保护。

1．设置显示分辨率

桌面空白处鼠标右键单击→显示设置 显示设置(D) →在面板左侧单击“系统”中单击“屏幕”选项，在下方“显示器分辨率”下拉列表中选择“1920×1080（推荐）”即可，如图2-2-20所示。

2．设置屏幕保护

桌面空白处单击鼠标右键→“个性化”→“个性化”窗口单击“锁屏界面”→单击最下方“屏幕保护程序设置” 屏幕保护程序设置 →在对话框中“屏幕保护程序”选择“变幻线”→等待时间设置为“10”分钟并确定即可，如图2-2-21所示。

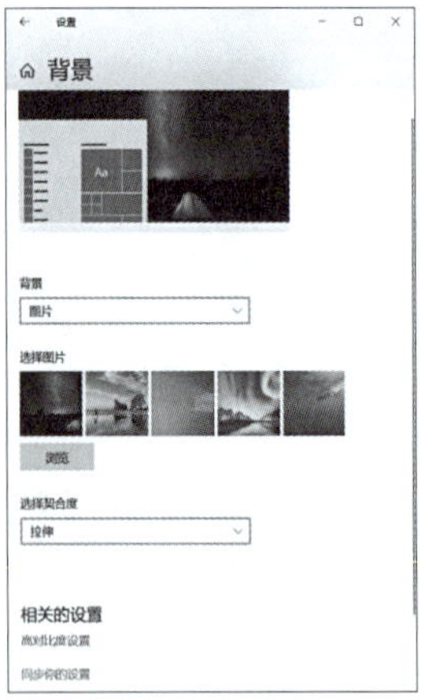

图2-2-19 “背景”设置

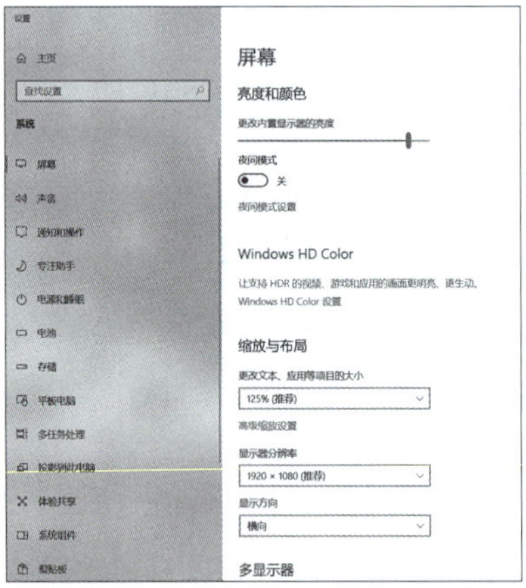

图2-2-20 “显示设置”窗口

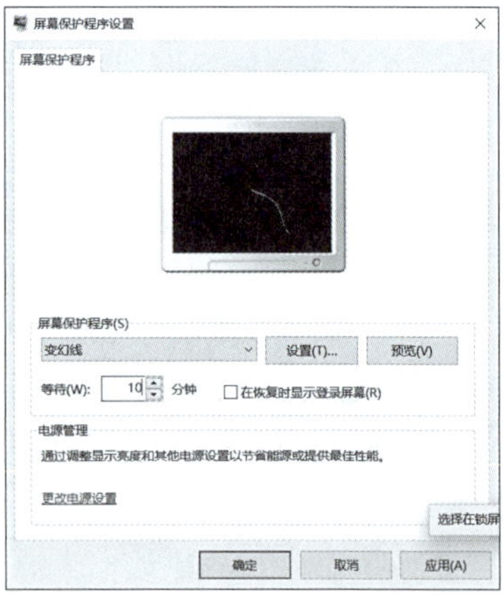

图2-2-21 屏幕保护程序设置

（三）设置个性化任务栏和开始菜单

1．个性化任务栏

为了防止任务栏自动隐藏，现在需把任务栏锁定，鼠标右键单击任务栏空白处→任务栏设置→开启“锁定任务栏”即可，如图2-2-22所示。

2. 个性化“开始”菜单

右键单击“开始”按钮→“设置”设置(N)→在打开的“设置”窗口单击“个性化”→单击左侧“开始”，如图2–2–23所示进行设置。

四、设置鼠标

在没有单独设置鼠标时，鼠标设置参数为系统默认设置。

首先单击“开始”按钮→在“开始”屏幕右侧单击“设置”选项，在“Windows设置”窗口中单击“设备”→单击“鼠标”选项，弹出对应鼠标设置选项，如图2–2–24所示进行设置。

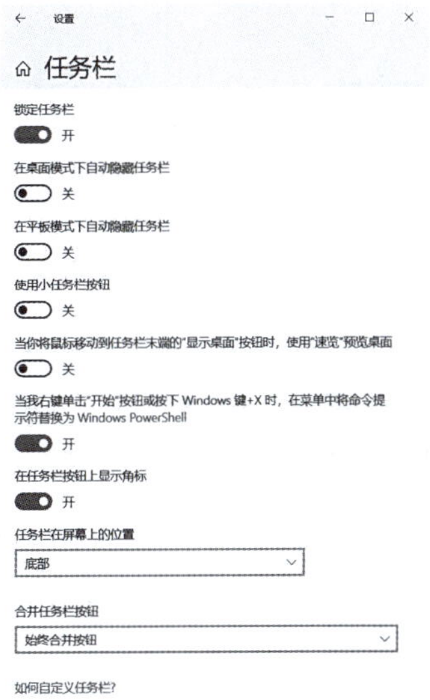

图2–2–22 “任务栏”设置窗口

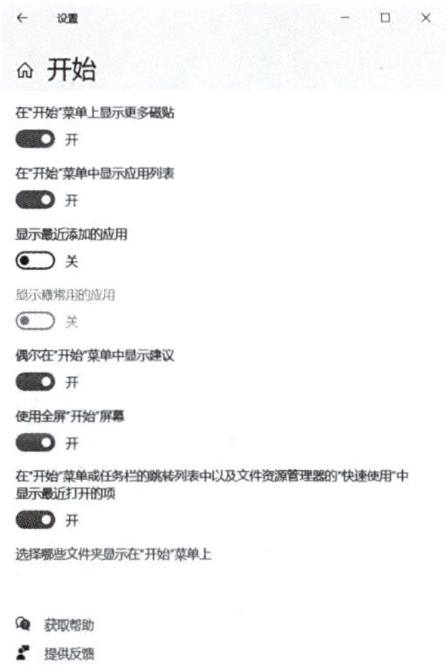

图2–2–23 “开始”设置窗口

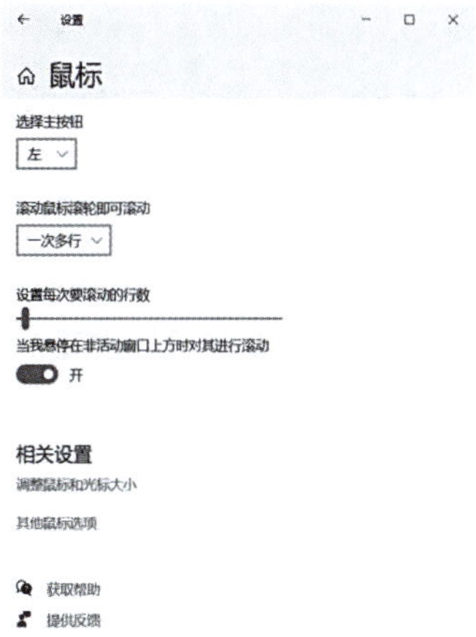

图2–2–24 “鼠标”设置窗口

五、设置时间和语言

（1）鼠标右键单击“开始”按钮，打开“设置”界面→在“时间和语言”中单击“语言”，在右侧进行如下设置。

单击“首选语言”下的“中文（简体，中国）”→单击“选项”，弹出“语言选项：中文（简体，中国）”窗口→单击“添加键盘”→添加系统已安装的“微软拼音”输入法，如图2–2–25所示。

（2）鼠标右键单击“开始”按钮，如图2–2–26所示，打开“设置”界面→在“时间和语言”中单击“日期和时间”，在右侧进行如下设置。

因为电脑暂时没有连接网络，所以我们选择使用手动修改时间，方法是：在“设置”窗口左侧单击“日期和时间”→在窗口右侧关闭“自动设置时间”并打开“手动设置日期和时间”→更改→在“更改日期和时间”对话框中进行修改→单击“更改”即可。

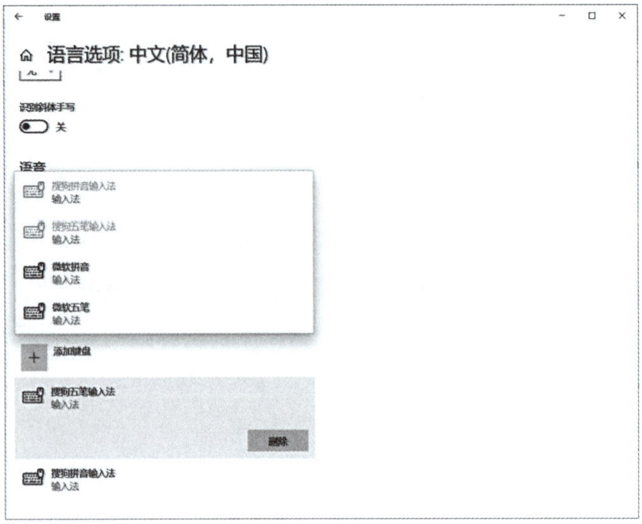

图2-2-25　添加微软拼音输入法

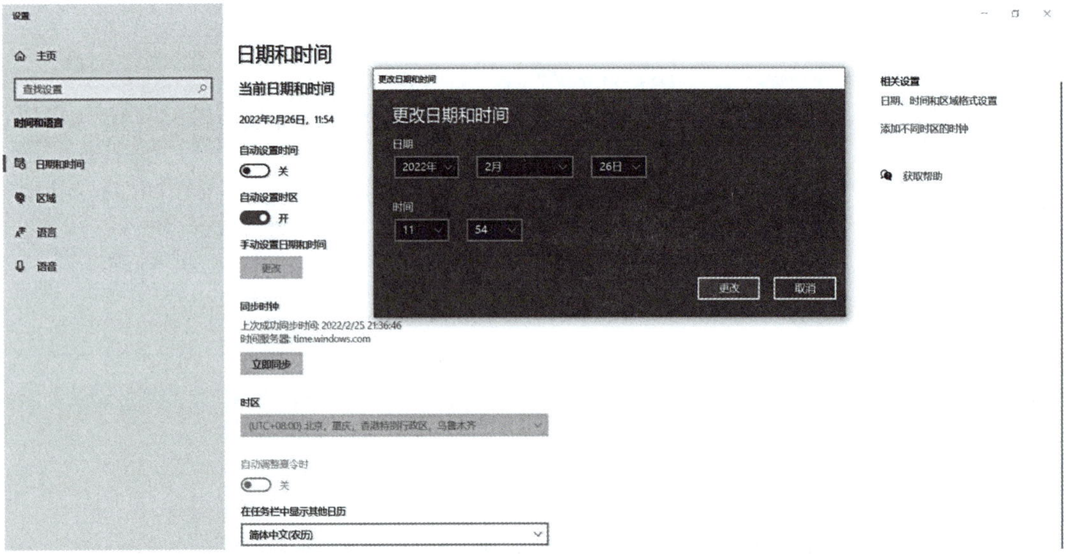

图2-2-26　更改日期和时间

知识链接

Windows 10操作系统的鼠标操作

鼠标是一种计算机输入设备，它一般与键盘配套使用。在Windows 10环境中，使用鼠标能够让用户操作更便捷，有些操作也只能使用鼠标完成。现介绍鼠标如下5种基本操作。

1. 指向

移动鼠标，使其光标移动到某一对象，就称为鼠标指向该对象。鼠标的指向是其他操作的基础，当鼠标指向某一对象时，以后的操作都是针对该对象进行的。

2. 单击

鼠标的左键是主要工作键，单击的方法是快速地按一次鼠标左键并释放，单击的作用主要是选中鼠标所指向的对象。

3. 双击

双击的方法是连续两次快速按下并释放左键的操作，此时一定要注意快速操作，而且在两次击键过程中鼠标不可移动，否则不能完成双击功能。双击的作用是打开被选对象，对于不同的对象也有不同的意义，例如双击文件夹就是打开该文件夹，双击一个应用程序就是启动该程序。

4. 右击

右击的方法是快速按下鼠标右键并释放。右击的作用是弹出当前备选对象的快捷菜单。

5. 拖动

拖动的方法是按下鼠标左键的同时移动鼠标。注意在移动过程中，左键不可释放。拖动操作常用来代替执行菜单命令，对文件夹、文件或对象进行复制、移动和删除等操作。常见的有：拖动对象或文件进行移动操作；如在拖动鼠标的同时按下“Ctrl”键，则可完成对该对象的移动并复制工作；要删除某个文件或文件夹时，把该对象拖动到桌面“回收站”图标上即可。

使用鼠标时，屏幕上会出现一个鼠标指针，鼠标指针在不同情况下会显示不同的形态。在Windows 10中，我们常用的鼠标指针样式有15种，每一种指针形态都具有特定的含义。鼠标移动过程中，指针的形态发生变化，指针形态的变化将代表其可以进行的操作，具体如表2-2-3所示。

表 2-2-3　鼠标指针的常见样式对应状态表

状态	形态	状态	形态	状态	形态
正常选择		文字选择		沿对角线调整 1	
帮助选择		不可用		沿对角线调整 2	
精度选择		手写		移动	
后台操作		垂直调整		候选	
忙		水平调整		链接选择	

任务三

使用文件与文件夹

任务导入

【任务描述】

在这个数字化的时代，电脑已经成为我们工作、学习和生活中不可或缺的工具。而在电脑中，文件夹的创建与重命名更是我们日常操作的基本技能之一。

小丽正在为一项重要的项目做准备，需要整理大量的文件和资料。这时，创建一个专门的文件夹来存放这些文件就显得尤为重要。小丽打开电脑的文件资源管理器，熟练地单击右键，选择“新建文件夹”，然后为这个新文件夹起一个简洁明了的名字，如“学习资料”“视频音乐”“常用软件”和“娱乐”。

通过创建和重命名文件夹，我们不仅可以让电脑中的文件更加有序，还可以提高工作效率。更重要的是，这个过程也让我们感受到了数字化时代的便捷与高效。

【任务思考】

1. 学生分组，并针对本次活动展开深入的讨论。

（1）描述一下在电脑中创建文件夹的基本步骤，并解释为什么创建文件夹对文件整理至关重要。

____

____

（2）文件夹的创建和重命名对于提高工作效率有何帮助？

____

____

2. 按照实际操作过程，将操作内容及实施过程中遇到的问题或解决方法记录在表2-3-1中。

表 2-3-1　任务实施过程记录表

序号	操作内容	遇到的问题	解决方法
1			
2			
3			
4			
…			

知识积累

知识积累

一、文件的含义

所谓“文件”，就是在我们的电脑中，以实现某种功能或某个软件的部分功能为目的而定义的一个单位。

文件有很多种，运行的方式也各有不同。一般来说，我们可以通过文件名来识别这个文件是哪种类型，特定的文件都会有特定的图标（就是显示这个文件的样子），也只有安装了相应的软件，才能正确显示这个文件的图标。

文件是与软件研制、维护和使用有关的资料，通常可以长久保存。文件是软件的重要组成部分。在软件产品研制过程中，以书面形式固定下来的用户需求、在研制周期中各阶段产生的规格说明、研究人员做出的决策及其依据、遗留问题和进一步改进的方向，以及最终产品的使用手册和操作说明等，都记录在各种形式的文件中。

文件是对软件中另一组成部分——程序的解释和说明，是对研制过程进行管理的重要手段。管理人员通过文件来确立不同研制人员或小组之间的工作联系，调整研制周期。

二、文件和文件夹的基本操作

1. 创建文件和文件夹

在Windows系统中，可以通过右键单击桌面或文件资源管理器的空白处来创建新的文件夹或文件。选择“新建文件夹”创建新的文件夹，右击桌面选择“新建”→“文本文档”创建新的文件，如图2-3-1所示。

在Mac系统中，通过在Finder的空白处单击右键，选择“新建文件夹”或者“新建文本文件”来创建文件夹或文件。

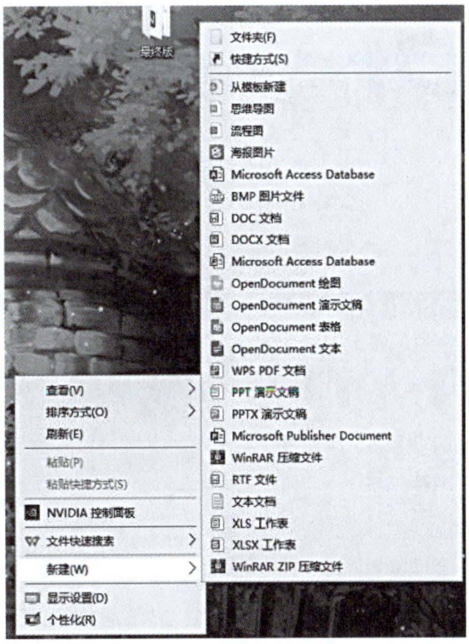

图2-3-1　新建文件夹

2．复制、粘贴文件和文件夹

在Windows操作系统中，还可以使用鼠标将所选文件或文件夹拖动到目标位置，然后释放鼠标按钮进行粘贴。

在Mac操作系统中，可以使用鼠标右键单击所选文件或文件夹，选择“复制”，然后在目标位置使用右键单击，选择“粘贴”。

3．重命名文件和文件夹

选中要重命名的文件或文件夹，在Windows操作系统中，可以使用右键单击并选择“重命名”，然后输入新的名称来重命名。

在Mac操作系统中，可以使用鼠标右键单击所选文件或文件夹，选择“重命名”，然后输入新的名称来重命名。

4．删除文件和文件夹

在Windows系统中，选中要删除的文件或文件夹，可以使用快捷键Delete键或者右键单击并选择“删除”将其删除。系统会要求确认删除操作。

5．其他文件和文件夹操作

复制并保留原文件：在复制文件或文件夹时，可以按住Ctrl键（Windows）或Option键（Mac）的同时粘贴，以保留原文件并创建副本。

查找文件和文件夹：可以使用Windows的资源管理器或Mac的Finder进行文件和文件夹的查找。在资源管理器或Finder中使用栏输入文件或文件夹的名称来查找。

压缩文件和文件夹：可以使用像WinRAR（windows）或The Unarchiver（Mac）这样的工具来压缩文件和文件夹，以减少文件大小并方便传输。

任务工单

展示任务实施的成果，并完成如表2-3-2所示的任务评价表。

表 2-3-2　任务评价表

评价项目	评价内容	分值	评价分值		
			自评	互评	师评
职业素养考核项目	考勤、仪容仪表	10			
	团队交流与合作意识	10			
	创新意识、纪律意识	10			
专业能力考核项目	积极参与教学活动并正确理解任务要求	10			
	认真搜集并积极讨论相关资料	10			

续表

评价项目	评价内容	分值	评价分值		
			自评	互评	师评
专业能力考核项目	任务实施过程记录表的完成度	10			
	学会文件与文件夹的基本操作	20			
	正确对文件夹重命名	20			
合计：综合分数_______		100			
综合评价：					
备注：					

任务实施

任务实施

一、创建文件夹

小丽根据自己划分的类别，设置文件夹有“学习资料”“视频音乐”“常用软件”和“娱乐”4类。那么应先创建文件夹。单击“开始”按钮→Windows系统→文件资源管理器，如图2-3-2所示，打开“此电脑”（当使用熟练后，可直接打开“此电脑”→打开所需驱动器，如E盘）→单击“主页”选项卡→“新建”组中“新建文件夹”命令，新建4个文件夹，如图2-3-3所示。

图2-3-2 打开“文件资源管理器”

二、重命名文件夹

选中第1个文件夹→单击“主页”选项卡→“组织”组中“重命名”命令 重命名 →删除默认文件夹名称后输入“学习资料”回车确认即可。按该方法分别为另外3个文件夹重命名为“视频音乐”“常用软件”和“娱乐”，如图2-3-4所示。

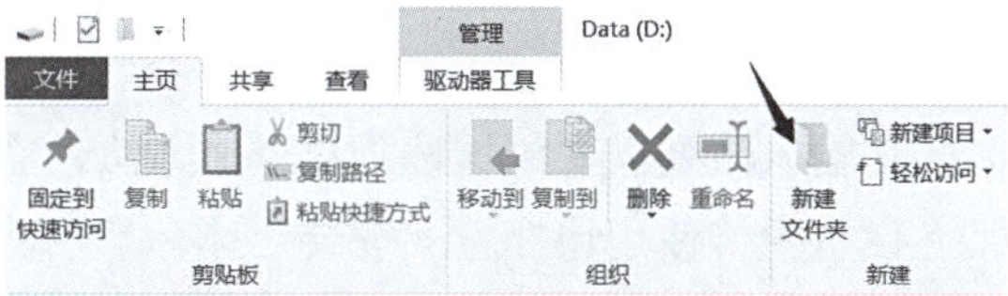

图2-3-3 新建文件夹

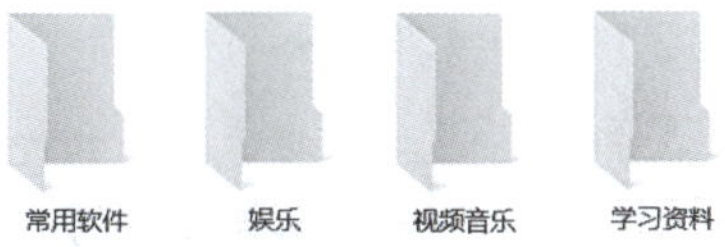

图2-3-4 新建文件夹

任务四

设置汉字输入法

任务导入

【任务描述】

小凌准备使用计算机中的记事本程序制作一个备忘录，用于记录最近几天要做的工作，以便随时查看。在制作备忘录之前，小凌需要对计算机中的输入法进行相关的管理和设置。如图2-4-1所示为设置后的输入法列表以及创建的名为“备忘录”记事本文档。具体要求如下。

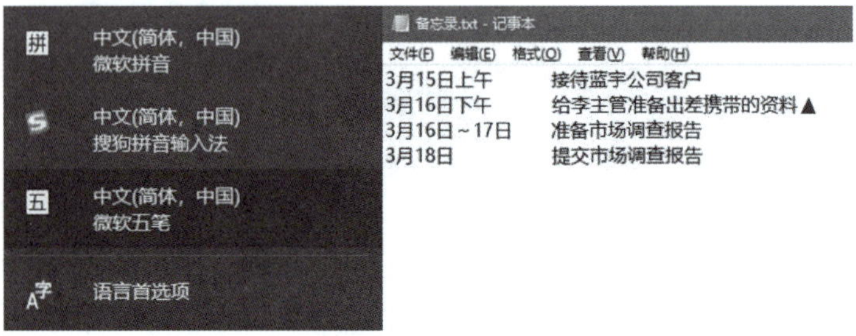

图2-4-1 设置后的输入法列表以及创建的名为“备忘录”的记事本文档

（1）在输入法列表中添加搜狗拼音输入法，然后删除万能五笔输入法。

（2）设置允许使用快捷方式安装字体，然后将桌面上的“方正楷体，简体”字体安装到计算机中并查看。

（3）使用搜狗拼音输入法在桌面上创建名为“备忘录”的记事本文档，内容如下。

3月15日上午　接待蓝宇公司客户

3月16日下午　给李主管准备出差携带的资料▲

3月16日～17日　准备市场调查报告

（4）使用语言输入功能在“备忘录”中添加一条内容：“3月18日　提交市场调查报告”

【任务思考】

1. 学生分组，并针对本次活动展开深入的讨论。

（1）如何在输入法列表中删除万能五笔输入法？

（2）安装完字体后，如何查看已安装的字体列表以确保“方正楷体，简体”已成功安装？

2. 按照实际操作过程，将操作内容及实施过程中遇到的问题或解决方法记录在表2-4-1中。

表 2-4-1 任务实施过程记录表

序号	操作内容	遇到的问题	解决方法
1			
2			
3			
4			
…			

知识积累

知识积累

一、汉字输入法的分类

在计算机中主要通过汉字输入法输入汉字。常用的汉字输入法有微软拼音输入法、搜狗拼音输入法和五笔字型输入法等。这些输入法涉及的编码可以分为音码、形码和音形码3类。

1. 音码

音码是指利用汉字的读音特征进行编码，通过输入汉语拼音字母来输入汉字。例如，“计算机”一词的拼音编码为“ji suan ji”。这类输入法包括微软拼音输入法和搜狗拼音输入法等，它们都具有简单、易学以及用户会拼音即可输入汉字的特点。

2. 形码

形码是指利用汉字的字形特征进行编码。例如，“计算机”一词的五笔编码为“ytsm”。这类输入法如五笔输入法等，特点是输入速度较快、重码少，且不受方言限制，但需记忆大量编码。

3．音形码

音形码是指既可以利用汉字的读音特征进行编码，又可以利用汉字的字形特征进行编码，如智能ABC输入法等。音形码这类输入法将音码与形码相结合，取长补短，既减少了重码，又无须用户记忆大量编码。

小提示

有时汉字的音码和汉字并非完全对应的。例如，在拼音输入法状态下输入“da”，便会出现“大”“打”“答”等多个具有相同音码的汉字，这些具有相同音码的汉字或词组就是重码，也称为同码字或同码词。出现重码时需要用户自己选择需要的汉字，因此，选择使用重码较少的输入法可以提高输入速度。

二、中文输入法的选择

在Windows 10中，一般统一通过任务栏右侧的通知区域来选择输入法，方法为：单击语言栏中的“输入法”图标，如图标，在打开的列表中选择需切换的输入法，如图2-4-2所示，选择相应的输入法后，该图标将变成所选输入法的徽标。

图2-4-2　选择输入法

注意：Windows 10中默认安装了微软拼音输入法，用户也可根据使用习惯，下载和安装其他输入法，如搜狗拼音输入法、搜狗五笔输入法等。除了通过任务栏的通知区域选择输入法外，用户还可以按“Win+Space”组合键在不同的输入法之间进行切换。

三、认识汉字输入法的状态条

切换至某一种汉字输入法后，将打开其对应的汉字输入法状态条，如图2-4-3所示为搜狗拼音输入法的状态条。

图2-4-3　搜狗拼音输入法的状态条

（1）输入法图标。输入法图标用来显示当前输入法的徽标，单击它可以切换至其他输入法。

（2）“中/英文切换”图标。单击该图标，可以在中文输入法与英文输入法之间进行切换。当图标为中时表示为中文输入状态，当图标为英时表示为英文输入状态。按“Ctrl+Space”组合键也可以在中文输入法和英文输入法之间进行快速切换。

（3）皮肤盒子图标：单击图标，打开“皮肤盒子”对话框，可以选择自己喜欢的输入法皮肤样式。

（4）“中/英文标点切换”图标。默认状态下的图标用于输入中文标点符号，单击该图标，变为图标，此时可输入英文标点符号。

（5）“语音”图标。“语音”图标用于输入语音，单击该图标，在打开的“语音输入”对话框中输入自己的音频信息，单击完成按钮，即可输入通过语音表达的文字信息。

（6）“输入方式”图标。通过“输入方式”图标可以输入特殊符号、标点符号和数字序号等多种字符，还可进行语音或手写输入，方法是：单击“输入方式”图标⌨，在打开的列表中选择一种输入类型，如图2-4-4所示；或在“输入方式”图标⌨上单击鼠标右键，在弹出的快捷菜单中选择相应的命令，如图2-4-5所示为选择“标点符号”命令后打开软键盘的效果，直接单击软键盘中相应的按钮或按键盘上对应的键，都可以输入对应的特殊符号。需要注意的是，当输入的特殊符号是上档字符时，需按住“Shift”键，在键盘上的相应键位处按键进行输入。输入完成后，单击右上角的✖按钮或单击“输入方式”图标⌨可退出软键盘输入状态。

图2-4-4　选择输入类型

图2-4-5　软键盘输入的效果

（7）“工具箱”图标。不同的输入法自带不同的输入选项设置功能，单击“工具箱”图标，可设置该输入法的属性、皮肤、常用诗词、在线翻译等。

四、拼音输入法的输入方式

使用拼音输入法时，直接输入汉字的拼音编码，然后输入汉字前的数字或直接单击需要的汉字即可。当输入的汉字编码的同码字较多，不能在状态条中全部显示出来时，可以按“↓”键向后翻页，按“↑”键向前翻页，通过前后查找的方式来选择需要输入的汉字。

为了提高用户的输入速度，目前各种拼音输入法都提供了全拼输入、简拼输入和混拼输入等多种输入方式，各种输入方式的介绍如下。

1. 全拼输入

全拼输入是指按照汉语拼音进行输入，所输入的拼音编码应和书写的汉语拼音一致。例如，要输入“文件”，需一次输入完整的拼音编码“wen jian”，然后按“Space”键，在弹出的汉字状态条中选择“文件”即可。

2. 简拼输入

简拼输入是指取各个汉字的第一个拼音字母进行输入，对于包含复合声母的汉字，如包含zh、ch、sh等，也可以取前两个拼音字母进行输入。例如，要输入“掌握”，只需输入拼音编码“zhw”，然后按“Space”键，在弹出的汉字状态条中选择“掌握”即可。

3. 混拼输入

混拼输入综合了全拼输入和简拼输入方式，在输入的拼音中既有全拼也有简拼。

混拼输入的使用规则是：对两个音节以上的词语，一部分用全拼，另一部分用简拼。例如，要输入“电脑”，只需输入拼音编码“diann”，然后按“Space”键，在弹出的汉字状态条中选择“电脑”即可。

任务工单

学生展示任务实施的成果，并协同老师完成如表2-4-2所示的任务评价表。

表 2-4-2　任务评价表

评价项目	评价内容	分值	评价分值		
			自评	互评	师评
职业素养考核项目	考勤、仪容仪表	10			
	团队交流与合作意识	10			
	创新意识、纪律意识	10			
专业能力考核项目	积极参与教学活动并正确理解任务要求	10			
	认真搜集并积极讨论相关资料	10			
	任务实施过程记录表的完成度	10			
	学会字体的安装与查看	20			
	掌握汉字输入法的正确安装步骤	20			
合计：综合分数______		100			
综合评价：					
备注：					

任务实施

任务实施

一、添加和删除输入法

用户可以将系统自带的输入法添加到语言栏中，也可自行安装输入法，在不需要时，还可将这些输入法删除。

下面先在Windows 10中添加搜狗拼音输入法，然后将万能五笔输入法删除，具体操作如下。

（1）在任务栏右下角单击“输入法”按钮，在打开的列表中选择“语言首选项”选项。

（2）打开“设置”窗口，右侧默认选择了“时间和语言”选项，在右侧选择“中文（中华人民共和国）”选项，然后单击“首选语言”下的“中文（简体，中国）”→单击 选项 按钮，如图2-4-6所示。

（3）在打开的窗口中，选择“添加键盘”选项，在打开的列表中选择“搜狗拼音输入法”选项，即可添加该输入法。

（4）此时在该窗口的“键盘”栏下可查看已添加的输入法。在任务栏单击“输入法”按钮，在打开的列表中也可查看添加的输入法。

（5）继续选择“万能五笔输入法”选项并单击 删除 按钮，如图2–4–7所示，此时万能五笔输入法即被删除。

注意：用户也可在网络中下载其他输入法的安装包进行安装。按“Ctrl+Shift”组合键，能快速在已安装的输入法之间进行切换。

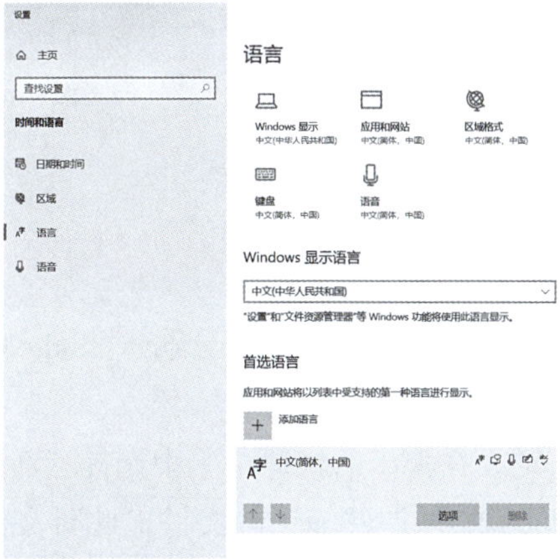

图2-4-6 添加输入法

图2-4-7 删除输入法

二、设置系统字体

用户可通过直接将字体安装到系统中的方式来减少字体占用的系统资源，从而释放空间，提高资源使用率。如果安装到系统中的字体长时间内不再使用，可将其删除，以节约空间。

下面先设置字体安装方式为快捷安装，然后将桌面中的“方正楷体，简体”字体以快捷方式安装到系统中，最后删除不需要的字体，具体操作如下。

（1）在搜索框中输入“控制面板”文本，在打开的搜索结果中选择“控制面板”选项。

（2）打开“控制面板”窗口，在左侧单击“字体”→“字体设置”，在打开的窗口中的“安装设置”栏中选中“允许使用快捷方式安装字体（高级）”复选框，然后单击 确定 按钮，如图2–4–8所示。

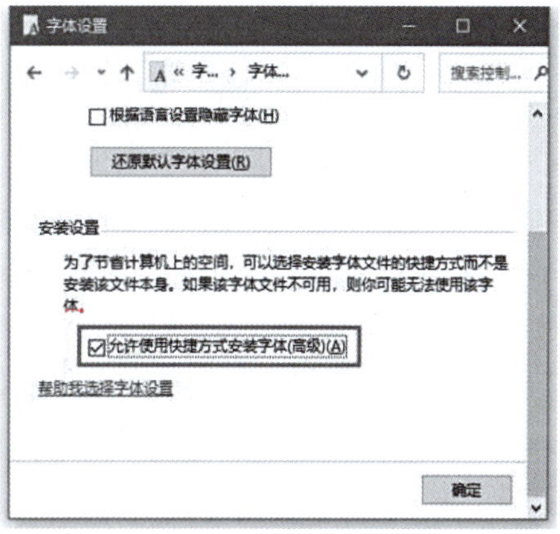

图2-4-8 设置系统字体安装方式为允许快捷安装

（3）在桌面选择“方正楷体，简体”字体，在其上单击鼠标右键，在弹出的快捷菜单中选择“作为快捷方式安装”命令，即可以快捷方式将字体安装到系统中，如图2–4–9所示。

注意：设置使用快捷方式安装字体后，在使用快捷方式安装字体时，字体的源文件不能移动，否则系统将找不到以快捷方式安装的字体。另外，在磁盘中选择需要安装的字体文件，在其上单击鼠标右键，在弹出的快捷菜单中选择“为所有用户安装”命令，也可将所选的字体直接安装到系统中。

（4）打开“字体”窗口，在其中选择需要删除的字体选项，然后在工具栏中单击删除按钮，会打开确认是否删除的提示框，在其中选择“是”选项确认删除即可。

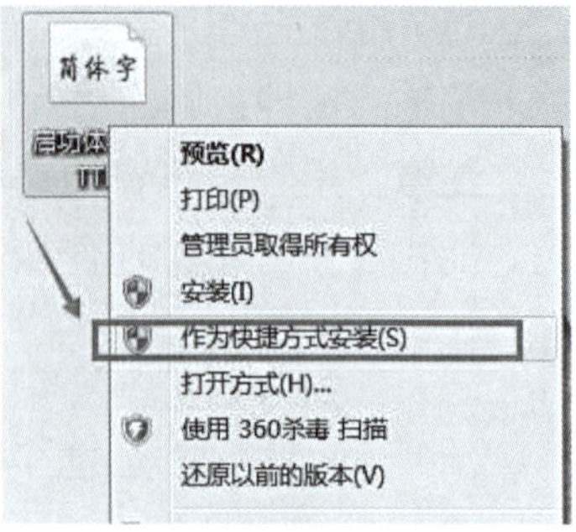

图2-4-9　以快捷方式安装字体

三、使用搜狗拼音输入法输入汉字

输入法添加完成后，即可输入汉字，这里以使用搜狗拼音输入法为例，介绍输入汉字的方法。

启动记事本程序，创建一个“备忘录”文档并使用搜狗拼音输入法输入任务要求中的备忘录内容，具体操作如下。

（1）在桌面上的空白区域单击鼠标右键，在弹出的快捷菜单中选择“新建”→“文本文档”命令，在桌面上新建一个名为“新建文本文档.txt”的文件，此时文件名呈可编辑状态。

（2）单击语言栏中的“输入法”按钮，选择“搜狗拼音输入法”选项，然后输入拼音编码“bei wang lu”，此时在汉字状态条中显示所需的“备忘录”文本，如图2-4-10所示。

（3）单击汉字状态条中的“备忘录”选项或直接按“Space”键输入文本，再次按“Enter”键完成输入。

（4）双击桌面上新建的“备忘录”文档，启动记事本程序，在编辑区单击，定位文本插入点，按【3】键输入数字“3”，按“Ctrl+Shift”组合键将输入法切换至搜狗拼音输入法，输入拼音编码“yue”，单击状态条中的“月”选项或按“Space”键输入文本“月”。

图2-4-10　输入“备忘录”

（5）继续输入数字“15”，再输入拼音编码“ri”，按“Space”键输入文本“日”，再输入拼音编码“shang wu”，单击状态条中的“上午”选项或按“Space”键输入词组“上午”，如图2-4-11所示。

图2-4-11　输入词组“上午”

（6）连续按多次“Space”键，输入空字符串，接着继续使用搜狗拼音输入法输入后面的内容，在输入过程中按“Enter”键可分段换行。

（7）在“资料”文本右侧单击定位文本插入点，单击搜狗拼音输入法状态条上的“输入方式”图标，在打开的列表中选择“特殊符号”选项，在打开的软键盘中选择“▲”特殊符号，如图2-4-12所示。

（8）单击窗口右上角的按钮关闭软键盘。在记事本程序中选择“文件”→“保存”命令，保存文档，如图2-4-13所示。

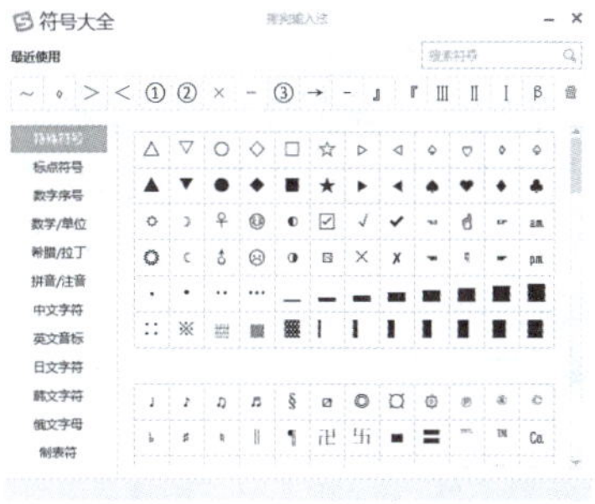

图2-4-12 输入特殊符号

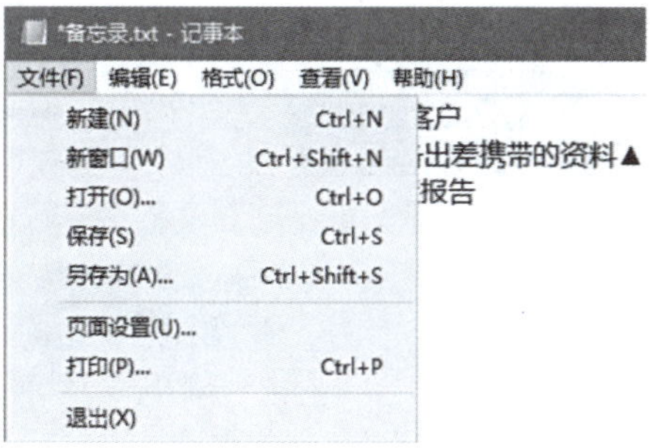

图2-4-13 保存文档

项目小结

本项目首先概述了Windows 10操作系统的发展背景、主要特性，探讨了Windows 10界面的各项基本元素，如开始菜单、任务栏和窗口工作区等，然后介绍了如何在Windows 10中灵活地操作文件及文件夹、设置输入法等。通过本项目的学习，不仅对Windows 10的基础架构有了全面的认识，还掌握了提升工作效率和个性化定制的操作技巧。

课后习题

一、填空题

1. Windows 10系统的桌面主要包括________、________和________。
2. 输入法涉及的编码可以分为________、________和________3类。
3. 文件是对软件中另一组成部分——________，是对研制过程进行管理的重要手段。

二、简答题

1. 请描述如何使用快捷键在Windows 10中打开任务管理器。
2. 什么是文件？

项目三

WPS 文字

项目概述

本项目围绕WPS文字处理软件，通过系列任务的实施，掌握文档编辑、格式设置、图文混排、邮件合并以及长文档编辑等核心技能，为日常学习、办公及学术写作提供强大的支持。通过本项目的学习，不仅能提升个人文档处理效率，还能创作出既专业又美观的文档作品。

学习目标

在完成每个目标后，请在相应的方框内打钩，并撰写自我评价，以反映自己在学习过程中的表现。

目标	目标内容	是否完成	自我评价
知识目标	能够识别并解释 WPS 文字的主要功能和工具栏中的常用图标	□	
	熟悉文档创建、编辑和设置的基本流程	□	
	了解在文档中插入和编辑图片、图形以及艺术字的操作方法	□	
	理解邮件合并的概念，能够设置主文档和数据源，生成个性化的文档集合	□	
	了解如何使用目录、页码和书眉，以及如何管理复杂的文档结构	□	
能力目标	能够独立创建专业外观的文档，包括正确使用字体、段落格式和页面布局	□	
	能够熟练地在文档中添加和编辑图形、图片和艺术字	□	
	具备使用邮件合并功能批量生成文档的能力	□	
	能够有效地组织和编辑长文档，使用样式、目录和页码提高文档的可读性和专业性	□	

续表

目标	目标内容	是否完成	自我评价
素质目标	鼓励在文档设计中展现创意，尝试不同的布局和视觉元素，以提升文档吸引力	□	
	在文档创作过程中，学会与他人合作，共享和编辑文档，促进团队项目的成功	□	
	保持对 WPS 文字新功能和更新的关注，定期提升自身技能	□	

思政园地

随着信息技术的迅猛发展，WPS文字软件也在更新迭代，为学生带来新的功能体验与一系列挑战。学生必须始终保持一颗探求新知的好奇心，积极主动地学习新版本、新功能，不断提升自身的能力和素质，以适应信息技术日新月异的快速发展。只有这样，才能成为一名与时俱进的学习者，为党的事业和人民的福祉贡献自己的力量。

思维导图

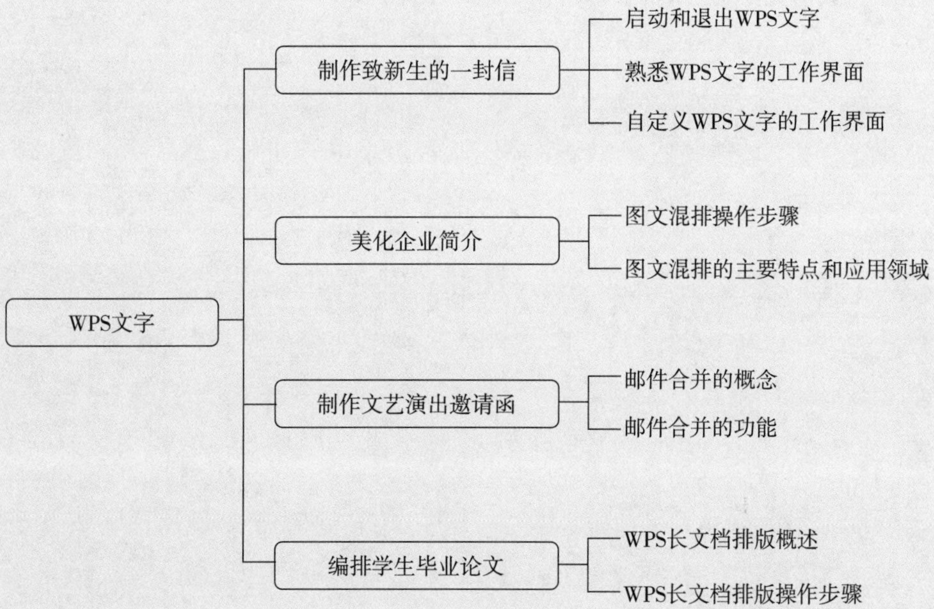

任务一

制作致新生的一封信

任务导入

【任务描述】

制作“致大一新生的一封信”，并给这封信进行排版。任务的最终效果如图3-1-1所示。

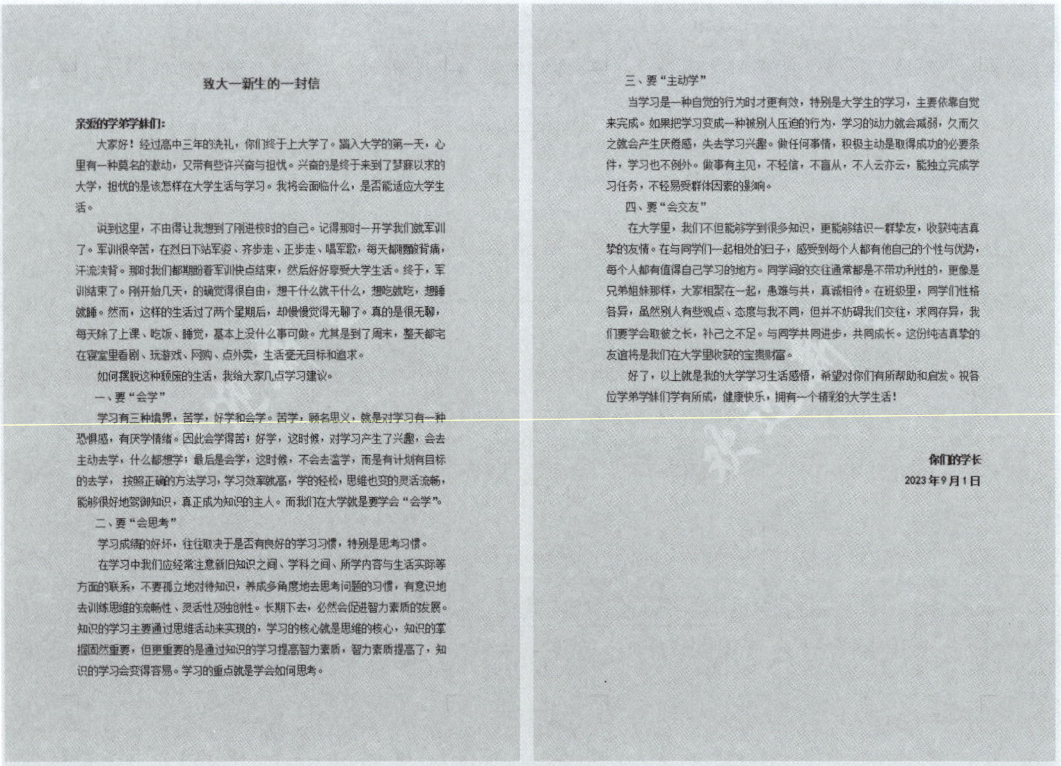

致大一新生的一封信

亲爱的学弟学妹们：

大家好！经过高中三年的洗礼，你们终于上大学了。踏入大学的第一天，心里有一种莫名的激动，又带有些许兴奋与担忧。兴奋的是终于来到了梦寐以求的大学，担忧的是该怎样在大学生活与学习。我将会面临什么，是否能适应大学生活。

说到这里，不由得让我想到了刚进校时的自己。记得那时一开学我们就军训了。军训很辛苦，在烈日下站军姿、齐步走、正步走、唱军歌，每天都腰酸背痛，汗流浃背。那时我们都期盼着军训快点结束，然后好好享受大学生活。终于，军训结束了。刚开始几天，的确觉得很自由，想干什么就干什么，想吃就吃，想睡就睡。然而，这样的生活过了两个星期后，却慢慢觉得无聊了。真的是很无聊，每天除了上课、吃饭、睡觉，基本上没什么事可做。尤其是到了周末，整天都宅在寝室里看剧、玩游戏、网购、点外卖，生活毫无目标和追求。

如何摆脱这种颓废的生活，我给大家几点学习建议。

一、要“会学”

学习有三种境界，苦学，好学和会学。苦学，顾名思义，就是对学习有一种恐惧感，有厌学情绪。因此会学得苦；好学，这时候，对学习产生了兴趣，会去主动去学，什么都想学；最后是会学，这时候，不会去滥学，而是有计划有目标的去学， 按照正确的方法学习，学习效率就高，学的轻松，思维也变的灵活流畅，能够很好地驾御知识，真正成为知识的主人。而我们在大学就是要学会“会学”。

二、要“会思考”

学习成绩的好坏，往往取决于是否有良好的学习习惯，特别是思考习惯。

在学习中我们应经常注意新旧知识之间、学科之间、所学内容与生活实际等方面的联系，不要孤立地对待知识，养成多角度地去思考问题的习惯，有意识地去训练思维的流畅性、灵活性及独创性。长期下去，必然会促进智力素质的发展。知识的学习主要通过思维活动来实现的，学习的核心就是思维的核心，知识的掌握固然重要，但更重要的是通过知识的学习提高智力素质，智力素质提高了，知识的学习会变得容易。学习的重点就是学会如何思考。

三、要“主动学”

当学习是一种自觉的行为时才更有效，特别是大学生的学习，主要依靠自觉来完成。如果把学习变成一种被别人压迫的行为，学习的动力就会减弱，久而久之就会产生厌倦感，失去学习兴趣。做任何事情，积极主动是取得成功的必要条件，学习也不例外。做事有主见，不轻信，不盲从，不人云亦云，能独立完成学习任务，不轻易受群体因素的影响。

四、要“会交友”

在大学里，我们不但能够学到很多知识，更能够结识一群挚友，收获纯洁真挚的友情。在与同学们一起相处的日子，感受到每个人都有他自己的个性与优势，每个人都有值得自己学习的地方。同学间的交往通常都是不带功利性的，更像是兄弟姐妹那样，大家相聚在一起，患难与共，真诚相待。在班级里，同学们性格各异，虽然别人有些观点、态度与我不同，但并不妨碍我们交往，求同存异，我们要学会取彼之长，补己之不足。与同学共同进步，共同成长。这份纯洁真挚的友谊将是我们在大学里收获的宝贵财富。

好了，以上就是我的大学学习生活感悟，希望对你们有所帮助和启发。祝各位学弟学妹们学有所成，健康快乐，拥有一个精彩的大学生活！

你们的学长

2023年9月1日

图3-1-1　完成效果

【任务思考】

1. 学生分组，并针对本次活动展开深入的讨论。

（1）如何创建、编辑、保存WPS文档？

______

______

（2）在WPS文档中如何设置页面背景和水印？

______

______

2. 按照实际操作过程，将操作内容及实施过程中遇到的问题或解决方法记录在表3-1-1中。

表 3-1-1 任务实施过程记录表

序号	操作内容	遇到的问题	解决方法
1			
2			
3			
4			
…			

知识积累

知识积累

一、启动和退出 WPS 文字

用户启动 WPS Office 2024 后，进入其首页便可同时启动相应的组件，其中主要包括WPS文字、WPS演示、WPS表格和PDF等，下面介绍启动和退出WPS文字的方法。

1. 启动WPS文字

用户在启动WPS文字之前，需要先认识 WPS Office 2024 首页。单击“开始”按钮，在打开的“开始”菜单中选择“WPS Office”，进入如图3-1-2所示的 WPS Office 2024 首页。

（1）标签列表。标签列表位于 WPS Office 2024 首页的顶端，包括“新建”按钮＋（可以用于新建文字、演示、表格和PDF等）和“稻壳模板”（可以用于进入稻壳商城搜索所需的Office模板）。

（2）功能列表区。功能列表区位于 WPS Office 2024 首页的最左侧，包括“新建”按钮＋；（可以用于新建文字、表格、演示和PDF等）、“稻壳”按钮、“打开”按钮（可

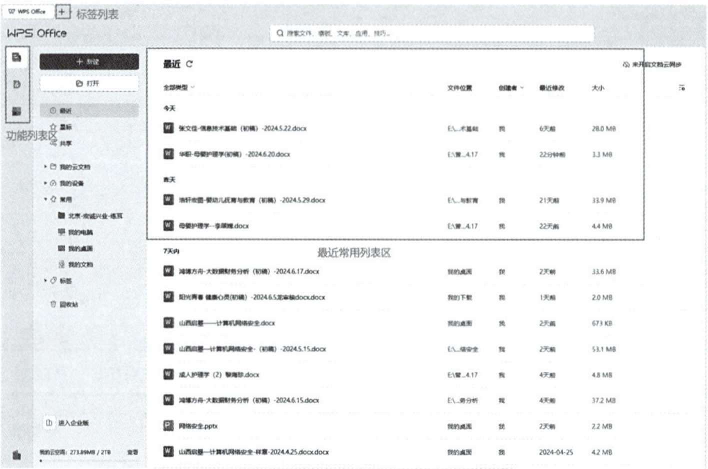

图3-1-2 WPS Office 2024 首页

以用于打开当前计算机中保存的Office文档）和“文档”按钮（可以用于显示最近打开的文档信息）等。

（3）最近和常用列表区。最近和常用列表区位于 WPS Office 2024 首页的中间偏左部分，包括用户最近访问的文档列表（可以同步显示多设备文档内容）和常用文档位置。

（4）消息中心。消息中心位于 WPS Office 2024 首页的最右侧，主要用于通知用户天气预报、话题投票和每日任务等内容。

了解 WPS Office 2024 的首页后，下面介绍WPS文字的启动方法，主要有以下3种方法。

（1）单击“开始”按钮，在打开的“开始”菜单中选择“WPS Office”，进入 WPS Office 2024 首页后，单击“新建”按钮+或按“Ctrl+N”组合键，在“新建”标签列表中单击“文字”按钮。

（2）创建 WPS Office 2024 的桌面快捷方式后，双击桌面上的快捷方式，进入 WPS Office 2024 首页，单击功能列表区中的“打开”按钮，在打开的“打开”对话框中，选择WPS文档后，单击打开(O)按钮。

（3）将 WPS Office 2024 锁定在计算机任务栏中的快速启动区，单击 WPS Office 2024 图标，进入 WPS Office 2024 首页后，在“最近”列表区中双击最近打开过的WPS文档。

2. 退出WPS文字

退出WPS文字主要有以下4种方法。

（1）单击 WPS Office 2024 窗口右上角的“关闭”按钮×。

（2）按“Alt+F4”组合键。

（3）在标签列表中选择要关闭的WPS文档，在该文档名称上单击鼠标右键，在弹出的快捷菜单中选择“关闭”命令。

（4）单击标签列表中文档名称右侧的“关闭”按钮×。

二、熟悉 WPS 文字的工作界面

启动WPS文字后，将进入其工作界面，如图3-1-3所示，下面介绍WPS文字工作界面中的主要组成部分。

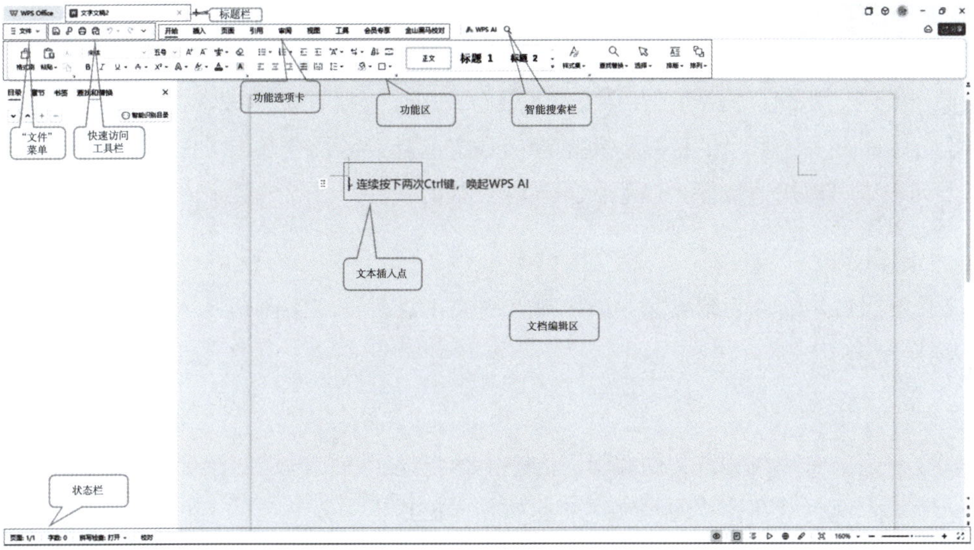

图3-1-3 WPS文字的工作界面

1．标题栏

标题栏位于WPS文字工作界面的最顶端，主要用于显示文档名称，单击“关闭”按钮×便可关闭当前文档。

2．快速访问工具栏

快速访问工具栏中显示了常用的工具按钮，默认按钮有“保存”按钮、“输出为PDF”按钮、“打印”按钮、“打印预览”按钮、“撤销”按钮、“恢复”按钮。用户还可自定义按钮，只需单击该工具栏右侧的“自定义快速访问工具栏”按钮，在打开的下拉列表中选择相应选项即可。

3．“文件”菜单

“文件”菜单中的内容与 WPS Office 2024 其他组件中的“文件”菜单类似，主要用于执行与该组件相关文字的新建、打开、保存、加密、分享等基本操作，单击“文件”菜单，在打开的菜单中选择“选项”命令可打开“选项”对话框，在其中可对WPS文字进行常规与保存、修订、编辑、视图、自定义功能区等多项设置。

4．功能选项卡

WPS文字默认包含9个功能选项卡，单击任一选项卡可打开对应的功能区，单击其他选项卡可切换到相应的功能区，每个选项卡中分别包含相应的功能集合。

5．功能区

功能区位于功能选项卡的下方，其作用是快速编辑文档。功能区中主要集中显示了对应选项卡的功能集合，包括常用按钮或下拉列表。比如，在“开始”选项卡中就包括“字号”下拉列表五号、“加粗”按钮B、“居中对齐”按钮≡等。

6．智能搜索框

智能搜索框包括查找功能和搜索模板两种功能，通过智能搜索框，用户可轻松找到相关的操作说明。比如，需在文档中插入目录时，可以直接在智能搜索框中输入“目录”，此时会显示一些关于目录的信息，将鼠标指针定位至“目录”选项上，在打开的“智能目录”子列表中可以快速选择自己想要插入的目录形式。

7．文档编辑区

文档编辑区是输入与编辑文本的区域，对文本进行各种操作和显示相应结果都发生在该区域中。

8．文本插入点

新建一篇空白文档后，文档编辑区的左上角将显示一个闪烁的光标，这个光标称为文本插入点，该光标所在位置便是文本的起始输入位置。

9．状态栏

状态栏位于工作界面的最底端，主要用于显示当前文档的工作状态，包括当前页码、页面等，其右侧依次是视图切换按钮和显示比例调节滑块。

小提示

在“视图”选项卡中选中“标尺”复选框后，标尺将在文档编辑区中启用。标尺主要用于定位文档内容，其中，位于文档编辑区上侧的标尺称为水平标尺，位于左侧的标尺称为垂直标尺，拖动水平标尺中的“缩进”按钮可快速设置段落的缩进和文档的边距。

三、自定义 WPS 文字的工作界面

WPS文字的工作界面的大部分功能和选项都是默认显示的，用户可根据使用习惯和操作需要，自定义适合自己的工作界面，包括自定义快速访问工具栏、自定义功能区、显示或隐藏文档中的元素等。

1．自定义快速访问工具栏

为了操作方便，用户可以在快速访问工具栏中添加自己常用的命令按钮，或删除不需要的命令按钮，也可以改变快速访问工具栏的位置。

（1）添加常用命令按钮。在快速访问工具栏右侧单击鼠标右键按钮，在打开的下拉列表中选择自定义命令，如选择“打开”选项，可将该命令按钮添加到快速访问工具栏中。

（2）删除不需要的命令按钮。在快速访问工具栏的命令按钮上单击鼠标右键，在弹出的快捷菜单中选择“从快速访问工具栏删除”命令，可将该命令按钮从快速访问工具栏中删除。

（3）改变快速访问工具栏的位置。在快速访问工具栏右侧单击鼠标左键按钮，将鼠标移至“位置”，单击选择“放置在功能区之下”选项，可将快速访问工具栏显示到功能区下方；再次通过下拉列表的操作选择“放置在顶端”选项，可将快速访问工具栏还原到默认位置。

2. 自定义功能区

在WPS文字的工作界面中，选择“文件”→“选项”命令，在打开的“选项”对话框中单击“自定义功能区”选项卡，然后可根据需要显示或隐藏主选项卡、新建选项卡、在功能区中创建组以及在组中添加命令等，如图3-1-4所示。

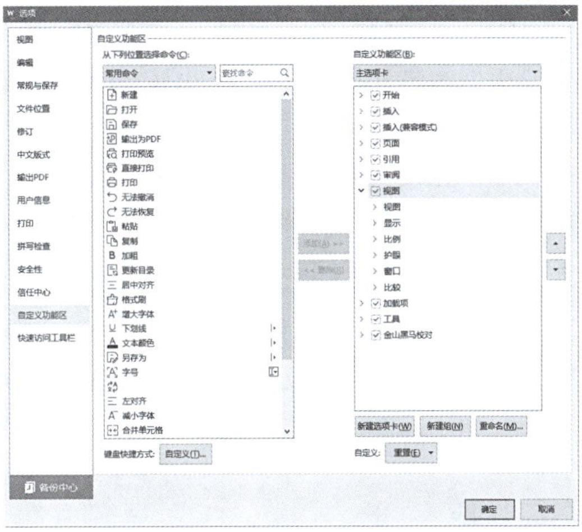

图3-1-4　自定义功能区

（1）显示或隐藏主选项卡。在“选项”对话框的“自定义功能区”选项卡的“自定义功能区”栏中，左键单击勾选或取消左键单击勾选主选项卡对应的复选框，即可在功能区中显示或隐藏该主选项卡。

（2）创建新的选项卡。单击“自定义功能区”选项卡的“主选项卡”下拉列表下的新建选项卡(W)按钮，然后选择新建的选项卡，单击重命名(M)...按钮，在打开的“重命名”对话框的“显示名称”文本框中输入名称，单击确定按钮，重命名新建的选项卡。

（3）在功能区创建组。选择新建的选项卡，在“自定义功能区”选项卡中单击新建组(N)按钮，在选项卡下创建组。选择创建的组，单击重命名(M)...按钮，在打开的“重命名”对话框的“符号”列表框中选择图标，在“显示名称”文本框中输入名称，单击确定按钮，重命名新建的组。

（4）在组中添加命令。选择新建的组，在“自定义功能区”选项卡的“从下列位置选择命令”栏中选择需要的命令选项，然后单击添加(A) >>按钮，即可将命令添加到组中。

（5）删除自定义的功能区。在“自定义功能区”选项卡的“自定义功能区”栏中选中相应的主选项卡对应的复选框，单击<< 删除(R)按钮，即可将自定义的选项卡或组删除。若要一次性删除所有自定义的功能区，可单击重置(E)按钮，在打开的下拉列表中选择“重置所

有自定义项”选项，在打开的提示对话框中单击 是(Y) 按钮，删除所有自定义项，恢复WPS文字默认的功能区效果。

3．显示或隐藏文档中的元素

WPS文字的文档编辑区中包含多个文本编辑的辅助元素，如表格虚框、标记、任务窗格和滚动条等，编辑文本时，可根据需要隐藏元素或将隐藏的元素显示出来。显示或隐藏文档中的元素的主要方法如下。

（1）在“视图”选项卡中选中或取消选中“标尺”“网络线”“标记”“表格虚框”“任务窗格”复选框，在文档中显示或隐藏相应的元素，如图3-1-5所示。

（2）在“文件”下拉列表的“选项”对话框中单击“视图”选项卡，在“格式标记”栏中选中或取消选中“空格”“制表符”“段落标记”复选框等，也可在文档中显示或隐藏相应的元素，如图3-1-6所示。

图3-1-5　在“视图”选项卡中设置

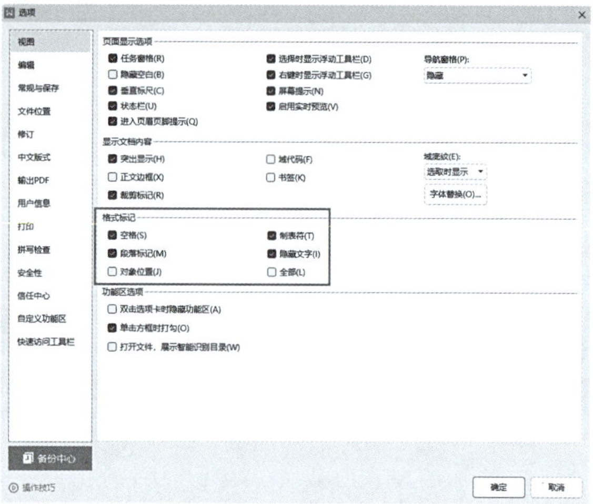

图3-1-6　在“选项”对话框中设置

任务工单

展示任务实施的成果，并完成如表3-1-2所示的任务评价表。

表 3-1-2　任务评价表

评价项目	评价内容	分值	评价分值		
			自评	互评	师评
职业素养考核项目	考勤、仪容仪表	10			
	团队交流与合作意识	10			
	创新意识、纪律意识	10			
专业能力考核项目	积极参与教学活动并正确理解任务要求	10			
	认真搜集并积极讨论相关资料	10			
	任务实施过程记录表的完成度	10			

续表

评价项目	评价内容	分值	评价分值		
			自评	互评	师评
专业能力考核项目	致大一新生的一封信的完成度	20			
	WPS文字操作熟练度（包括文字的创建、编辑、保存）	20			
合计：综合分数________		100			
综合评价：					
备注：					

任务实施

任务实施

一、导入信件的文字内容

在开始排版之前，需要将原始的信件文字内容输入WPS文字文档。

1．启动WPS文字

单击任务栏“开始”按钮，选择“所有应用”→“WPS Office”文件夹→WPS Office命令，单击“新建”→“文字”→“新建空白文档”按钮，启动WPS文字。

2．从写字板中导入信件的内容

打开素材文件夹中的“致大一新生的一封信. txt”，先按“Ctrl+A”组合键选中所有文字信息，再按“Ctrl+C”组合键复制内容到剪贴板，如图3-1-7所示。

切换到WPS文档，按“Ctrl+V”组合键，将文档内容粘贴导入文档中，如图3-1-8所示。

3．设置页面布局

单击“页面”选项卡，鼠标左键单击“页边距”下拉列表，选择“自定义页边距”按钮，设置上、下边距为2.6厘米，左、右边距为3厘米，单击“纸张”选项卡，将纸张大小设置为“A4”，如图3-1-9～图3-1-11所示。

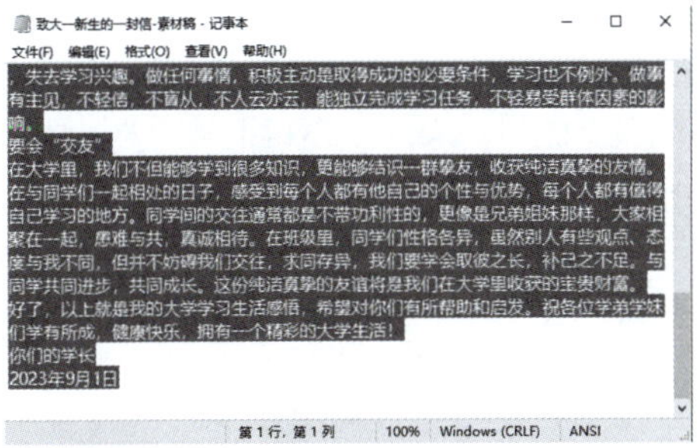

图3-1-7　写字板素材文字全选效果

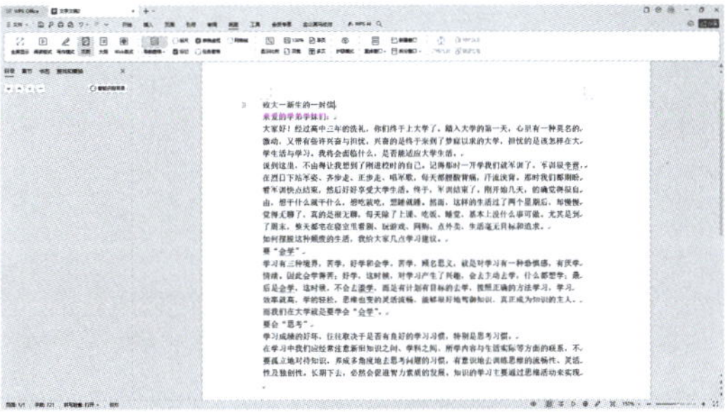
图3-1-8　WPS中粘贴文字效果

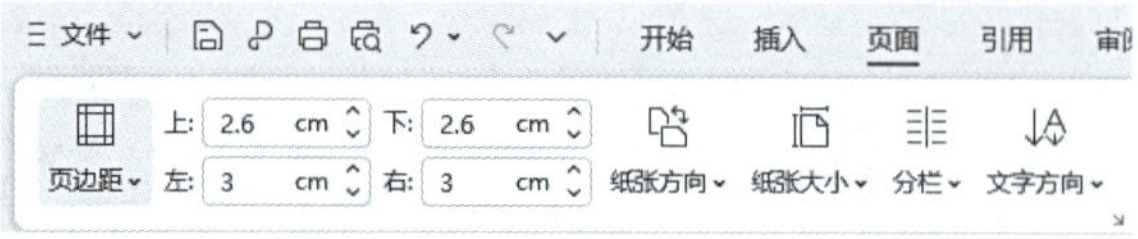

图3-1-9 “页面”选项卡

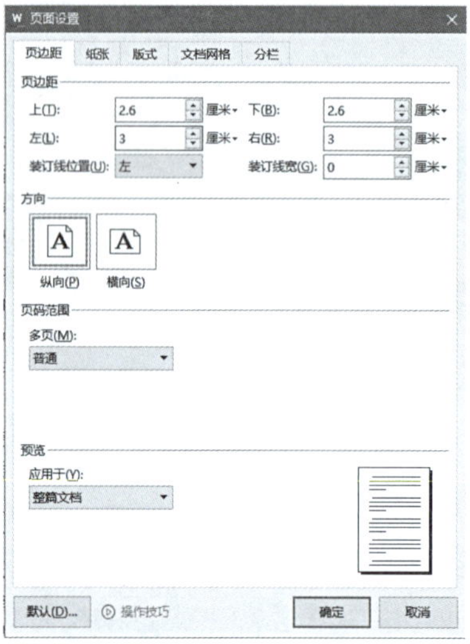

图3-1-10 页边距设置

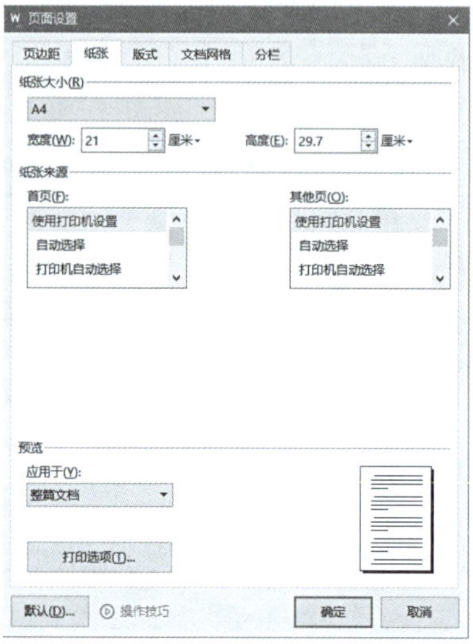

图3-1-11 纸张大小设置

4．保存文档

单击功能区中的“文件”菜单→“另存为”，打开“另存为”对话框，单击“我的电脑”→打开本地硬盘D，然后单击“文件类型”设置“文件类型”为“WPS文字文件”，然后在“文件名”文本框中输入“致大一新生的一封信”，单击“保存”按钮，将信件初稿保存，如图3-1-12所示（注：WPS格式的文件只能使用WPS打开，文字文档保存扩展名一般默认为.wps）。

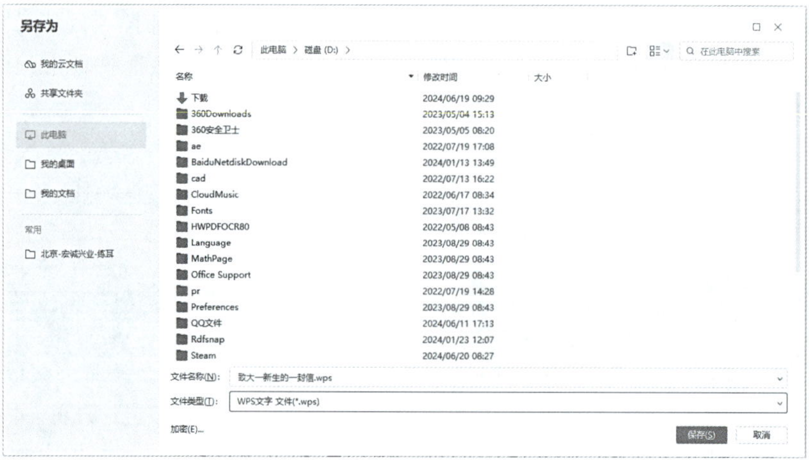

图3-1-12 保存文件

二、设置文档的字体和段落格式

1. 设置字体格式

文字内容导入后，可以对文字信息进行字体、字号等设置。

（1）标题设置。将光标移到标题行左边的选中区，选中“致大一新生的一封信”标题内容。在“浮动工具栏”中设置字体为“黑体”，字形为“加粗”，字号为“小三”，如图3-1-13所示。

图3-1-13 字体字号浮动面板

标题文字保持选中状态，单击“开始”选项卡下的“段落”对话框按钮，打开“段落”对话框，在“缩进和间距”选项卡中将“对齐方式”设置为“两端对齐”，将“间距”设置为“段前0行、段后1行”，将“行距”设置为“1.5倍行距”，如图3-1-14所示。

图3-1-14 “段落”对话框

（2）首行设置。选中首行文字“亲爱的学弟学妹们：”，同“标题”设置方法，将首行文字设置为宋体、加粗、小四号、1.5倍行距。

（3）正文设置。将光标置于正文的开始位置，按住鼠标左键，向右下方平拖至正文结尾处选中“大家好！……拥有一个精彩的大学生活！”整个正文部分，将其设置为宋体、小四号。

2. 设置段落格式

段落可以清晰显示文档的层次结构，是文字排版的重要部分，字体设置完成后，即可进行段落格式的设置。

（1）段落格式。正文文字保持选中状态，单击“开始”选项卡下的“段落”对话框按钮，打开“段落”对话框，在“缩进和间距”选项卡中将“对齐方式”设置为“两端对齐”，将“特殊格式”设置为“首行缩进”→“2字符”，将“行距”设置为“多倍行距”→“1.5倍”，如图3-1-15所示。

图3-1-15 正文段落格式设置

（2）落款设置。光标移到落款文字“你们的学长”前面，按3次回车键，按照书信落款样式，将落款和正文隔开。

3．格式刷的应用

选中首行文字“亲爱的学弟学妹们：”，单击功能区中的“开始”选项卡→“格式刷”按钮，再将刷子样式光标移到落款文字“你们的学长2023年9月1日”前面，向右拖动选中落款两行文字，即可将“首行文字”格式样式应用到落款文字上。

保持落款文字选中状态，在右侧出现的“浮动工具栏”中将文字设置为“右对齐”。

知识链接

操作的撤销与恢复

在编辑文档的过程中，WPS文字会自动记录用户执行的操作，这使得撤销错误操作和恢复被撤销的操作非常容易实现。

1．撤销操作

在编辑文档的过程中，若误执行了某个操作，可单击快速访问工具栏中的“撤销”按钮，或按“Ctrl+Z”组合键撤销最近的一步操作。要撤销多步操作，可连续执行撤销操作。

2．恢复操作

单击快速访问工具栏中的“恢复”按钮，或按“Ctrl+Y”组合键，可恢复被撤销的操作。要恢复多步被撤销的操作，可连续执行恢复操作。

三、设置编号

选中需要设置编号的标题文字“要‘会学’、要‘会思考’、要‘主动学’、要‘会交友’”，单击功能区中的“开始”选项卡→“编号”下拉按钮，选择“编号库”中的编号，为标题文字加上编号，如图3-1-16所示。

图3-1-16 编号设置

四、设置页面背景

为了使页面看起来更加美观，可以给页面设置背景颜色，以达到美化页面和文本的效果（注：背景默认是不打印的，但是也可以通过设置打印出来。例如选择“文件”选项卡→“打印”对话框左下角的“选项”，选择“打印背景色和图像”复选框，即可打印背景色和图像）。

1. 页面背景纹理设置

单击“页面”选项卡→“背景”下拉按钮，在打开的下拉列表中选择“其他背景”→“纹理”选项，如图3-1-17所示，打开“填充效果”对话框。

在“纹理”选项卡中选择第1行第1列“有色纸1”填充效果，如图3-1-18所示。

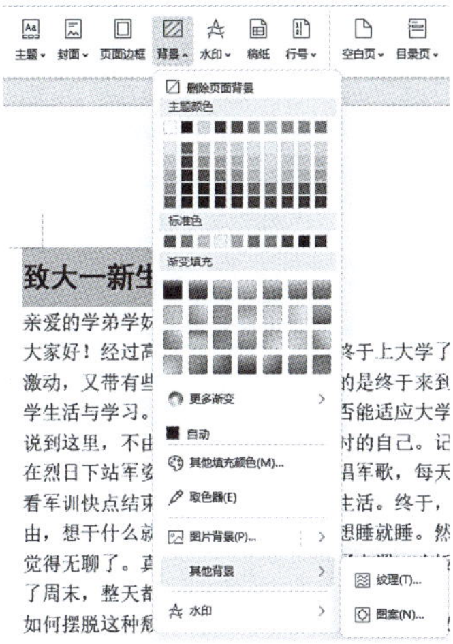

图3-1-17 “填充效果”对话框

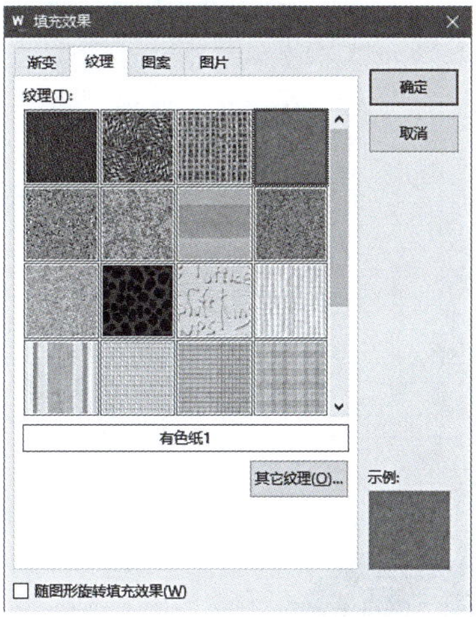

图3-1-18 页面背景设置

2. 页面背景水印设置

单击“页面”选项卡→“背景”下拉按钮，在打开的下拉列表中选择“水印”→“自定义水印”，单击“点击添加”按钮，打开“水印”对话框，进行水印的文字参数设置，如图3-1-19和图3-1-20所示。

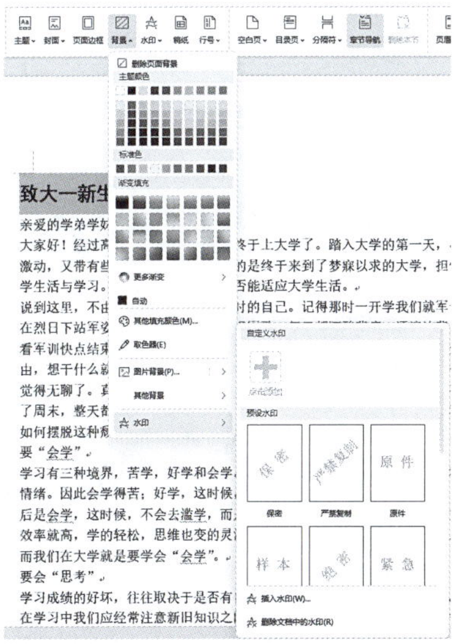

图3-1-19 打开“水印”对话框

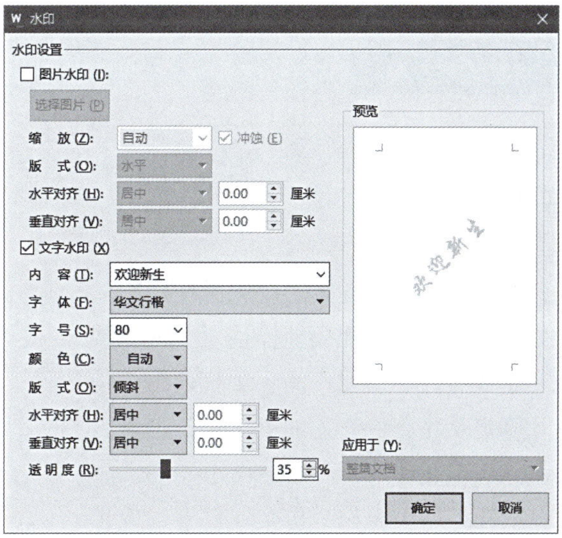

图3-1-20 制作水印

水印设置完毕，再次单击“背景”下拉按钮，在打开的下拉列表中选择“水印”，将“自定义水印”内容选中应用即可。水印应用后效果如图3-1-21所示。

文档经过字体格式、段落格式、页面背景等设置后，最终完成效果如图3-1-1所示。

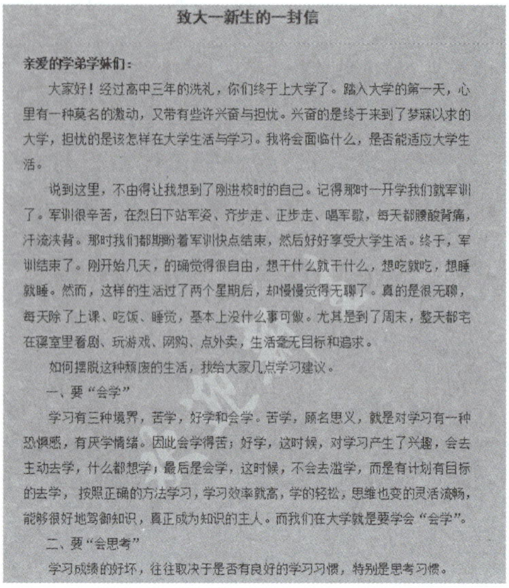
致大一新生的一封信

亲爱的学弟学妹们：

大家好！经过高中三年的洗礼，你们终于上大学了。踏入大学的第一天，心里有一种莫名的激动，又带有些许兴奋与担忧。兴奋的是终于来到了梦寐以求的大学，担忧的是该怎样在大学生活与学习。我将会面临什么，是否能适应大学生活。

说到这里，不由得让我想到了刚进校时的自己。记得那时一开学我们就军训了。军训很辛苦，在烈日下站军姿、齐步走、正步走、唱军歌，每天都腰酸背痛，汗流浃背。那时我们都期盼着军训快点结束，然后好好享受大学生活。终于，军训结束了。刚开始几天，的确觉得很自由，想干什么就干什么，想吃就吃，想睡就睡。然而，这样的生活过了两个星期后，却慢慢觉得无聊了。真的是很无聊，每天除了上课、吃饭、睡觉，基本上没什么事可做。尤其是到了周末，整天都宅在寝室里看剧、玩游戏、网购、点外卖，生活毫无目标和追求。

如何摆脱这种颓废的生活，我给大家几点学习建议。

一、要“会学”

学习有三种境界，苦学，好学和会学。苦学，顾名思义，就是对学习有一种恐惧感，有厌学情绪。因此会学得苦；好学，这时候，对学习产生了兴趣，会去主动去学，什么都想学；最后是会学，这时候，不会去滥学，而是有计划有目标的去学，按照正确的方法学习，学习效率就高，学的轻松，思维也变的灵活流畅，能够很好地驾御知识，真正成为知识的主人。而我们在大学就是要学会“会学”。

二、要“会思考”

学习成绩的好坏，往往取决于是否有良好的学习习惯，特别是思考习惯。

图3-1-21 水印应用效果

任务二

美化企业简介

任务导入

【任务描述】

企业简介是目前各类企业广泛使用的一种文体类型。它简明扼要地描述了企业发展概况、企业文化、主要产品、销售业绩等信息，让客户从中得到所需的有价值的信息，从而起到宣传企业及其产品的作用。

在本任务中，制作一份企业简介，效果如图3-2-1所示。

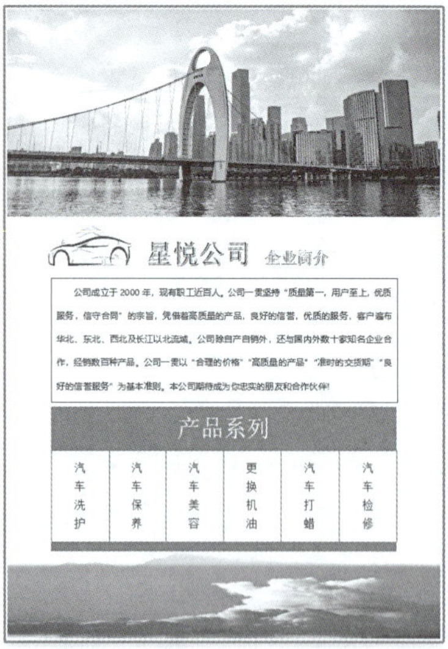

图3-2-1 企业简介效果

【任务思考】

1. 学生分组，并针对本次活动展开深入的讨论。

（1）在WPS文字中，可丰富版面、增强文档表现力的非文字对象有哪些？

____

____

（2）图文混排有哪些基本规范和排版技巧？

____

____

2. 按照实际操作过程，将操作内容及实施过程中遇到的问题或解决方法记录在表3-2-1中。

表 3-2-1　任务实施过程记录表

序号	操作内容	遇到的问题	解决方法
1			
2			
3			
4			
…			

知识积累

一、图文混排操作步骤

打开 WPS Office 2024：启动 WPS Office 2024 并打开要编辑的文档，或者创建一个新文档。

（1）插入图片：在希望插入图片的位置，选择“插入”选项卡，然后单击“图片”图标。选择要插入的图片文件并单击“插入”。

（2）添加文本：在图片周围或下方添加文本。可以直接在文档中的文本框内输入文字，或者可以选择“插入”选项卡中的“文本框”来创建一个文本框，然后在文本框内输入文字。

（3）格式处理：可以通过选择文本或图片并使用“开始”选项卡上的工具来进行格式处理。可以更改字体、字号、颜色，对齐方式，设置段落间距等，以满足自己的需要。对于图片，也可以调整大小、裁剪和添加边框等。

（4）图文层叠顺序：在 WPS Office 2024 中，可以通过选择图层选项来调整文本框和图片的层叠顺序。

（5）预览和保存：完成图文混排后，可以通过预览功能来查看文档的最终效果。然后，可以保存文档，将其导出为 PDF 格式或其他格式，或者打印出来。

二、图文混排的主要特点和应用领域

图文混排的一些主要特点和应用领域如下所示。

1．特点

（1）信息传达与视觉吸引力：图文混排使文档或媒体内容更具吸引力和信息传达能力。通过将图像与相关文本配合使用，可以更清晰地传达信息，使内容更易于理解和吸引人。

（2）内容丰富性：图文混排使内容更加丰富和生动。文字可以提供详细的信息和背景，而图像可以通过图形、图表、照片和插图等方式来补充和强调文本内容。

2．应用领域

（1）品牌营销：在广告和宣传材料中，图文混排可用于展示品牌形象、产品特点和宣传信息。视觉元素可以加强品牌标识，提高识别度。

（2）教育和培训：在教育领域，图文混排可用于创建教科书、教育资源和在线课程。图像可以帮助学生更好地理解概念，使学习过程更生动有趣。

（3）杂志和出版物：杂志、报纸和书籍经常使用图文混排来吸引读者，并提供各种文章和特色故事。这可以提高读者的参与度和购买兴趣。

（4）网页设计：在网页设计中，图文混排是常见的技术，用于创建富媒体内容和新闻报道等。这有助于提高网站的可视吸引力，丰富用户体验。

（5）社交媒体和博客：在社交媒体上，图文混排有助于提高帖子的吸引力。可以通过插入图像、嵌入视频和添加吸引人的标题等方式来吸引更多的读者和观众。

（6）科学和技术文档：在科学和技术领域，图文混排用于创建报告、白皮书和技术文档，以清晰地传达信息并展示数据。

任务工单

学生展示任务实施的成果，并协同老师完成如表3-2-2所示的任务评价表。

表 3-2-2 任务评价表

评价项目	评价内容	分值	评价分值		
			自评	互评	师评
职业素养考核项目	考勤、仪容仪表	10			
	团队交流与合作意识	10			
	创新意识、纪律意识	10			
专业能力考核项目	积极参与教学活动并正确理解任务要求	10			
	认真搜集并积极讨论相关资料	10			
	任务实施过程记录表的完成度	10			
	企业简介的完成效果	20			
	使用WPS文字进行图文混排的熟练度（包括插入、编辑和美化图片、形状、文本框、艺术字等内容）	20			
合计：综合分数_______		100			
综合评价：					
备注：					

任务实施

任务实施

一、插入图片

（1）新建空白文档，然后单击“插入”选项卡中的“图片”下拉按钮，在展开的下拉列表中选择“本地图片”选项，如图3-2-2所示。

（2）在打开的“插入图片”对话框中选择要插入的图片，将所选图片插入文档中，如图3-2-3所示。

（3）保持图片的选中状态，然后单击“图片工具”选项卡中的“环绕”按钮，在展开的下拉列表中选择“浮于文字上方”选项，如图3-2-4所示。

（4）在“图片工具”选项卡中取消选中“锁定纵横比”复选框，然后精确设置图片的高度为9.80厘米，宽度为21.00厘米

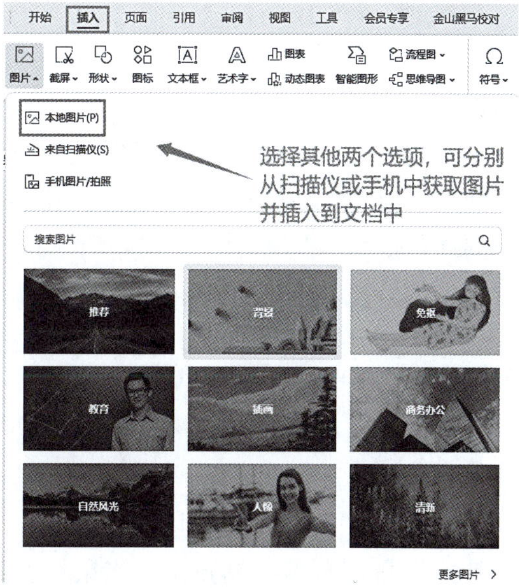

图3-2-2 选择“本地图片”选项

图3-2-3　选择要插入的图片

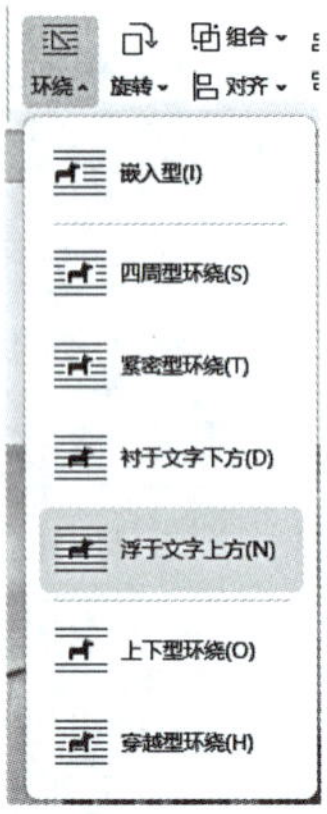

图3-2-4　选择图片的文字环绕方式

（即与页面等宽），如图3-2-5所示。

（5）保持图片的选中状态，然后单击“图片工具”选项卡中的“对齐”按钮，在展开的下拉列表中依次选择“左对齐”和“顶端对齐”选项，设置图片与文档页面左侧和顶端对齐，如图3-2-6所示。

（6）使用同样的方法，在文档中插入素材文件夹中的“企业简介背景1.jpg”和“LOGO.png”图片，并将它们的文字环绕方式设置为衬于文字下方。

（7）选中“LOGO.png”图片，在“图片工具”选项卡中精确设置图片的高度为2.20厘米，如图3-2-7所示。

（8）保持图片的选中状态，单击“图片工具”选项卡中的“抠除背景”下拉按钮，在展开的下拉列表中选择“设置透明色”选项（图3-2-8），然后在图片的白色区域单击，将该图片的背景色设置为透明，然后将图片移到合适位置，如图3-2-9所示。

（9）选中“企业简介背景1.jpg”图片，然后单击“图片工具”选项卡中的“裁剪”按钮，此时图片的四周出现裁剪控制点，将鼠标指针移到图片左下角的裁剪控制点上，当鼠标指针变成▙形状时按住鼠标左键并向图片的右上角方向拖

图3-2-5　精确设置图片的大小

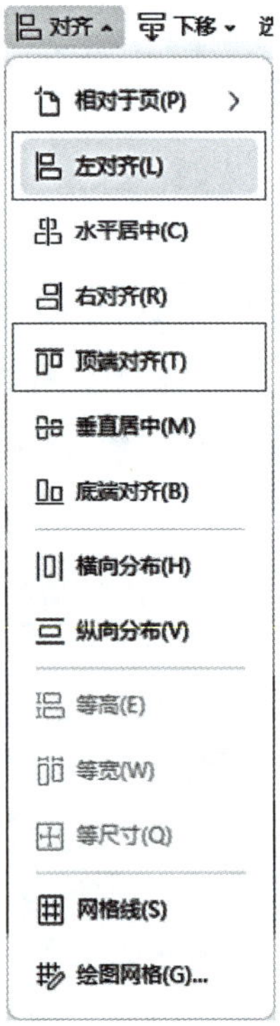

图3-2-6　设置图片的对齐方式

图3-2-7 设置LOGO图片的高度

图3-2-8 选择“设置透明色”选项

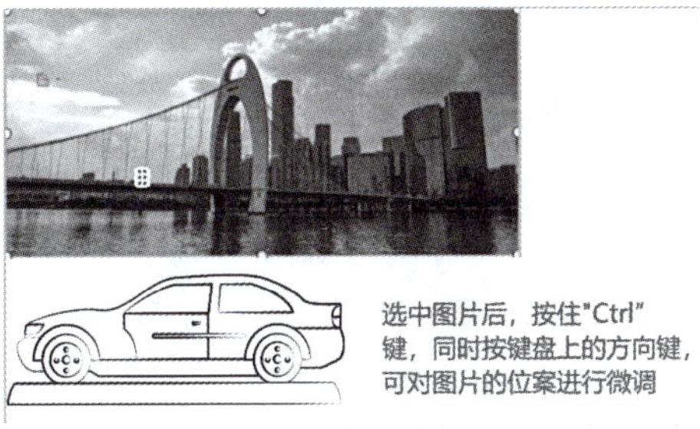

图3-2-9 移动图片位置

图3-2-10 裁剪图片

动，仅保留图片右上部分（图3-2-10），按“Enter”键确认裁剪效果。

（10）将裁剪后的图片移到页面的底部（也可使用“对齐”下拉列表中的“左对齐”和“底端对齐”选项调整），取消锁定纵横比并调整其宽度与页面宽度相等。

（11）保持图片的选中状态，在“抠除背景”下拉列表中选择“设置透明色”选项，然后在图片最上方的浅色处单击，将图片的背景色设置为透明，使图片与白色的文档背景融合。

二、插入艺术字

（1）单击“插入”选项卡中的“艺术字”按钮，在展开的下拉列表中选择如图3-2-11所示的艺术字样式。

（2）在自动出现的“请在此放置您的文字”编辑框中输入文档标题“星悦公司 企业简介”，如图3-2-12所示。

（3）选中“企业简介”文本，在“开始”选项卡中设置其字号为二号，然后将鼠标指针移到艺术字的边框线上，待鼠标指针变成形状时，按住鼠标左键不放并拖动艺术字到“LOGO.png”图片的右侧后释放鼠标，效果如图3-2-13所示。

图3-2-11　选择艺术字样式

图3-2-12　输入文档标题

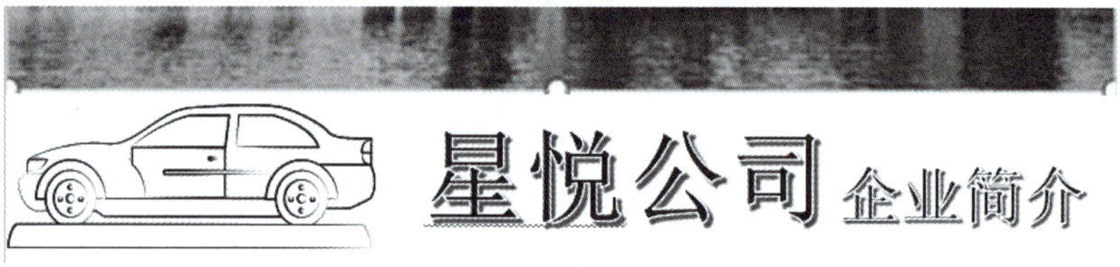

图3-2-13　设置部分标题文本的字号和标题位置

三、插入文本框

（1）单击“插入”选项卡中的“文本框”按钮，或单击“文本框”下拉按钮，在展开的下拉列表中选择“横向”选项，如图3-2-14所示。

（2）在标题的下方按住鼠标左键并拖动，绘制一个横向文本框，并在其中输入企业简介内容，如图3-2-15所示。

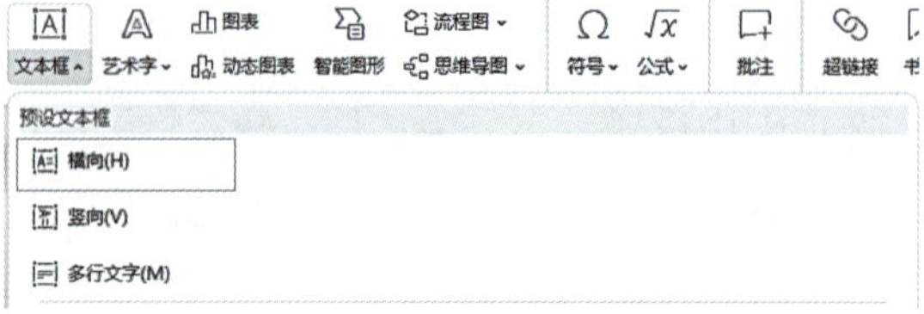

图3-2-14　选择“横向”选项

图3-2-15　输入企业简介内容

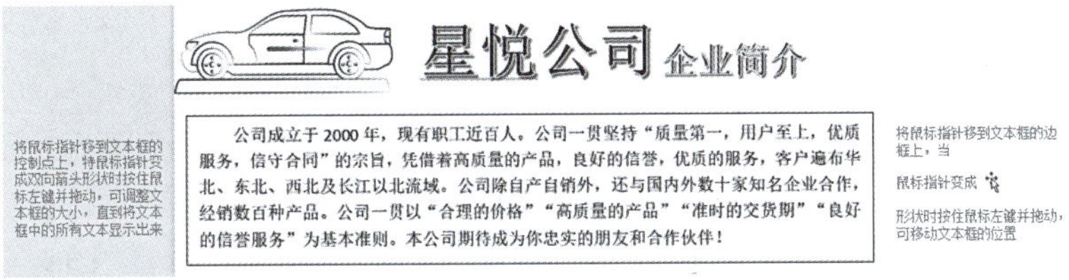

图3-2-16 文本框及其中的文本效果

（3）利用“开始”选项卡中的命令，将文本框中文本的格式设置为微软雅黑、小四、首行缩进2字符，然后根据需要调整文本框的高度、宽度和位置，效果如图3-2-16所示。

四、插入智能图形

（1）将插入点定位到文档空白处，然后单击“插入”选项卡中的“智能图形”按钮，在展开的下拉列表中选择“智能图形”选项，打开“选择智能图形”对话框，单击“SmartArt”,随后从中选择“表格列表”选项，最后单击“确定”按钮（图3-2-17），将所选图形插入到文档中。

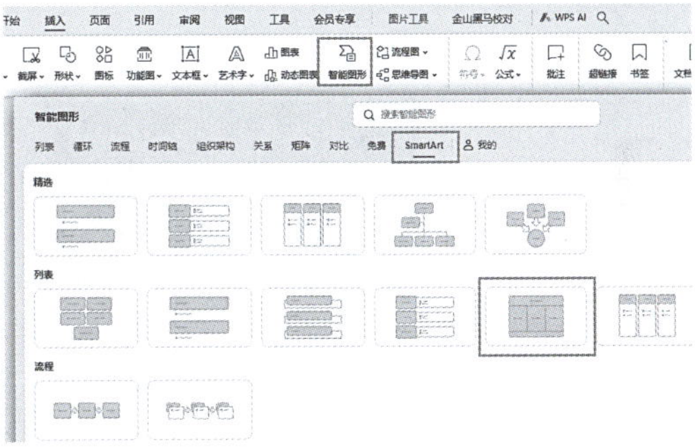

图3-2-17 选择要插入的智能图形

（2）保持智能图形的选中状态，单击其右侧的“布局选项”按钮，在展开的下拉列表中选择“浮于文字上方”选项，如图3-2-18所示。

图3-2-18 设置智能图形的文字环绕方式

（3）将鼠标移到智能图形的边框线上，待鼠标指针变成形状时，按住鼠标左键并向下拖动，到文本框的下方后释放鼠标，再单击智能图形上方项目中的示例“文本”，输入分类标题“产品系列”，如图3-2-19所示。

（4）依次单击分类标题文本下方项目中的示例“文本”，然后输入内容（注意单字换行），如图3-2-20所示。

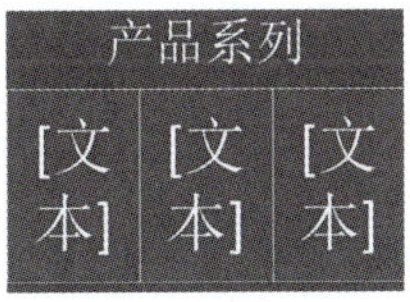

图3-2-19 输入分类标题

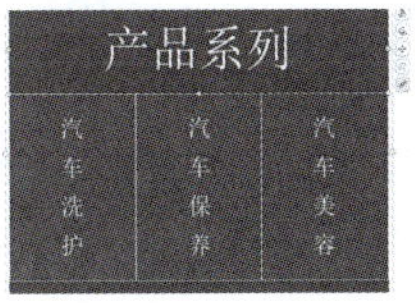

图3-2-20 输入产品系列内容

（5）单击项目右侧的“添加项目”按钮，在展开的下拉列表中选择“在后面添加项目”选项，在当前项目的后面添加一个新项目，然后输入内容，如图3-2-21所示。

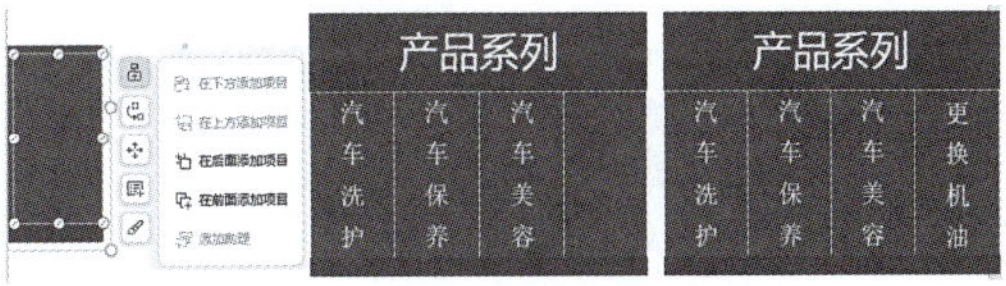

图3-2-21 添加项目并输入内容

（6）使用同样的方法，在现有项目的后面再添加两个项目并输入内容，效果如图3–2–22所示。

（7）选中智能图形的标题文本，利用“开始”选项卡将其字号设置为20磅。使用同样的方法，设置智能图形其他项目中文本的字号为15磅。

（8）将鼠标指针移到智能图形左侧边框上，按住鼠标左键并拖动，调整智能图形的宽度与文本框的宽度大致相同，然后向上拖动智能图形下方中部的控制点，调整智能图形的高度，使其效果大致如图3–2–23所示。

（9）保持智能图形的选中状态，然后单击“设计”选项卡中的“更改颜色”按钮，在展开的下拉列表中为智能图形选择一种颜色，如图3–2–24所示。

（10）至此，企业简介制作完毕，将文档以“企业简介.docx”为名保存。

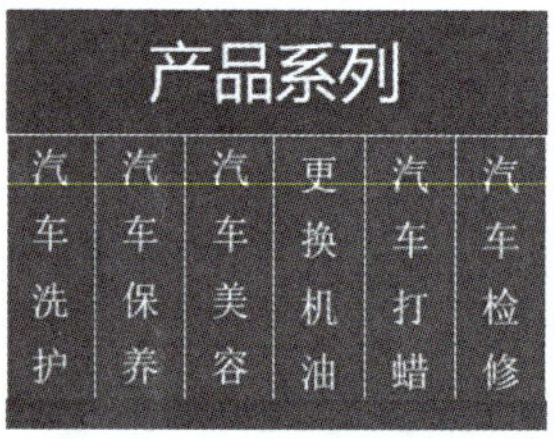

图3-2-22　继续添加项目并输入内容

图3-2-23　调整智能图形的大小

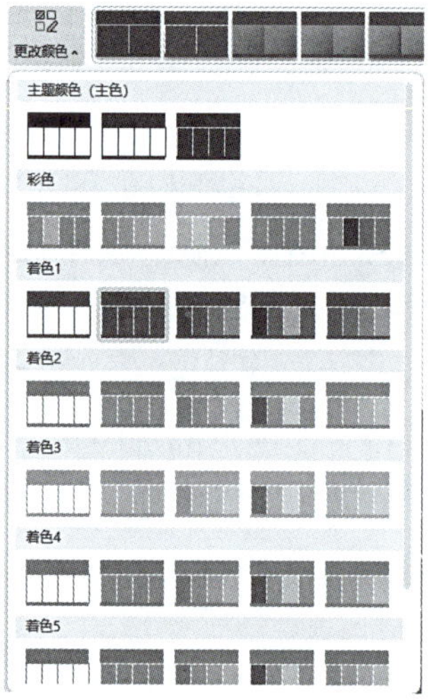

图3-2-24　为智能图形设置颜色

知识链接

使用“Shift”键绘制形状

用户在使用“直线”“矩形”和“椭圆”等形状工具时，很难画出水平直线、正方形和正圆形，这时需要用到“Shift”键解决这些问题。例如，选中“椭圆”形状后，按下“Shift”键的同时，拖拽鼠标即可绘制出正圆形。

任务三

制作文艺演出邀请函

任务导入

【任务描述】

本任务要求学生利用 WPS Office 2024 的邮件合并功能，完成邀请函的批量制作。“邀请函”效果图如图3–3–1所示。

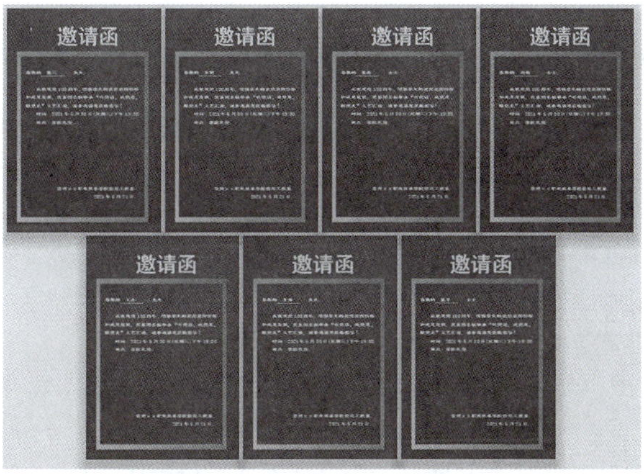

图3–3–1 “邀请函”效果图

【任务思考】

1. 学生分组，并针对本次活动展开深入的讨论。

（1）如何确保数据源中的数据准确、完整，避免在邮件合并过程中出现错误？

____

____

（2）如果数据源中存在空值或特殊字符，如何避免在邮件合并过程中产生错误或不符合要求的邀请函？

____

____

2. 按照实际操作过程，将操作内容及实施过程中遇到的问题或解决方法记录在表3-3-1中。

表 3-3-1　任务实施过程记录表

序号	操作内容	遇到的问题	解决方法
1			
2			
3			
4			
…			

知识积累

一、邮件合并的概念

邮件合并是WPS文字中一种可以将数据源批量引用到主文档中的功能。通过该功能，可以将不同源的数据统一合并到主文档中，并与主文档中的内容相结合，最终形成一系列版式相同，数据不同的文档。

二、邮件合并的功能

邮件合并的功能主要包含以下5个部分：主文档、数据源、合并域、Next域以及查看合并数据。

（1）主文档。主文档是这类文档的“底版”，也是所引用数据的载体文档。在主文档中有文本内容，这些文本内容的版式和格式都是固定的，比如邀请函的开头敬语、主题内容、落款等。

（2）数据源。数据源是主文档所引用的数据列表，通常情况下，该列表是以表格形式存在的。合并到主文档中的数据都在该列表内，例如姓名、电话号码、时间、部门、职务等数据字段。

（3）合并域。在主文档中插入的一系列指令统称为合并域，用于插入在每个输出文档中都要发生变化的文本，比如姓名、昵称、公司、部门、职务等。

（4）Next域。Next域也是一种指令，主要解决邮件合并中的换页问题。例如，当一页需要显示N行时，则需要插入N-1个Next域。

（5）查看合并数据。当完成所有数据源的引用和插入后，最终文档则是一份可以独立存储或者输出的WPS文档，但此时该文档中所有引用和插入的数据源都是以“域”的形式存在的，通过“查看合并数据”可以将文档中的“合并域”转换为实际数据，以便查看域的显示情况。

通过邮件合并功能将主文档和数据源结合在一起，可形成一系列可独立存储和输出的最终文档。通常情况下，数据源中有多少条数据记录，就可以生成多少份最终结果，但是最终生成的结果数也取决于主文档中需要实际引用的文本数量。

知识链接

1. 编辑技巧

清除WPS文档中多余的空行。如果WPS文档中有很多空行，手动逐个删除太累，直接打印又浪费墨粉和打印纸。这时可以用WPS自带的替换功能来进行处理，具体操作方法如下。

在WPS文档中，选择“开始”选项卡，单击“查找替换”按钮；在下拉列表中选择“替换”命令；在弹出的“查找和替换”对话框中，单击“特殊格式”按钮；单击下拉菜单中的“段落标记”选项，这时会看到“^p”出现在文本框内，然后再输入一个“^p”；在“替换为”文本框中输入“^p”，即用“^p”替换“^p^p”；然后单击“全部替换”按钮；若还有空行则反复执行“全部替换”，多余的空行就会不见了。

2. 排版技巧

在用WPS文档排版时，对于封面上有页码的文档，用户一般会先单击“页面”选项卡，然后在“页面设置”对话框中选择“版式”选项卡的“首页不同”选项，以保证封面不会打印出“页码”。但是存在一个问题：在默认情况下，“页码”是从第2页开始显示的。怎样才能让“页码”从第1页开始呢？

方法很简单，即在“插入”选项卡中单击“页眉和页脚”按钮，进入“页眉和页脚”编辑状态，单击第2页的页脚处，在弹出的选项中单击“重新编号”按钮，将“页码编号”设为“1”即可。

任务工单

展示任务实施的成果，并完成如表3-3-2所示的任务评价表。

表 3-3-2 任务评价表

评价项目	评价内容	分值	评价分值		
			自评	互评	师评
职业素养考核项目	考勤、仪容仪表	10			
	团队交流与合作意识	10			
	创新意识、纪律意识	10			
专业能力考核项目	积极参与教学活动并正确理解任务要求	10			
	认真搜集并积极讨论相关资料	10			
	任务实施过程记录表的完成度	10			
	邀请函的完成效果	20			
	熟悉邮件合并的基本原理和操作流程	20			
合计：综合分数_______		100			
综合评价：					
备注：					

任务实施

任务实施

一、创建主文档

主文档的制作步骤如下。

（1）启动 WPS Office 2024，新建一个空白文档。在新建的空白文档中，选择“页面”选项卡，进行页面设置。将“纸张方向”设置为“纵向”，“纸张大小”设置为“A4”。

（2）设置页面背景。选择“插入”选项卡，单击“图片”按钮，在弹出的选项框中选择“本地图片”，在提供的素材中，选择“背景图片.jpg”，如图3-3-2所示。

（3）单击选中插入的图片，在“图片工具”选项卡中，单击“环绕”按钮，在打开的

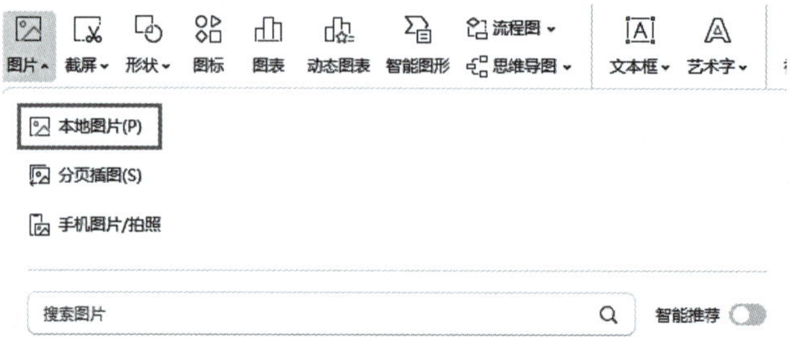

图3-3-2 插入背景图片

下拉列表框中单击“衬于文字下方”命令，如图3–3–3所示。调整图片大小，使图片边缘与页面的四周对齐。

（4）在页面的中上部插入一个横向文本框，在文本框内输入“邀请函”3个字，选中这3个字并设置字体为“黑体”，单击“加粗”，设置字号为“80”，字体颜色为“橙色”，对齐方式为“居中对齐”，如图3–3–4所示。

（5）选中插入的横向文本框，选择“绘图工具”选项卡，单击“填充”按钮，选择“无填充颜色”，如图3–3–5所示。单击“轮廓”按钮，选择“无边框颜色”，如图3–3–6所示。调整文字位置。

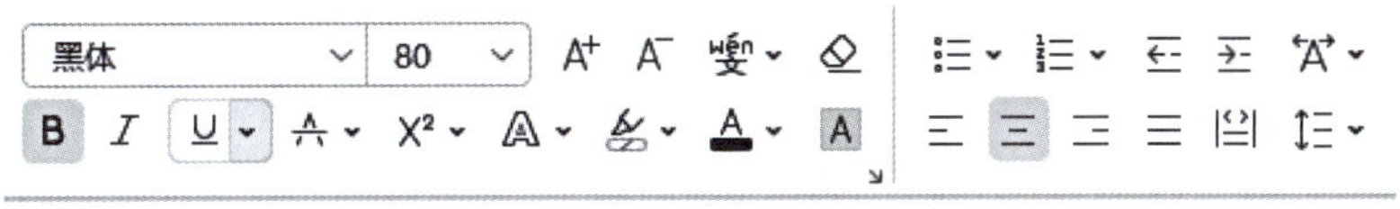

图3-3-4　设置“邀请函”字体格式

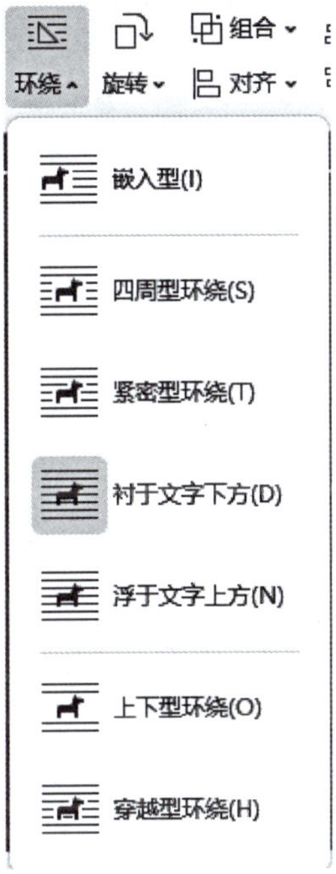

图3-3-3　设置图片环绕方式

图3-3-5　设置填充颜色

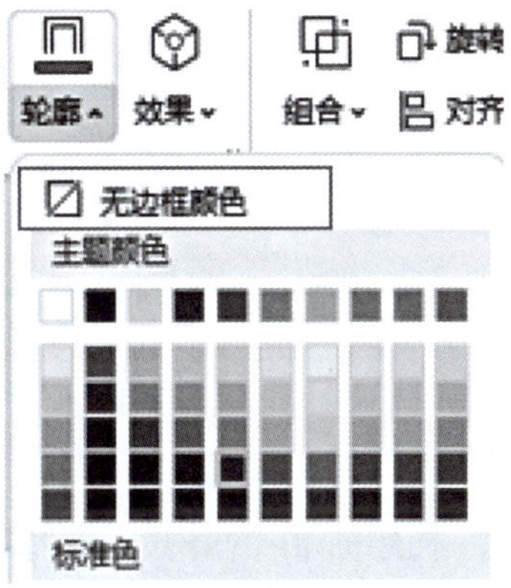

图3-3-6　设置轮廓颜色

（6）在文字“邀请函”下方插入一个横向文本框，输入邀请函上的其他文字，并设置字体为“隶书”并单击字号为“20”加粗，字体颜色为“橙色”。如图3–3–7所示。将文本框的“填充”和“轮廓”分别设置为“无填充颜色”和“无边框颜色”。文字输入完成后的效果如图3–3–8所示。

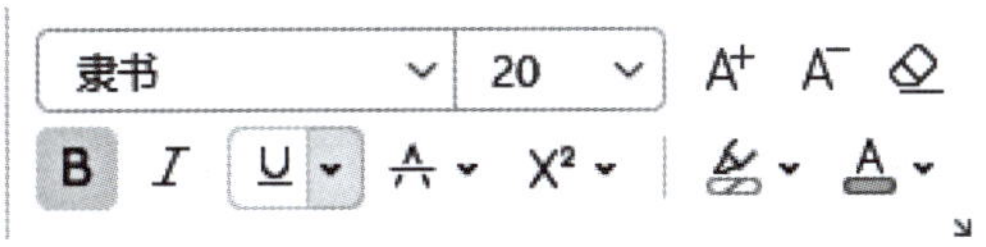

图3-3-7　设置文字字体格式

（7）单击“文件”→“另存为”按钮，文件类型选择“WPS文字文件（*.wps）”，将文件命名为“邀请函模板.wpt”进行保存。

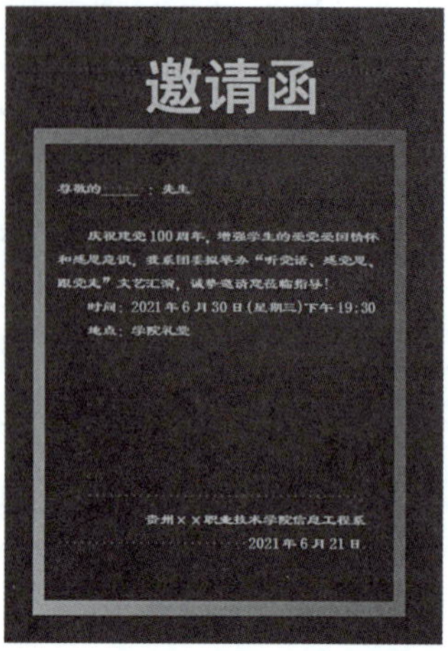

图3-3-8　文字输入完成后的效果图

二、创建数据源

数据源可以看成是一张简单的二维表格，表格中的每一列对应一个信息类别，如姓名、性别、联系电话等。各个数据列的名称由表格的第1行来表示，第1行称为域名行，随后的每一行为一条数据记录。数据记录是一组完整的相关信息。

利用Excel工作簿建立一个二维表，输入相关数据，并以“邀请人员名单.xlsx”的格式进行保存，如图3-3-9所示。

	A	B	C	D	E
1	序号	姓名	称呼	所在城市	邮箱
2	1	张三	先生	璧山	910***564@qq.com
3	2	李明	先生	铜仁	182***40334@163.com
4	3	张红	女士	贵阳	910***522@qq.com
5	4	刘梅	女士	广州	156***3945@qq.com
6	5	王小	先生	凯里	156***3845@qq.com
7	6	李帅	先生	遵义	656***46@qq.com
8	7	张华	女士	贵阳	4548***35@qq.com

图3-3-9　邀请人员名单二维表

三、利用邮件合并批量制作邀请函

创建好主文档和数据源后，可以进行邮件合并，操作步骤如下。

（1）打开名为“邀请函模板.wpt”的主文档，在主文档中选择“引用”选项卡，单击“邮件合并”按钮，如图3-3-10所示。打开“邮件合并”任务窗口，如图3-3-11所示。

（2）单击“打开数据源”按钮，在弹出的“打开数据源”对话框中找到并打开“邀请人员名单.xlsx”。

（3）在主文档编辑窗口中，将光标定位在“尊敬的”文本后的“______”的居中位置，单击“插入合并域”按钮，如图3-3-12所示。打开“插入域”对话框，单击“数据库域”然后单击选择“姓名”并单击“插入”按钮，完成“姓名”合并域的插入，如图3-3-13所示。接着单击“关闭”按钮。

（4）同样地，在主文档编辑窗口中，将光标定位在“：”前的位置，单击“插入合并域”按钮，打开“插入域”对话框，选择“称呼”并单击“插入”按钮，完成“称呼”合并域的插入，如图3-3-14所示。接着单击“关闭”按钮。

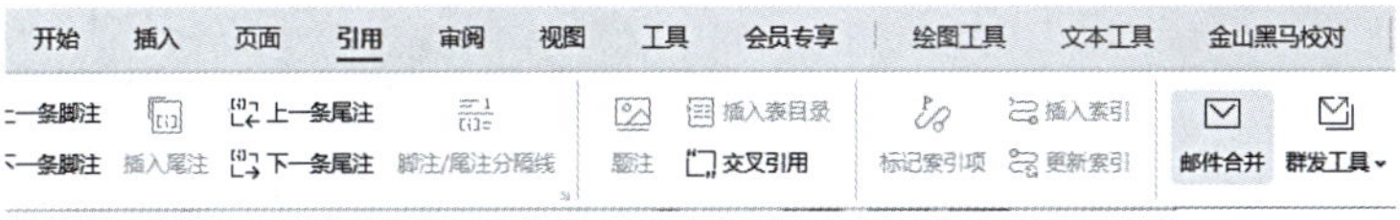

图3-3-10　单击“邮件合并”按钮

图3-3-11　“邮件合并”任务窗口

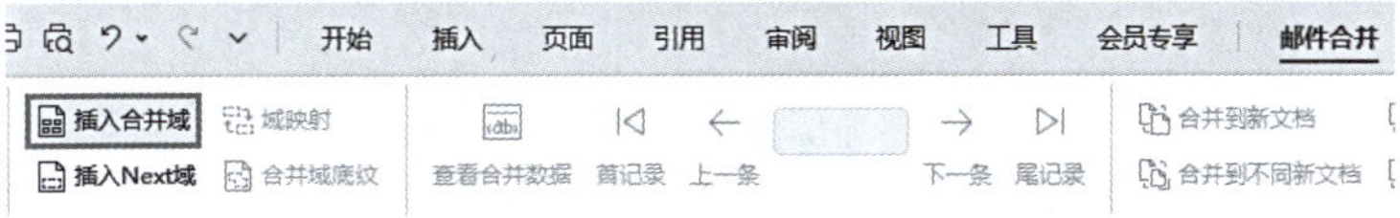

图3-3-12　单击“插入合并域”按钮

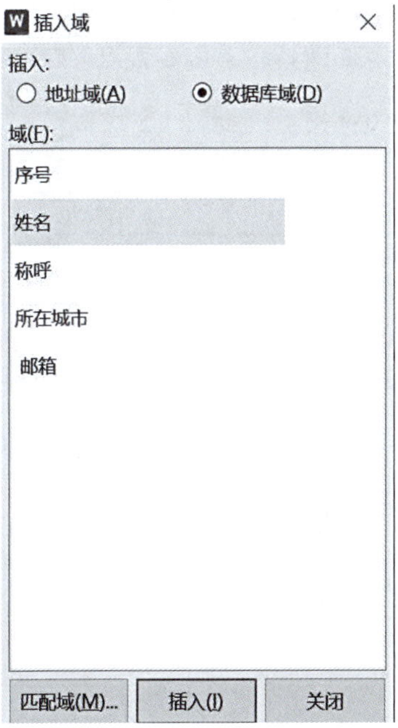

图3-3-13　插入“姓名”合并域

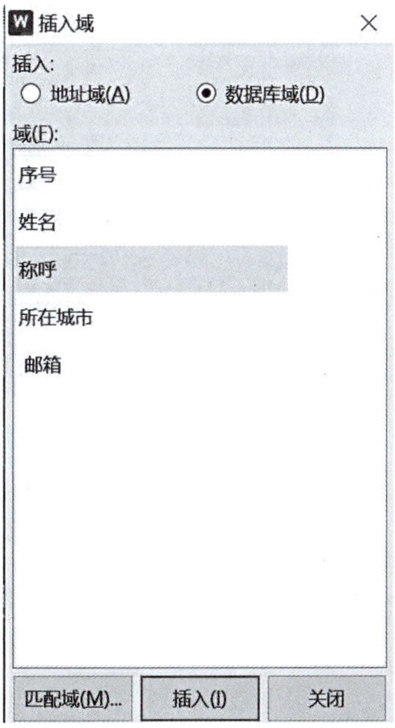

图3-3-14　插入“称呼”合并域

（5）单击“合并到新文档”按钮，如图3-3-15所示。打开“合并到新文档”对话框，勾选“全部”复选框并单击“确定”按钮，如图3-3-16所示。此时所有的记录都被合并到新文档中，合并到新文档后的效果图如图3-3-17所示。

（6）将合并后的新文档以“合并后的邀请函.wps”的格式进行保存。

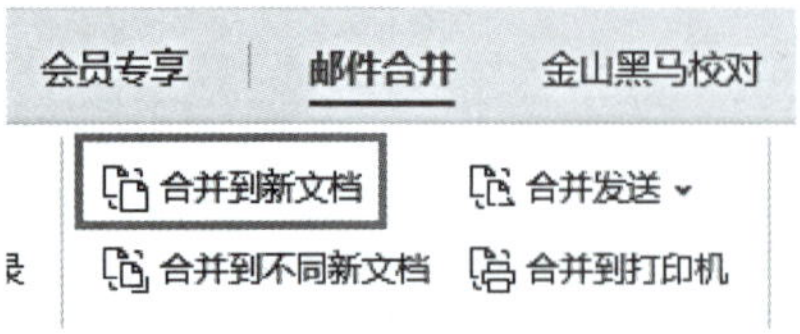

图3-3-15　单击“合并到新文档”按钮

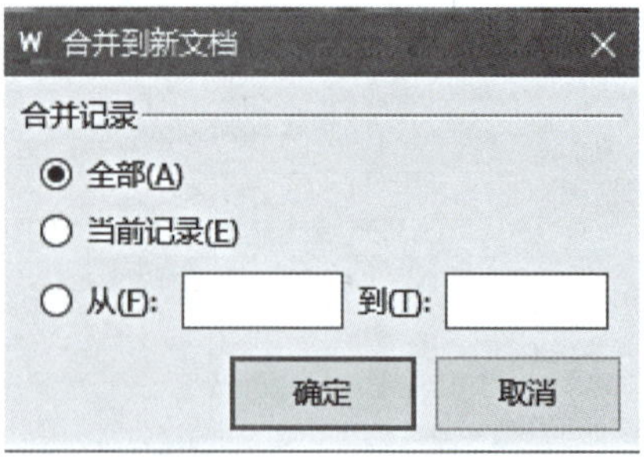

图3-3-16　合并到新文档

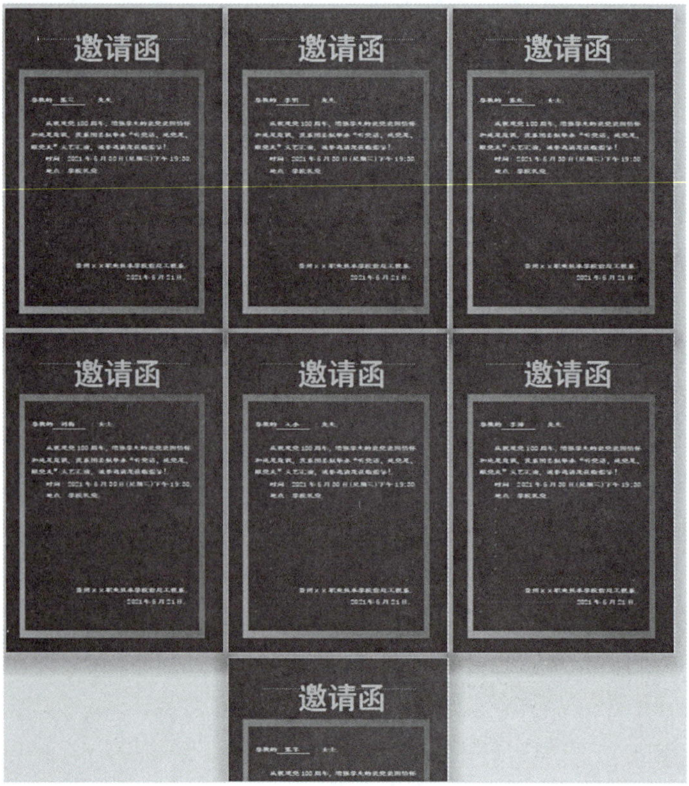

图3-3-17　合并到新文档后的效果

四、打印邀请函

打印邀请函有以下两种方法。

（1）在“邮件合并”完成合并域后，在其任务窗格中单击“合并到打印机”按钮，在对话框中进行所需的设置，完成后单击“确定”按钮即可。

（2）打开“合并后的邀请函.wps”，单击“打印（Ctrl+P）”按钮，在“打印”对话框中进行相应设置，单击“确定”，即可进行打印。

任务四

编排学生毕业论文

任务导入

【任务描述】

高同学的论文内容已经完成，但不符合论文的格式要求。请从论文样式、创建论文目录等方面帮他进行毕业论文编排。

操作要求如下。

（1）页面设置。纸张设置为A4、纵向，页边距为上、下各25毫米，左、右各30毫米，左侧装订，装订线宽5毫米。

（2）插入分隔符。

（3）插入页码。①封面不要页码。②摘要、目录、正文分别设置页码。

（4）插入页眉。①奇数页页眉：论刑事辩护制度。②偶数页页眉：毕业论文。③页眉为宋体、小四号，显示页眉横线，封面不显示页眉。

（5）定制样式。毕业论文各级标题和正文的格式设计依照《毕业论文格式设计要求》完成。

一级标题使用“标题1”样式：（中文）黑体（西文）Times New Roman，小三号，居中，1.5倍行距，段前0.5行，段后0.5行。

二级标题使用“标题2”样式：（中文）黑体（西文）Times New Roman，四号，左侧缩进2字符，1.5倍行距。

三级标题使用“标题3”样式：（中文）黑体（西文）Times New Roman，小四号，左侧缩进2字符，1.5倍行距。

正文使用“正文”样式：（中文）宋体（西文）Times New Roman，小四号，首行缩进2字符，1.5倍行距。

（6）对各级标题及正文应用样式。
（7）使用“导航窗格”管理毕业论文。
（8）创建目录，如图3-4-1所示。

目录

摘要 ………………………… 1
1. 刑事辩护制度的理论，刑事辩护制度 ………………………… 1
　1.1 刑事辩护、辩护权、辩护制度 ………………………… 1
　1.2 刑事辩护制度的基本内容 ………………………… 1
　1.3 刑事辩护制度的理论基础 ………………………… 2
　　1.3.1 程序主体性理论 ………………………… 2
　　1.3.2 无罪推定原则 ………………………… 2
　　1.3.3 对立统一规律 ………………………… 3
　1.4 刑事辩护制度的诉讼价值 ………………………… 3
　　1.4.1 刑事辩护制度与实体正义的实现 ………………………… 3
　　1.4.2 刑事辩护制度与程序正义之实现 ………………………… 4
　　1.4.3 刑事辩护制度与诉讼效率之提高 ………………………… 4
2. 我国刑事辩护制度的改革与完善 ………………………… 5
　2.1 我国刑事辩护制度的重大改革 ………………………… 5
　　2.1.1 关于刑事案件被追诉者的法律称谓 ………………………… 5
　　2.1.2 关于庭审辩护的改革 ………………………… 5
　2.2 我国现行刑事辩护制度的缺陷与不足 ………………………… 6
　2.3 完善我国刑事辩护制度的构想 ………………………… 6
　　2.3.1 保证律师的会见权 ………………………… 6

图3-4-1　论文目录

【任务描述】

1. 学生分组，并针对本次活动展开深入的讨论。
（1）如何创建毕业论文的目录？

（2）长文档排版有哪些基本规范和排版技巧？

2. 按照实际操作过程，将操作内容及实施过程中遇到的问题或解决方法记录在表3-4-1中。

表 3-4-1　任务实施过程记录表

序号	操作内容	遇到的问题	解决方法
1			
2			
3			
4			
…			

知识积累

一、WPS 长文档排版概述

WPS长文档排版是撰写论文、报告等长篇文档的关键步骤之一。在进行长文档排版时，需要注意以下几点。

（1）文档结构规划：在排版前，需要先规划好文档的整体结构，包括封面、目录、正文、参考文献等部分。

（2）页面设置：根据需要设置页面大小、页边距、页眉页脚等。

（3）样式设置：为文档中的不同部分设置不同的样式，如标题、正文、图表等。

（4）插入页码：为文档插入正确的页码，包括封面、目录、正文等部分。

（5）插入目录：在文档中插入目录，方便读者快速查找内容。

（6）插入图表：在文档中插入图表，增强可读性和可视化效果。

（7）插入引用：在文档中插入引用，如参考文献、脚注等。

（8）打印设置：根据需要设置打印参数，如单（双）面打印、纸张大小等。

二、WPS 长文档排版操作步骤

（1）打开WPS文档，在"视图"选项卡中选择"大纲"，进入大纲视图模式。

（2）在大纲视图模式下，将光标定位在"目录"处，单击"目录"按钮，选择"插入目录"，在弹出的"目录"对话框中进行相关设置，如目录样式、显示级别等。

（3）在文档中插入页码：在"插入"选项卡中选择"页码"，在弹出的"页码"对话框中进行相关设置，如位置、对齐方式等。

（4）在文档中插入图表：在"插入"选项卡中选择"图表"，在弹出的"图表"对话框中选择需要的图表类型，然后单击"确定"。在弹出的"图表数据"对话框中输入相关数据，单击“确定”。

（5）在文档中插入引用：在需要插入引用的位置输入所需文献信息，在“引用”选项卡中选择“插入脚注”或“插入尾注”，然后在相关位置输入文献信息。

（6）检查文档无误后，单击“文件”→“保存”按钮保存文档。

（7）最后根据需要设置打印参数，进行打印。

任务工单

展示任务实施的成果，并完成如表3-4-2所示的任务评价表。

表 3-4-2　任务评价表

评价项目	评价内容	分值	评价分值		
			自评	互评	师评
职业素养考核项目	考勤、仪容仪表	10			
	团队交流与合作意识	10			
	创新意识、纪律意识	10			
专业能力考核项目	积极参与教学活动并正确理解任务要求	10			
	认真搜集并积极讨论相关资料	10			
	任务实施过程记录表的完成度	10			
	毕业论文设计的完成度	20			
	WPS文档操作熟练度（包括文档的分页、分节、页眉页脚、目录等）	20			
合计：综合分数______		100			
综合评价：					
备注：					

任务实施

一、论文正文编排

论文正文编排

1．页面设置

打开“毕业论文”素材。

单击“页面”选项卡右下角的“页面设置”对话框启动器按钮，打开“页面设置”对话框。

在“纸张”选项卡中设置纸张大小为“A4”。

在“页边距”选项卡中设置上、下边距为25毫米，左、右边距为30毫米，左侧装订，装订线宽5毫米，“方向”为纵向。如图3-4-2所示。

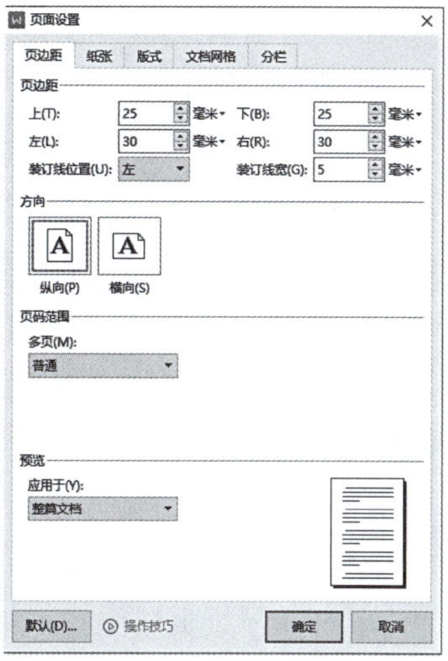

图3-4-2 设置页边距

2. 插入分隔符

单击“开始”选项卡中的“显示 / 隐藏段落标记”按钮，显示段落标记。

将光标置于封面最后一行的末尾。

单击“插入”选项卡中的“分页”下拉按钮，在弹出的下拉列表中选择“下一页分节符”命令，如图3-4-3所示。

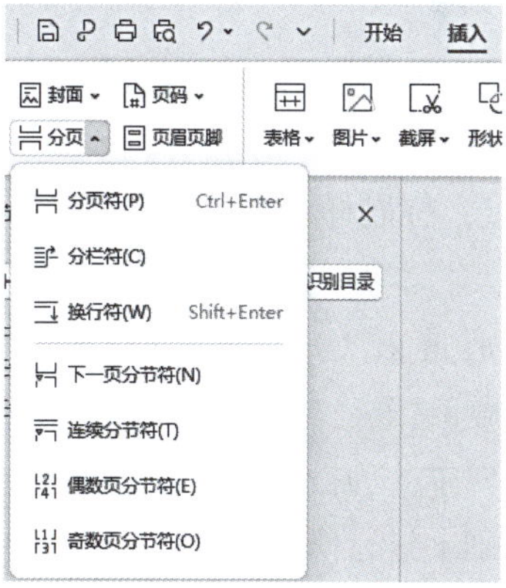

图3-4-3 选择“下一页分节符”命令

删除插入“下一页分节符”后转移到下一页上方的空段。

用同样方法，在摘要页面内容下方插入“下一页分节符”，并删除转移到下一页的空段。

在正文各章最后一页内容下方及参考文献页面内容下方分别插入“分页符”，并删除转移到下一页的空段。

3. 插入页码

双击封面页码，弹出“删除页码”按钮，单击“删除页码”下拉按钮，从弹出的下拉命令列表中选择“整篇文档”命令，删除论文中原有的全部页码。

单击摘要页面的页码位置，然后单击“页眉页脚”选项卡下的“页码”→页码，弹出“页码”对话框，如图3-4-4所示。

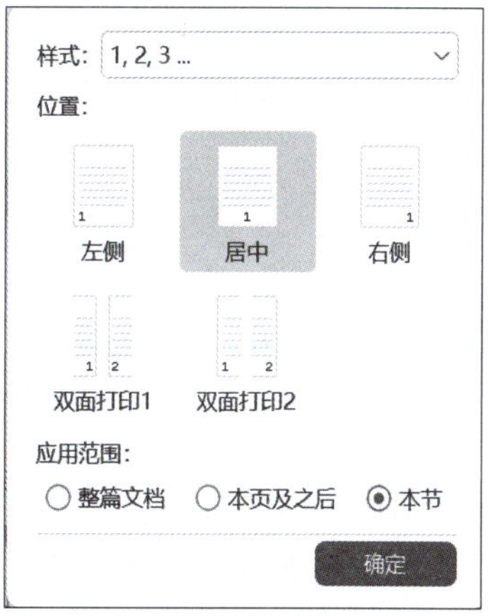

图3-4-4 “页码”对话框

在“样式”下拉列表中选择插入页码的样式，在“位置”下拉列表中选择插入页码的位置为“居中”，在“应用范围”中选择“本节”，同时选中“起始页码”复选框并输入“起始值”为1。

光标置于正文第1页的页码位置，用同样的方法为正文插入页码。

4. 插入页眉

双击正文第1页页面的页眉位置。

在“页眉和页脚”选项卡中设置“页眉横线”为第2行的细实线。

单击“页眉页脚选项”按钮，弹出“页眉/页脚设置”对话框，在对话框中选中“奇偶页不同”“显示奇数页页眉横线”及“显示偶数页页眉横线”3个复选框，如图3-4-5所示。

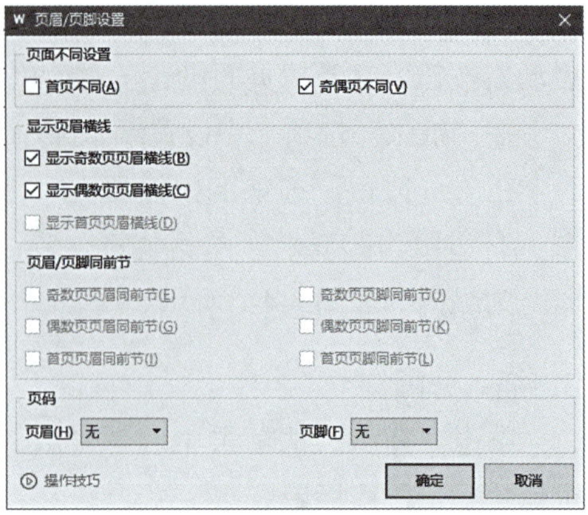

图3-4-5 “页眉/页脚设置”对话框

单击正文第1页的页眉位置，输入页眉“论刑事辩护制度”，如图3-4-6所示。单击正文第2页的页眉位置，输入页眉“毕业论文”，页眉文字设置为宋体、小四号。如图3-4-7所示。

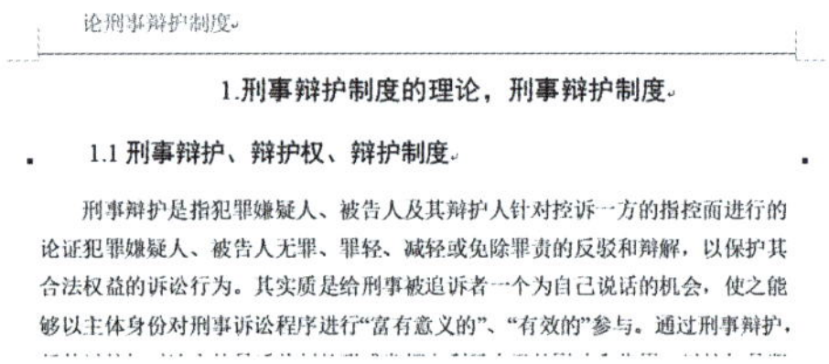

图3-4-6 输入页眉“论刑事辩护制度”

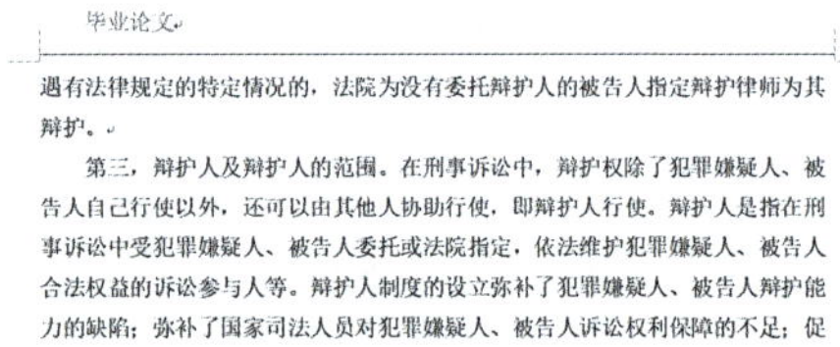

图3-4-7 输入页眉“毕业论文”

单击标题页页眉位置，单击“页眉页脚选项”按钮，弹出“页眉/页脚设置”对话框，在对话框中选中“首页不同”。

二、定制毕业论文样式

定制毕业论文样式

1．标题样式

本例需要定义4种样式，分别是正文、标题1、标题2、标题3，每个样式的具体要求见毕业论文的格式要求。为操作方便，这里直接在原有样式的基础上进行修改。

单击“开始”选项卡，在“样式和格式”功能区中右击“正文”样式，在弹出的快捷菜单中选择“修改样式”命令，打开“修改样式”对话框，如图3-4-8所示。

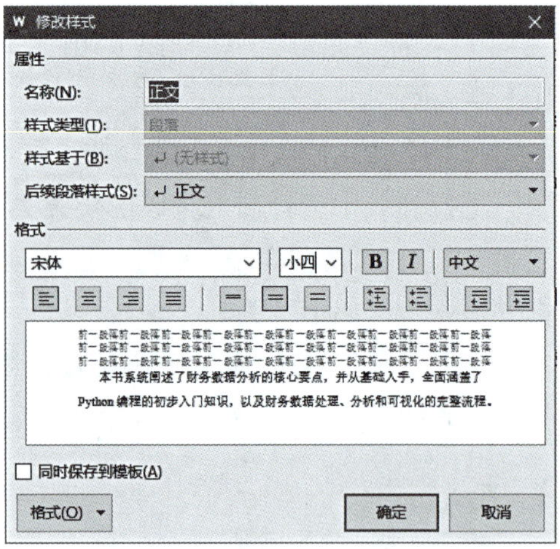

图3-4-8 “修改样式”对话框

在对话框中依照《毕业论文格式设计要求》修改正文样式，单击“格式”按钮还可进行“字体”“段落”等更多设置。

修改完成，单击“确定”按钮。

用同样的方法进行标题1、标题2、标题3样式的设置。

2．使用文档结构图管理毕业论文

单击“视图”选项卡中的“导航窗格”下拉按钮，可在下拉列表中选择在窗口左侧或右侧显示导航窗格，也可隐藏导航窗格。

导航窗格可以显示文档结构，检查各级标题应用的样式是否正确，并可进行修改。

若要编辑文档内容，则首先要对文档内容进行定位。单击“导航窗格”中要跳转的标题，该标题及其内容就会显示在页面顶部。

3．对各级标题及正文应用样式

选中摘要页的标题“摘要”2字。

单击“开始”选项卡样式列表中的“标题1”样式，标题“摘要”即变为“标题1”定义的样式。

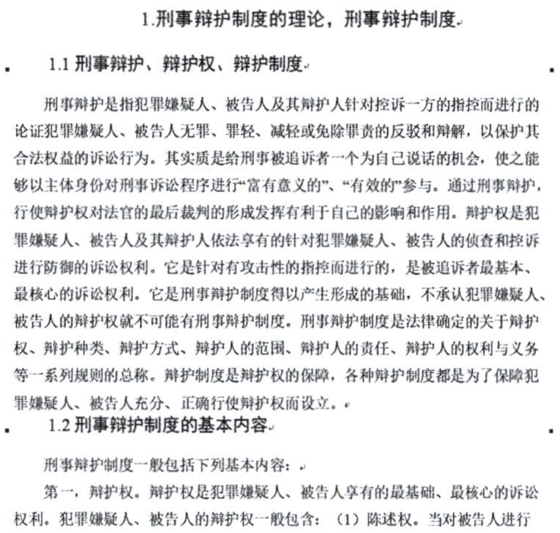
1.刑事辩护制度的理论，刑事辩护制度

1.1 刑事辩护、辩护权、辩护制度

刑事辩护是指犯罪嫌疑人、被告人及其辩护人针对控诉一方的指控而进行的论证犯罪嫌疑人、被告人无罪、罪轻、减轻或免除罪责的反驳和辩解，以保护其合法权益的诉讼行为。其实质是给刑事被追诉者一个为自己说话的机会，使之能够以主体身份对刑事诉讼程序进行“富有意义的”、“有效的”参与。通过刑事辩护，行使辩护权对法官的最后裁判的形成发挥有利于自己的影响和作用。辩护权是犯罪嫌疑人、被告人及其辩护人依法享有的针对犯罪嫌疑人、被告人的侦查和控诉进行防御的诉讼权利。它是针对有攻击性的指控而进行的，是被追诉者最基本、最核心的诉讼权利。它是刑事辩护制度得以产生形成的基础，不承认犯罪嫌疑人、被告人的辩护权就不可能有刑事辩护制度。刑事辩护制度是法律确定的关于辩护权、辩护种类、辩护方式、辩护人的范围、辩护人的责任、辩护人的权利与义务等一系列规则的总称。辩护制度是辩护权的保障，各种辩护制度都是为了保障犯罪嫌疑人、被告人充分、正确行使辩护权而设立。

1.2 刑事辩护制度的基本内容

刑事辩护制度一般包括下列基本内容：

第一，辩护权。辩护权是犯罪嫌疑人、被告人享有的最基础、最核心的诉讼权利。犯罪嫌疑人、被告人的辩护权一般包含：（1）陈述权。当对被告人进行

图3-4-9 各级标题效果

使用上述方法，为全文所有的一级标题应用样式，也可以使用格式刷快速应用样式。

用同样的方法为全文中所有的各级标题及正文应用样式。效果如图3-4-9所示。

三、创建毕业论文目录

应用样式定义好文档的各级标题后，便可以制作毕业论文的目录。

1．创建目录

将光标定位于正文第1页最上方的空行。

单击“插入”选项卡中“空白页”下拉按钮，在下拉列表中选择“竖向”按钮，插入一页空白页。

输入“目录”2字后回车。

单击“引用”选项卡中的“目录”下拉按钮，选择“自定义目录”，弹出“目录”对话框。

在“制表符前导符”下拉列表框中指定标题与页码之间的分隔符为圆点分隔符，在“显示级别”中指定目录中显示的标题层级为3，选中“显示页码”“页码右对齐”和“使用超链接”3个复选框，单击“确定”按钮，生成目录。

选择“目录”2字，设置为黑体、小三号、居中、1.5倍行距，段前、段后间距均为0.5行。

选择除“目录”2字外的全部目录内容，设置为宋体、小四号、1.5倍行距。

2．更新目录

生成目录之后，如果用户对文档内容进行了修改，则可以利用目录的更新功能，快速地重新生成调整后的新目录。具体操作如下。

将光标定位于目录页。

单击“引用”选项卡中“更新目录”按钮，弹出“更新目录”对话框，如图3-4-10所示。

如果只更新现有目录项的页码，不修改目录项内容，则选中“只更新页码”单选按钮；如果目录项内容有增删，则应选中“更新整个目录”单选按钮，重新生成目录。

单击“确定”按钮，更新目录后效果如图3-4-1所示。

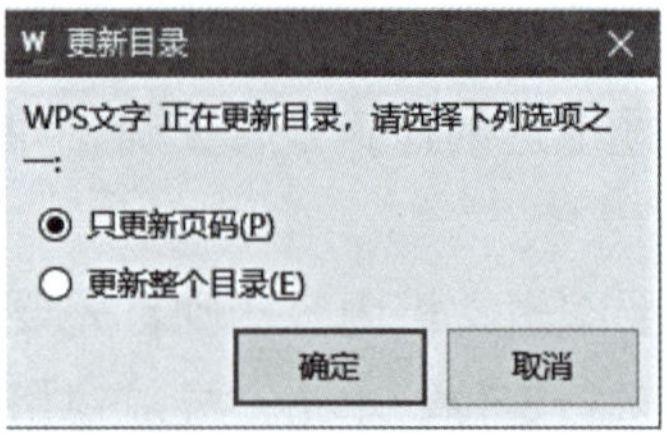

图3-4-10 “更新目录”对话框

项目小结

本项目集中于介绍WPS文字软件的使用方法，首先介绍了在WPS文字中创建新文档、保存和打开文档等基本操作，文字的基本样式和段落排版等文本美化技巧；然后讲解图形、图片及艺术字的应用，最后介绍了WPS文字中强大的自动化功能——邮件合并，长篇文档的页眉页脚、目录设置、章节管理等功能，旨在提升学生在文档处理、版面设计、自动化处理长文档以及提升工作效率方面的能力。

课后习题

一、填空题

1. 功能区位于功能选项卡的下方，其作用是________。
2. 邮件合并是WPS文字中一种可以________的功能。
3. Next域是一种指令，主要解决邮件合并中的________。

二、简答题

1. 请说出两种退出WPS文字的方法。
2. 请简述WPS长文档排版的作用。

项目四

WPS 表格

项目概述

WPS表格，作为 WPS Office 2024 套件中的核心组件，以其高效、美观及实用性，广泛应用于各类电子表格的制作，如学生成绩表、商品销售表、工资表等。它不仅能对电子表格内的数据进行精确计算，还支持数据的排序、筛选以及分类汇总等高级功能。此外，WPS表格还能基于表格数据快速生成多种图表，实现数据可视化。在本模块中，将深入讲解WPS表格的基本操作及其在日常工作场景中的实际应用。

学习目标

在完成每个目标后，请在相应的方框内打钩，并撰写自我评价，以反映自己在学习过程中的表现。

目标	目标内容	是否完成	自我评价
知识目标	了解WPS表格的基本功能和界面布局	□	
	掌握WPS表格中常用的基本操作，如创建表格、插入数据等	□	
	理解公式与函数在WPS表格中的应用方法	□	
	熟悉图表在WPS表格中的创建、编辑和美化过程	□	
	理解数据统计与分析在WPS表格中的实现方式	□	
能力目标	能够独立创建复杂的表格，并有效地输入和管理数据	□	
	能够运用公式与函数实现数据计算与处理，提高工作效率	□	
	具备创建、编辑和美化各种类型图表的能力，以有效地展示数据	□	
	能够运用WPS表格提供的数据统计与分析工具，对数据进行深入分析	□	

续表

目标	目标内容	是否完成	自我评价
素质目标	提高数据处理能力和逻辑思维能力，以解决实际工作中的问题	□	
	培养对数据的敏感度和分析能力，能够从大量数据中提取有用信息	□	
	增强团队合作意识，能够与他人协作完成数据处理和分析任务	□	
	培养良好的沟通能力，能够清晰地向他人解释数据分析结果并提出建议	□	

思政园地

当学生能够充分认识到WPS应用的价值时，他们将更加珍视电子表格处理工具所带来的方便。这不仅有助于提高学生的信息化办公能力，还培养了他们数字化学习的良好习惯。这种数字化技能不仅使学生更好地适应现代办公环境，还有助于塑造他们的创新意识。学生将更容易跟上时代发展的步伐，积极应对不断变化的技术和工作要求，为未来的职业和学术生涯做好充分准备。

思维导图

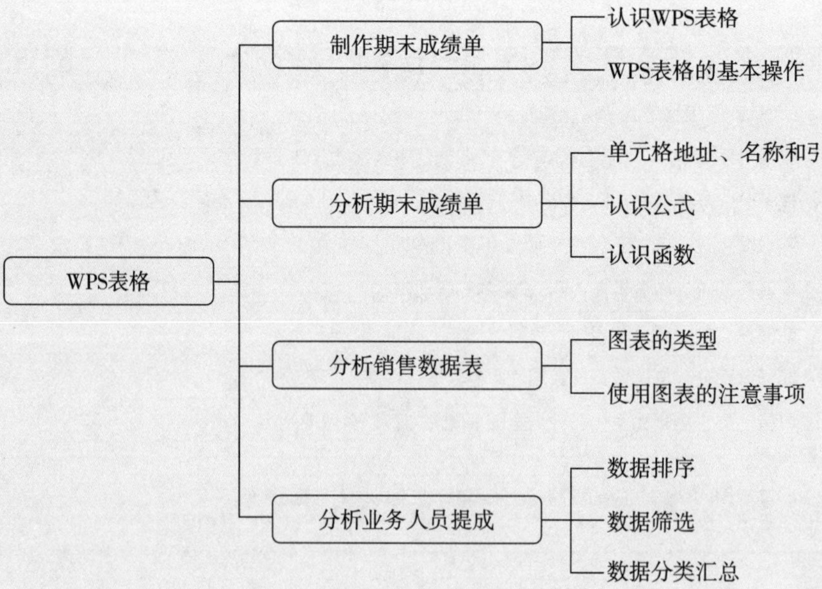

任务一

制作期末成绩单

任务导入

【任务描述】

某学校的期末考试结束了，李老师将会计专业的学生考试成绩汇总成一张学生成绩表，成绩表中包括序号、学号、姓名、班级、课程名和课程成绩等内容，并突出显示各课程成绩高于90分的学生成绩。李老师打算使用WPS表格完成此项任务，预期效果如图4-1-1所示。

	A	B	C	D	E	F	G	H	I	J	K	L	M
1	会计专业第一学期期末考试成绩表												
2	序号	学号	姓名	班级	高等数学	大学语文	大学英语	思修	计算机应用基础	基础会计	总分	平均分	名次
3	1	202205060101	梁静X	1班	68	78	79	80	87	75			
4	2	202205060102	周维X	1班	60	72	69	70	72	66			
5	3	202205060103	刘雅X	1班	78	82	65	92	76	54			
6	4	202205060104	沈X	1班	82	69	86	90	88	92			
7	5	202205060105	殷梦X	2班	88	92	100	86	94	95			
8	6	202205060106	乐春X	2班	79	84	93	78	90	84			
9	7	202205060107	徐字X	2班	70	76	84	82	82	78			
10	8	202205060108	张X	2班	60	68	58	70	76	62			
11	9	202205060109	张明X	3班	78	79	96	92	89	87			
12	10	202205060110	江X	3班	48	60	52	56	63	50			
13	11	202205060111	吉X	3班	85	74	81	93	78	82			
14	12	202205060112	唐琴X	3班	56	68	72	65	70	63			

图4-1-1 学生成绩表效果

【任务思考】

1. 学生分组讨论，并回答如下问题。

（1）考虑到可能会有大量的数据需要输入，有哪些技巧或方法可以帮助提高输入效率？

（2）除了突出显示，还有哪些方法可以突出这些高分成绩？

（3）在输入数据后，应如何验证数据的准确性？

2. 按照实际操作过程，将操作内容及实施过程中遇到的问题或解决方法记录在表4-1-1中。

表 4-1-1　任务实施过程记录表

序号	操作内容	遇到的问题	解决方法
1			
2			
3			
4			
…			

知识积累

知识积累

一、认识 WPS 表格

（一）熟悉WPS表格工作界面

WPS表格的工作界面与WPS文字的工作界面相似，由快速访问工具栏、标题栏、“文件”菜单、功能选项卡、功能区、编辑栏、工作表编辑区和状态栏等部分组成。下面主要介绍编辑栏、工作表编辑区和状态栏（图4-1-2）的作用，其他区域的功能与WPS文字的相同，这里不再赘述。

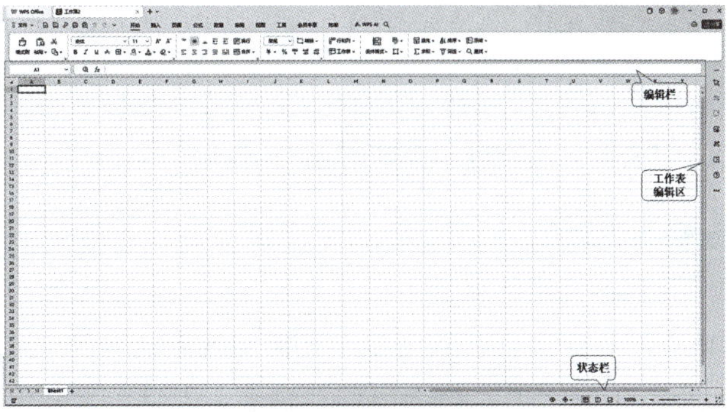

图4-1-2 WPS表格的工作界面

1. 编辑栏

编辑栏用来显示和编辑当前选择的单元格中的数据或公式。在默认情况下，编辑栏包括名称框、“浏览公式结果”按钮 、“插入函数”按钮 *fx* 和编辑框。在单元格中输入数据或插入公式与函数时，编辑栏中的“取消”按钮 × 和“输入”按钮 ✓ 将显示出来。

（1）名称框。名称框用来显示当前单元格的地址或函数名称，如在名称框中输入“A3”后，按“Enter”键则会选中A3单元格。

（2）“浏览公式结果”按钮 。选中一个含有数据的单元格然后单击该按钮将自动显示所选单元格中当前包含公式或函数的计算结果。

（3）“插入函数”按钮 *fx*，也叫作函数向导。单击该按钮会打开“插入函数”对话框，可在其中选择相应的函数插入表格。

（4）“取消”按钮 × 。单击该按钮表示取消输入的内容。

（5）“输入”按钮 ✓ 。单击该按钮表示确定并完成输入。

（6）编辑框。编辑框用于显示在单元格中输入或编辑的内容，也可直接在其中输入和编辑内容。

2. 工作表编辑区

工作表编辑区是WPS表格编辑数据的主要区域，包括行号、列标和单元格地址与工作表标签等。

（1）行号、列标和单元格地址。行号用1、2、3等阿拉伯数字标识，列标用A、B、C等大写英文字母标识。一般情况下，单元格地址表示为“列标+行号”，如位于A列1行的单元格可表示为A1单元格。

（2）工作表标签。工作表标签用来显示工作表的名称，WPS表格默认只包含一张工作表，单击“新建工作表”按钮“+”，将新建一张工作表。当工作簿中包含多张工作表后，便可单击任意一个工作表标签实现工作表之间的切换。

3. 状态栏

状态栏位于工作界面的最底端，主要用于调节当前表格的显示比例和视图显示模式。

（二）认识工作簿、工作表、单元格

工作簿、工作表和单元格是构成WPS表格的框架，它们之间也存在包含与被包含的关系。了解其概念和相互之间的关系，有助于在WPS表格中进行操作。

1．工作簿、工作表和单元格的概念

下面介绍工作簿、工作表和单元格的概念。

（1）工作簿。工作簿即WPS表格文件，它是用来存储和处理数据的主要文档，也称为电子表格。默认情况下，新建的工作簿以“工作簿1”命名，若继续新建工作簿将以“工作簿2”“工作簿3”……命名，且工作簿的名称显示在标题栏的文档名处。

（2）工作表。工作表是用来显示和分析数据的区域，它存储在工作簿中。默认情况下，一个工作簿只包含一张工作表，以“Sheet1”命名，若继续新建工作表，将以“Sheet2”“Sheet3”……命名，其名称显示在工作表标签栏中。

（3）单元格。单元格是WPS表格中基本的存储数据单元，它通过对应的行号和列标进行命名和引用。单个单元格地址表示为“列标+行号”，多个连续的单元格称为单元格区域，其地址表示为“单元格:单元格”，如A2单元格与C5单元格之间连续的单元格可表示为A2:C5单元格区域。

2．工作簿、工作表、单元格的关系

在计算机中，工作簿以文件的形式独立存在，工作簿包含一张或多张工作表，工作表是由排列成行和列的单元格组成的，它们三者的关系是包含与被包含的关系。

二、WPS 表格的基本操作

（一）切换工作簿视图

在WPS表格中，用户可根据需要在状态栏中单击视图按钮组中的相应按钮，或在“视图”选项卡中单击相应的按钮来切换工作簿视图。下面介绍各工作簿视图的作用。

1．全屏显示视图

当表格中储存着很多数据时，用户可通过全屏显示视图最大限度地把表格的行列在同一个屏幕中全部显示出来，以方便查看数据。进入全屏显示视图后，WPS表格中的功能选项卡、功能区和状态栏将自动隐藏，如图4-1-3所示，单击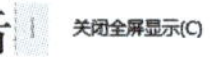按钮可退出该视图。

2．普通视图

普通视图是WPS表格中的默认视图，用于正常显示工作表，可以执行数据输入、数据计算和图表制作等操作。

3．分页预览视图

分页预览视图可以显示蓝色的分页符，用户可以用鼠标拖动分页符改变显示的页数和

图4-1-3 全屏显示视图

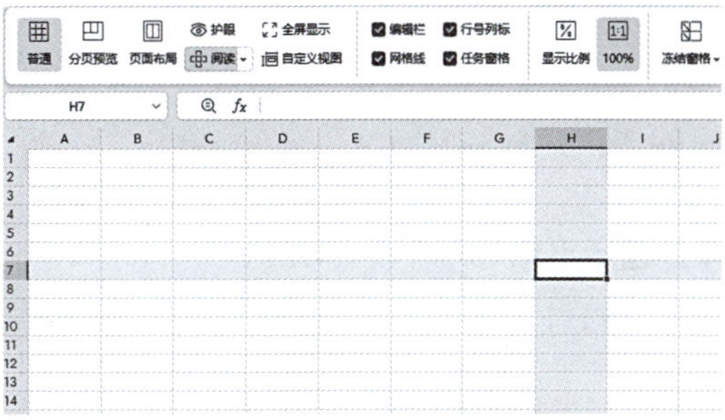

图4-1-4 阅读模式视图

每页的显示比例。

4．阅读模式视图

在阅读模式视图中，用户可以查看与当前单元格处于同一行和同一列的相关数据。如图4-1-4所示为查看与H7单元格处于同一行和同一列的数据。

小提示

用户通过阅读模式视图查看表格内容时，与当前单元格处于同一行和同一列的数据将自动填充为茶色。若用户对默认的填充色不满意，可单击状态栏右侧“阅读模式”按钮右侧的“展开”按钮，在打开的下拉列表中选择所需的填充颜色。

5．护眼模式视图

应用该视图，可以缓解眼疲劳。

（二）选择单元格

要在表格中输入数据，首先应选择要输入数据的单元格。在工作表中选择单元格的方法有以下6种。

1．选择单个单元格

单击单元格，或在名称框中输入单元格的行号和列标后按“Enter”键选择所需的单元格。

2．选择所有单元格

单击行号和列标左上角交叉处的“全选”按钮，或按“Ctrl+A”组合键选择工作表中的所有单元格。

3．选择相邻的多个单元格

选择起始单元格后，拖动鼠标到目标单元格，或在按住“Shift”键的同时选择目标单元格，以选择相邻的多个单元格。

4．选择不相邻的多个单元格

在按住“Ctrl”键的同时依次单击需要选择的单元格，以选择不相邻的多个单元格。

5．选择整行单元格

将鼠标指针移动到需选择行的行号上，当鼠标指针变成➡时，单击选择该行单元格。

6．选择整列单元格

将鼠标指针移动到需选择列的列标上，当鼠标指针变成⬇时，单击选择该列单元格。

（三）合并与拆分单元格

当默认的单元格样式不能满足实际需要时，可通过合并与拆分单元格的方法来设置表格。

1．合并单元格

在编辑表格的过程中，为了使表格结构看起来更美观、层次更清晰，有时需要合并某些单元格。选择需要合并的多个单元格，在“开始”选项卡中单击“合并”按钮→“合并居中（常规）”，即可合并单元格，并使其中的内容居中显示。除此之外，单击“合并”按钮下方的下拉按钮，还可在打开的下拉列表中选择“合并单元格”“合并内容”等选项。

2．拆分单元格

拆分单元格需先选择合并后的单元格，然后单击“合并”按钮；或单击鼠标右键，在打开的快捷菜单中选择“设置单元格格式”选项，打开“单元格格式”对话框，在“对齐”选项卡中的“文本控制”栏中取消选中“合并单元格”复选框，然后单击确定按钮，即可拆分已合并的单元格。

（四）插入与删除单元格

在表格中可插入与删除单个单元格，也可插入与删除一行或一列单元格。

1．插入单元格

插入单元格的具体操作如下。

（1）选择单元格，在“开始”选项卡中单击“行和列”按钮，在打开的下拉列表中选择“插入单元格”选项，再在打开的子列表中选择“在上方（在下方）插入行”或“在左侧（在右侧）插入列”选项，即可插入整行或整列单元格。

（2）在“开始”选项卡中单击“行和列”按钮，在打开的下拉列表中选择“插入单元格”选项，再在打开的子列表中选择“插入单元格”选项，打开“插入”对话框，如

图4-1-5所示。选中“活动单元格右移”或“活动单元格下移”单选按钮后，单击确定按钮，可在选中单元格的左侧或上侧插入单元格；选中“整行”或“整列”单选按钮，并在其后的数值框中输入相关数据，然后单击确定按钮，可在选中单元格上侧插入整行单元格或在选中单元格左侧插入整列单元格。

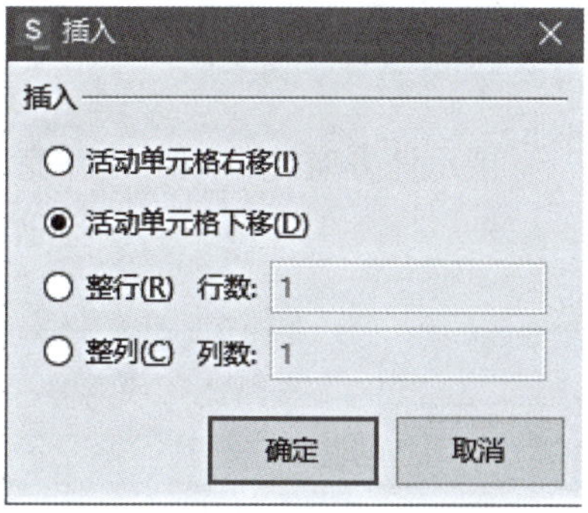

图4-1-5 “插入”对话框

2. 删除单元格

删除单元格的具体操作如下。

（1）选择要删除的行或列中的单元格，单击“开始”选项卡中的“行和列”按钮，在打开的下拉列表中选择“删除单元格”选项，再在打开的子列表中选择“删除行”或“删除列”选项，即可删除整行或整列单元格。

（2）选择“删除单元格”选项，打开“删除”对话框，选中对应单选按钮后，单击确定按钮可删除所选单元格，并可使不同位置的单元格代替所选单元格。

（五）查找与替换数据

在WPS表格中手动查找与替换数据非常麻烦，且容易出错，此时可利用查找与替换功能快速定位满足查找条件的单元格，并将单元格中的数据替换为需要的数据。

1. 查找数据

利用查找功能查找数据的具体操作如下。

（1）在“开始”选项卡中单击“查找”按钮，在打开的下拉列表中选择“查找”选项，打开“查找”对话框。

（2）在“查找”选项卡下的“查找内容”文本框中输入要查找的数据，单击查找下一个(F)按钮，可快速查找到符合条件的单元格。

（3）单击查找全部(I)按钮，在“查找”对话框下方的列表框中会显示所有包含需要查找数据的单元格位置。单击关闭按钮关闭“查找”对话框。

2. 替换数据

替换数据的具体操作如下。

（1）在“开始”选项卡中单击“查找”按钮，在打开的下拉列表中选择“替换”选项，打开“替换”对话框，单击“替换”选项卡。

（2）在“查找内容”文本框中输入要查找的数据，在“替换为”文本框中输入替换的数据。

（3）单击查找下一个(F)按钮，查找符合条件的数据，然后单击替换(R)按钮进行替换，或单击全部替换(A)按钮，可一次性替换所有符合条件的数据。

任务工单

展示任务实施的成果，并完成如表4-1-2所示的任务评价表。

表 4-1-2　任务评价表

评价项目	评价内容	分值	评价分值		
			自评	互评	师评
职业素养考核项目	考勤、仪容仪表	5			
	小组协作与沟通技巧	10			
	学习积极性	5			
	创新意识、纪律意识	10			
专业能力考核项目	积极参与教学活动并正确理解任务要求	10			
	认真搜集并积极讨论相关资料	10			
	任务实施过程记录表的完成度	10			
	学生成绩表的完成度	20			
	WPS文档操作熟练度（包括输入数据、调整结构、美化表格）	20			
合计：综合分数________		100			
综合评价：					
备注：					

任务实施

任务实施

一、输入基本数据

（1）启动 WPS Office 2024，在打开的主界面中单击左侧或上方的“新建”按钮，打开“新建”界面，单击“新建表格”图标，然后单击“新建空白表格”图标，即可新建一个表格，如图4-1-6所示。

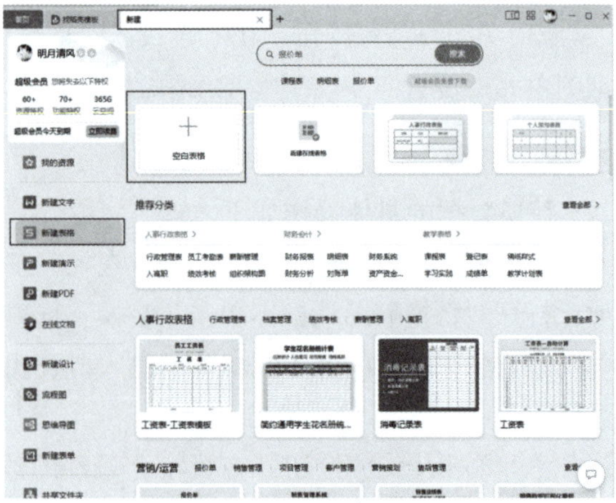

图4-1-6　新建表格

（2）单击快速访问工具栏中的“保存”按钮，将新建的工作簿以“学生成绩表”为名保存。

（3）单击A1单元格，输入文本“会

计专业第一学期期末考试成绩表”，如图4–1–7所示。

（4）按“Enter”键确认输入，此时光标定位到A2单元格中。在A2单元格中输入文本“序号”，然后按“Tab”键确认输入，此时光标定位到B2单元格中。

（5）在B2至M2单元格中输入各列的标题，然后将鼠标指针移至I列的列标右边框处，待鼠标指针变成✥形状后按住鼠标左键并向右拖动，到合适位置后释放鼠标左键，增加I列宽度，使其完整显示该列的列标题，如图4–1–8所示。

（6）单击A3单元格，输入数字1，将鼠标指针移至A3单元格右下角顶点的填充柄上，此时鼠标指针变成✚形状，按住鼠标左键并向下拖动，至A14单元格后释放鼠标左键，然后单击右下角的“自动填充选项”按钮䷀，在展开的列表中选中“以序列方式填充”单选钮，系统会自动以升序序号填充选中的单元格，如图4–1–9所示。

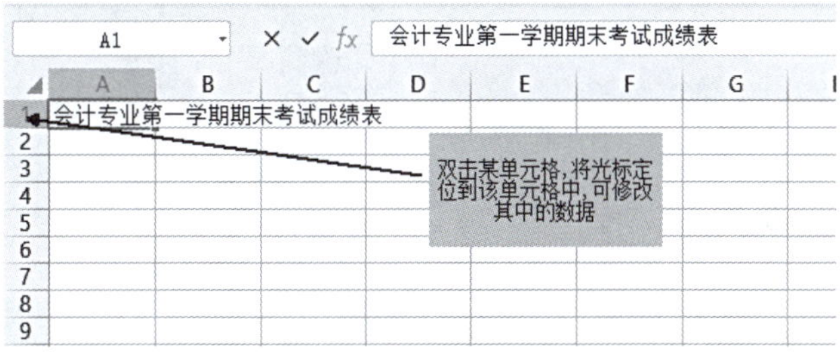

图4–1–7　输入学生成绩表标题

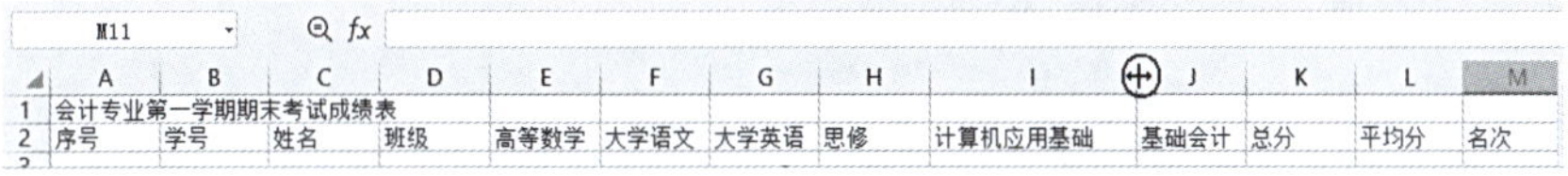

图4–1–8　输入列标题并调整I列宽度

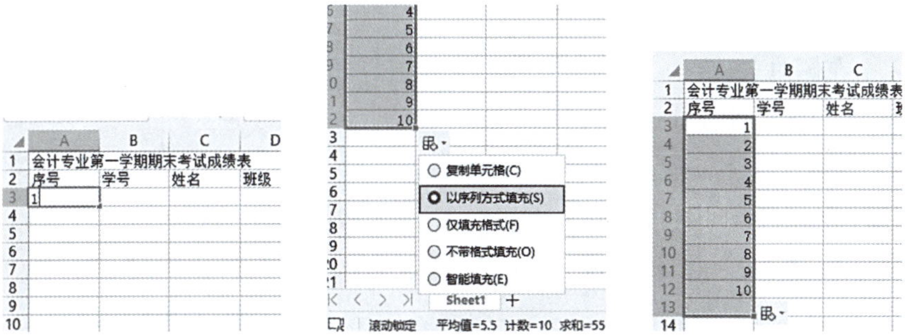

图4–1–9　自动填充序号

知识链接

当在“自动填充选项”列表中选择“复制单元格”时，可填充相同数据和格式；选择“仅填充格式”或“不带格式填充”时，则只填充相同格式或数据。

（7）单击列表B选中该列，在“开始”选项卡的“单元格格式”下拉列表中选择“数字格式”→“文本”选项，设置B列的数字格式为文本型。然后在B3单元格中输入学号“202205060101”，按“Enter”键确认。再将鼠标指针移至B列的列标右边框处，待鼠标指针变成✛形状后按住鼠标左键并向右拖动，到合适位置后释放鼠标左键，增加B列宽度，使其完整显示学号，如图4-1-10所示。

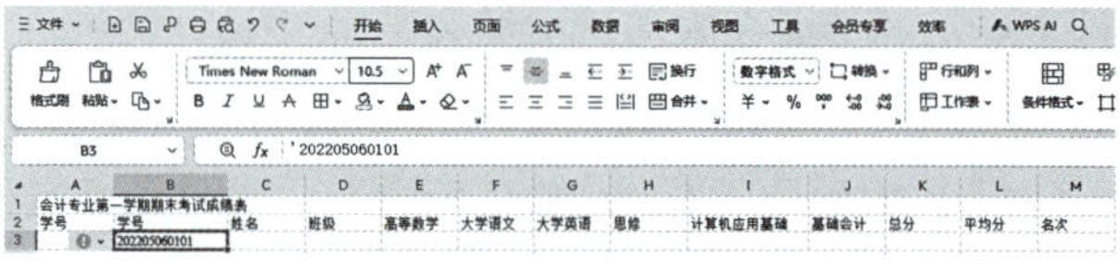

图4-1-10 设置B列的数字格式并输入第一个学号

（8）按住鼠标左键并向下拖动B3单元格右下角的填充柄，至B14单元格后释放鼠标左键，为其他学生添加相同的学号（图4-1-11），然后参照图4-1-12修改其他学生的学号后3位。

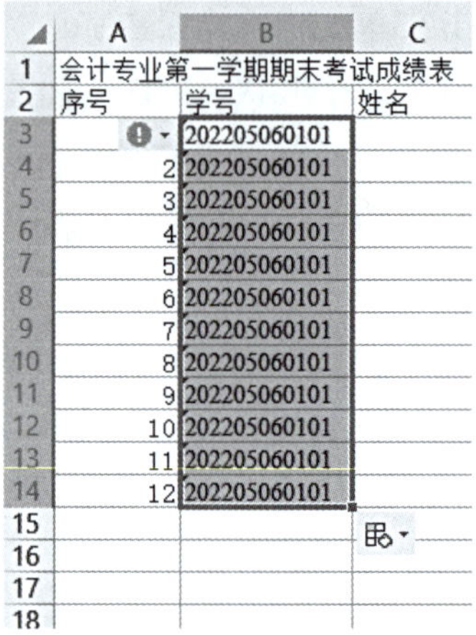

图4-1-11 自动填充学号

（9）使用自动填充或直接输入的方法，参照图4-1-12在“姓名”列、“班级”列和各课程成绩列中输入数据。可以看到，输入的数值型数据沿单元格右侧对齐，文本型数据沿单元格左侧对齐。

图4-1-12 输入基本数据后的学生成绩表

（10）双击WPS表格窗口底部的工作表标签“Sheet1”以进入其编辑状态，然后输入工作表名称“学生成绩表”，按“Enter”键确认重命名工作表，如图4-1-13所示。

图4-1-13 重命名工作表

二、设置单元格格式

设置单元格格式主要包括设置单元格内容的字符格式、数字格式和对齐方式，以及设置单元格的边框和底纹等。

（1）将鼠标指针移至A1单元格，按住鼠标左键并拖动到M1单元格后释放鼠标左键，即可选中A1:M1单元格区域，然后在“开始”选项卡中单击“合并”按钮，合并所选单元格区域并使标题居中显示，如图4-1-14所示。

（2）保持A1单元格的选中状态，利用“开始”选项卡中的相关设置项设置标题文本格式为微软雅黑、22磅、加粗，如图4-1-15所示。

（3）将鼠标指针移至行号1的下框线处，待鼠标指针变成✢形状后，按住鼠标左键并向下拖动（此时在工作表中将显示一个提示行高的信息框），到合适位置（如1.79厘米）后释放鼠标左键，调整第1行的行高，如图4-1-16所示。

（4）将鼠标指针移至功能栏，单击“开始”选项卡中的“行和列”按钮，在展开的下拉列表中选择“行高”选项，打开“行高”对话框，在“行高”编辑框中输入行高值“22磅”，单击“确定”按钮精确设置行高，如图4-1-17所示。

A1 会计专业第一学期期末考试成绩表

会计专业第一学期期末考试成绩表

序号	学号	姓名	班级	高等数学	大学语文	大学英语	思修	计算机应用基础	基础会计
1	202205060101	梁静X	1班	68	78	79	80	87	75
2	202205060102	周维X	1班	60	72	69	70	72	66
3	202205060103	刘雅X	1班	78	82	65	92	76	54
4	202205060104	沈X	1班	82	69	86	90	88	92
5	202205060105	殷梦X	2班	88	92	100	86	94	95
6	202205060106	乐春X	2班	79	84	93	78	90	84
7	202205060107	徐字X	2班	70	76	84	82	82	78
8	202205060108	张X	2班	60	68	58	70	76	62
9	202205060109	张明X	3班	78	79	96	92	89	87
10	202205060110	江X	3班	48	60	52	56	63	50
11	202205060111	吉X	3班	85	74	81	93	78	82
12	202205060112	唐琴X	3班	56	68	72	65	70	63

图4-1-14 合并单元格

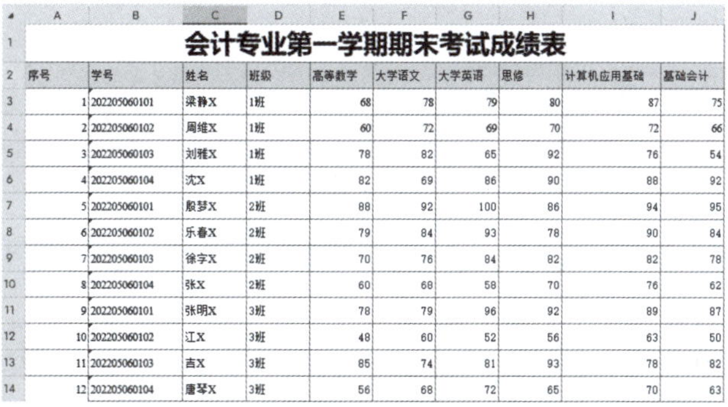

会计专业第一学期期末考试成绩表

序号	学号	姓名	班级	高等数学	大学语文	大学英语	思修	计算机应用基础	基础会计
1	202205060101	梁静X	1班	68	78	79	80	87	75
2	202205060102	周维X	1班	60	72	69	70	72	66
3	202205060103	刘雅X	1班	78	82	65	92	76	54
4	202205060104	沈X	1班	82	69	86	90	88	92
5	202205060101	殷梦X	2班	88	92	100	86	94	95
6	202205060102	乐春X	2班	79	84	93	78	90	84
7	202205060103	徐字X	2班	70	76	84	82	82	78
8	202205060104	张X	2班	60	68	58	70	76	62
9	202205060101	张明X	3班	78	79	96	92	89	87
10	202205060102	江X	3班	48	60	52	56	63	50
11	202205060103	吉X	3班	85	74	81	93	78	82
12	202205060104	唐琴X	3班	56	68	72	65	70	63

图4-1-15 设置标题文本格式

图4-1-16 调整第1行的行高

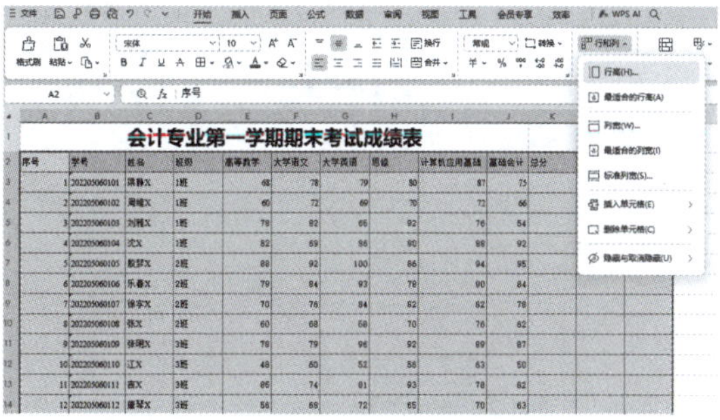

图4-1-17 精确设置行高

知识链接

要精确设置列宽，可在选中要调整的单元格区域后，在右键快捷菜单中选择“列宽”选项，或在“行和列”下拉列表中选择“列宽”选项，然后在打开的“列宽”对话框中进行设置。

此外，将鼠标指针移至行号下方或列表右侧的边框上，待鼠标指针变成或形状后双击，系统会根据单元格中数据的高度或宽度自动调整行高或列宽；也可在选中要调整的单元格或单元格区域后，在“行和列”下拉列表中选择“最适合的行高”或“最适合的列宽”选项，自动调整行高或列宽。

（5）选中A2:M2单元格区域，设置其字体为宋体，字号为13磅。

（6）选中A2:M14单元格区域，在“开始”选项卡中单击“水平居中”按钮，使所选单元格区域中的数据水平居中对齐。

（7）适当调整相关列的列宽，使课程名称完全显示。此时，学生成绩表效果如图4-1-18所示。

（8）选中A1:M14单元格区域右键单击，在列表中选择“设置单元格格式（F）”打开“单元格格式”对话框。

（9）切换到“边框”选项卡，在“样式”列表框中选择一种线条样式，如粗实线，在“颜色”下拉列表中选择一种颜色，如“浅绿，着色4，深色25%”，然后单击“外边框”按钮为表格添加外边框，如图4-1-19所示。

（10）选择一种细线条样式，如细实线，单击“内部”按钮为表格添加内边框，单击“确定”按钮应用设置，如图4-1-20所示。

（11）选中A2:M2单元格区域，在“开始”选项卡中单击“填充颜色”按钮，右侧的下拉按钮，在展开的下拉列表中选择“橙色，着色3，浅色60%”选项，为所选单元格区域填充底纹，如图4-1-21所示。设置边框和底纹后的学生成绩表效果如图4-1-22所示。

会计专业第一学期期末考试成绩表

序号	学号	姓名	班级	高等数学	大学语文	大学英语	思修	计算机应用基础	基础会计	总分	平均分	名次
1	202205060101	梁静X	1班	68	78	79	80	87	75			
2	202205060102	周维X	1班	60	72	69	70	72	66			
3	202205060103	刘雅X	1班	78	82	65	92	76	54			
4	202205060104	沈X	1班	82	69	86	90	88	92			
5	202205060101	殷梦X	2班	88	92	100	86	94	95			
6	202205060102	乐春X	2班	79	84	93	78	90	84			
7	202205060103	徐宇X	2班	70	76	84	82	82	78			
8	202205060104	张X	2班	60	68	58	70	76	62			
9	202205060101	张明X	3班	78	79	96	92	89	87			
10	202205060102	江X	3班	48	60	52	56	63	50			
11	202205060103	吉X	3班	85	74	81	93	78	82			
12	202205060104	康琴X	3班	56	68	72	65	70	63			

图4-1-18 学生成绩表效果

图4-1-19 为表格添加外边框

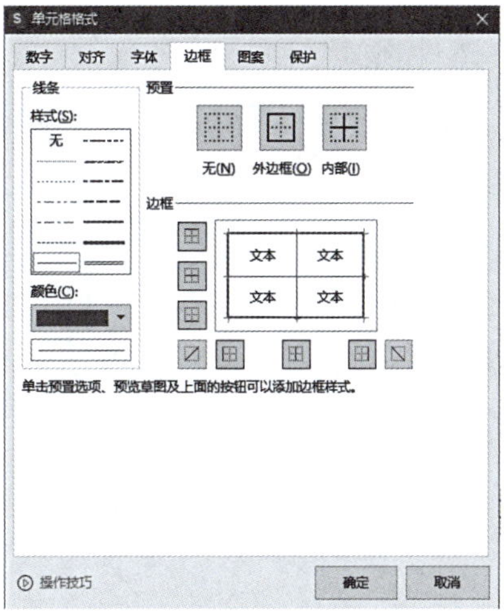

图4-1-20 为表格添加内边框

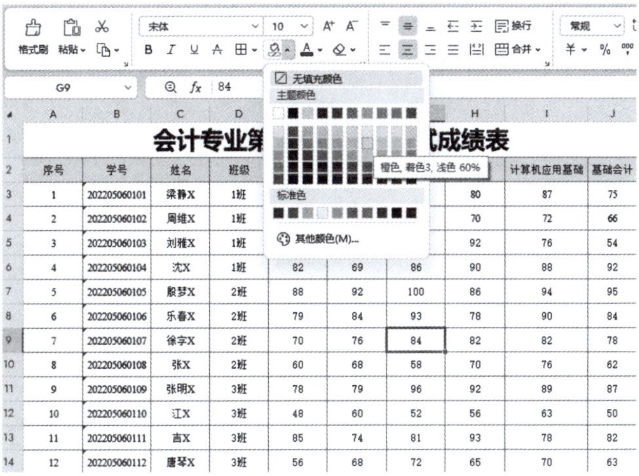

图4-1-21 为所选单元格区域填充底纹

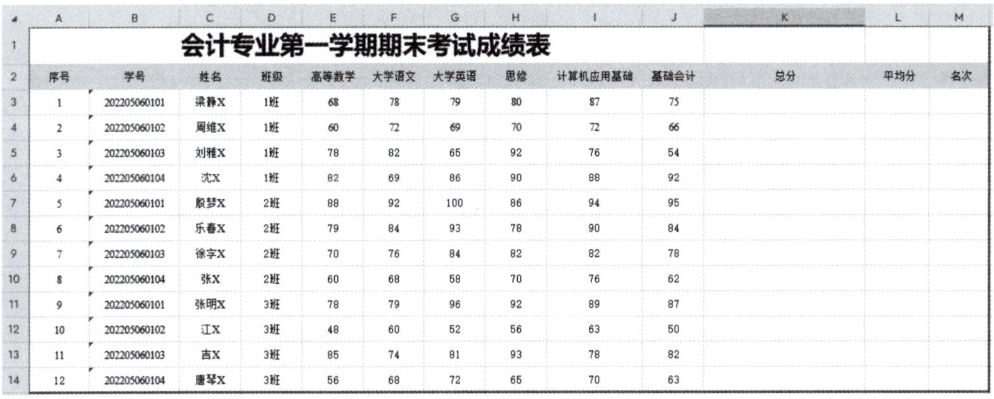

会计专业第一学期期末考试成绩表

序号	学号	姓名	班级	高等数学	大学语文	大学英语	思修	计算机应用基础	基础会计	总分	平均分	名次
1	202205060101	梁静X	1班	68	78	79	80	87	75			
2	202205060102	周维X	1班	60	72	69	70	72	66			
3	202205060103	刘雅X	1班	78	82	65	92	76	54			
4	202205060104	沈X	1班	82	69	86	90	88	92			
5	202205060101	殷梦X	2班	88	92	100	86	94	95			
6	202205060102	乐春X	2班	79	84	93	78	90	84			
7	202205060103	徐宇X	2班	70	76	84	82	82	78			
8	202205060104	张X	2班	60	68	58	70	76	62			
9	202205060101	张明X	3班	78	79	96	92	89	87			
10	202205060102	江X	3班	48	60	52	56	63	50			
11	202205060103	吉X	3班	85	74	81	93	78	82			
12	202205060104	唐琴X	3班	56	68	72	65	70	63			

图4-1-22 设置边框和底纹后的学生成绩表效果

三、设置条件格式

（1）选中E3:J14单元格区域，在“开始”选项卡中单击“条件格式”按钮，在展开的下拉列表中选择“突出显示单元格规则”→“大于”选项，在打开的“大于”对话框中设置条件格式，如图4–1–23所示。

（2）单击“确定”按钮，学生课程成绩大于90分的单元格背景变为浅红色。学生成绩表最终效果如图4–1–1所示

（3）保存工作簿。

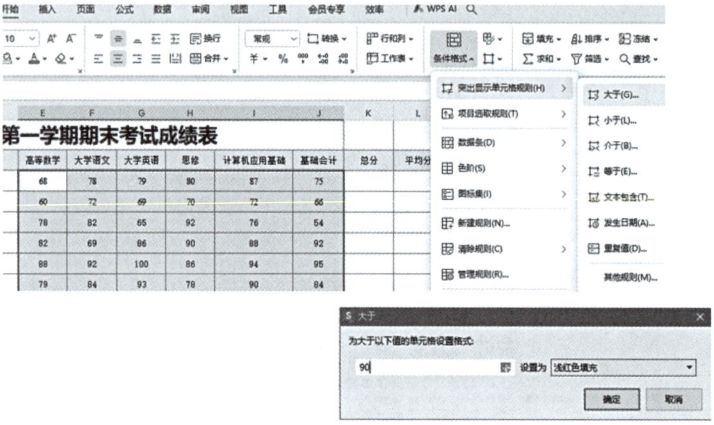

图4–1–23　设置条件格式

任务二

分析期末成绩单

任务导入

【任务描述】

WPS表格强大的计算功能主要依赖于其公式和函数，利用它们可以对表格中的数据

进行各种计算和分析。李老师便打算借助WPS表格中的公式和函数，快速计算出学生的总分、平均分、名次，并统计出各分数段学生的人数及所占比例。预期效果如图4-2-1所示。

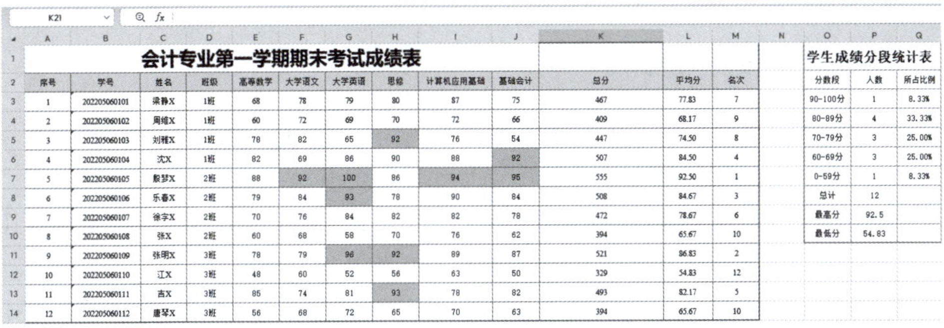

会计专业第一学期期末考试成绩表

序号	学号	姓名	班级	高等数学	大学语文	大学英语	思修	计算机应用基础	基础会计	总分	平均分	名次
1	202205060101	梁静X	1班	68	78	79	80	87	75	467	77.83	7
2	202205060102	周维X	1班	60	72	69	70	72	66	409	68.17	9
3	202205060103	刘雅X	1班	78	82	65	92	76	54	447	74.50	8
4	202205060104	沈X	1班	82	69	86	90	88	92	507	84.50	4
5	202205060105	殷梦X	2班	88	92	100	86	94	95	555	92.50	1
6	202205060106	乐春X	2班	79	84	93	78	90	84	508	84.67	3
7	202205060107	徐宇X	2班	70	76	84	82	82	78	472	78.67	6
8	202205060108	张X	2班	60	68	58	70	76	62	394	65.67	10
9	202205060109	张明X	3班	78	79	96	92	89	87	521	86.83	2
10	202205060110	江X	3班	48	60	52	56	63	50	329	54.83	12
11	202205060111	吉X	3班	85	74	81	93	78	82	493	82.17	5
12	202205060112	唐琴X	3班	56	68	72	65	70	63	394	65.67	10

学生成绩分段统计表

分数段	人数	所占比例
90-100分	1	8.33%
80-89分	4	33.33%
70-79分	3	25.00%
60-69分	3	25.00%
0-59分	1	8.33%
总计	12	
最高分	92.5	
最低分	54.83	

图4-2-1　学生成绩汇总表效果

【任务思考】

1. 学生分组讨论，并回答如下问题。

（1）如何在WPS表格中使用SUM函数计算每位学生的总分？

____

____

（2）当有新学生加入或科目增加时，如何快速调整总分和平均分的计算公式，以保持动态更新？

____

____

2. 按照实际操作过程，将操作内容及实施过程中遇到的问题或解决方法记录在表4-2-1中。

表 4-2-1　任务实施过程记录表

序号	操作内容	遇到的问题	解决方法
1			
2			
3			
4			
…			

知识积累

WPS Office 2024 包括公式编辑器和各种函数，可进行数学、统计和逻辑计算。以下是关于WPS公式和函数的一些基本信息。

一、单元格地址、名称和引用

（一）单元格地址

工作簿中的基本元素是单元格，单元格中包含文字、数字或公式。单元格在工作簿中的位置由列号和行号组成，用地址标识。例如，A5表示A列第5行。

一个完整的单元地址除了列号和行号以外，还要指定工作簿名和工作表名，其中工作簿名用方括号“[]”括起来，工作表名与列号、行号之间用叹号“！”隔开。例如，“[学生成绩.xlsx]Sheet1！B1”表示学生成绩工作簿中的Sheet1工作表的单元格B1。

（二）单元格名称

在处理WPS表格数据过程中，经常要对多个单元格进行相同或类似的操作，此时可以利用单元格区域或单元格名称来简化操作。当一个单元格或单元格区域被命名后，该名称会出现在“名称框”的下拉列表中，若选中所需的名称，则与该名称相关联的单元格或单元格区域会被选中。

（三）单元格引用

单元格引用的作用是标识工作表中的一个单元格或一组单元格，以便说明要使用哪些单元格中的数据。WPS表格中提供了以下3种单元格的引用类型。

（1）相对引用。相对引用是以某个单元格的地址为基准来决定其他单元格地址的方式。在公式中如果有对单元格的相对引用，则当公式移动或复制时，将根据移动或复制的位置自动调整公式中引用的单元格的地址。WPS表格默认的单元格引用为相对引用，如B1。

（2）绝对引用。绝对引用指向使用工作表中位置固定的单元格，公式的移动或复制不影响它所引用的单元格位置。使用绝对引用时，要在行号和列号前加“$”符号，如$A$3。

（3）混合引用。混合引用是指混合使用相对引用与绝对引用，如A$2，$A2。

二、认识公式

电子表格中的“公式”是指以等于号“=”引导的数据运算表达式，其组成要素通常包含引用、常量、函数和运算符等。

（一）引用

引用是指通过地址或名称来调用单元格或区域中存储的数据，例如引用公式中的A6

将返回单元格A6中的值。

（二）常量

常量是指直接输入到公式中的固定不变的数值或文本，例如公式中的数字2。表达式或由表达式计算得出的值都不属于常量。

（三）函数

函数是指一类特殊的、预先定义好的公式，如PI（ ）函数返回PI值“3.142…”。

（四）运算符

运算符是用于连接单元格引用、常量和函数等，从而构成完整的数据运算表达式。例如公式中的“*”运算符表示乘法运算，“+”运算符表示加法运算。

三、认识函数

（一）函数的概念

函数实际上是一类特殊的、预先定义好的公式，主要用于处理常规四则运算中难以胜任的数据任务，函数可以理解为一种为解决更加复杂的计算需求而提供的内置算法。

函数具有简化公式、提高编辑效率的作用，有些函数的功能是自编公式难以比拟的，有些函数的功能是自编公式无法完成的，而有些函数的功能可以允许“有条件地”执行公式。

（二）函数的结构

在公式中调用的函数的语法形式为：=函数名（[参数1]，[参数2]，[参数3]……）

在公式中调用函数有以下注意事项。

（1）在公式中使用函数时，通常有表示公式的等号、函数名称（唯一且不区分大小写）、括号、以半角逗号分隔的参数。同一个公式中允许使用多个函数，以运算符连接。

（2）函数的参数可以是常量、单元格引用、数组、名称或其他函数。函数中可以调用其他函数作为参数，称为“函数嵌套”。WPS表格对函数的嵌套次数没有限制，但并不推荐无限地使用嵌套函数，因为这将导致公式维护的困难，以及可能在其他电子表格软件下返回错误的结果。建议公式中最多使用7级嵌套函数，需要更多的嵌套时可以使用名称代替。

（3）一些函数允许多个参数并允许仅使用其中部分参数。例如SUM函数可以支持255个参数，第1个参数为必不可少的“必需参数”，第2至255个参数是可以被省略的“可选参数”，一般以一对方括号“[]”括起来，多个可选参数可按从左向右的次序依次省略。

（4）有些函数参数可以“省略参数值”，并在前一参数后跟一个逗号，表示仅保留参数位置，这种简写常用于替代逻辑值FALSE、数值0或空文等参数值。

（5）部分函数本身就不含参数，例如NOW函数、RAND函数、PI函数等，仅由等号、函数名称和一对括号组成。

（三）函数的类型

WPS表格提供了大量的内置函数以供选用，按其功能和用途分为财务函数、逻辑函数、文本函数、日期和时间函数、查找与引用函数、数学和三角函数、统计函数、工程函数、信息函数9种类型。

任务工单

展示任务实施的成果，并完成如表4-2-2所示的任务评价表。

表 4-2-2　任务评价表

评价项目	评价内容	分值	评价分值		
			自评	互评	师评
职业素养考核项目	考勤、仪容仪表	5			
	小组协作与沟通技巧	10			
	学习积极性	5			
	创新意识、纪律意识	10			
专业能力考核项目	积极参与教学活动并正确理解任务要求	10			
	认真搜集并积极讨论相关资料	10			
	公式与函数的正确运用	10			
	学生成绩汇总表的完成度	20			
	表格软件中的基础函数运用的熟练度	20			
合计：综合分数_______		100			
综合评价：					
备注：					

任务实施

任务实施

一、计算学生总分与平均分

（1）打开“学生成绩表.xlsx”，单击要输入公式的K3单元格，然后输入等号“=”。

（2）输入要参与运算的单元格和运算符“E3+F3+G3+H3+I3+J3”，如图4-2-2所示。也可以直接单击选中要参与运算的单元格，将其添加到公式中。

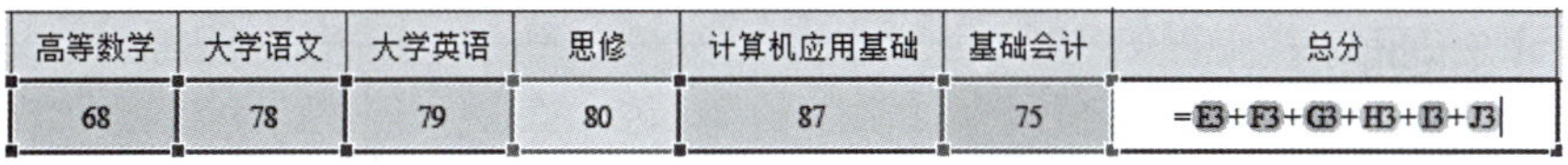

图4-2-2 输入公式

（3）按“Enter”键或单击编辑栏中的“输入”✓按钮结束公式编辑，得到计算结果，即第一个学生的总分，如图4-2-3所示。

（4）选中K3单元格，使用鼠标向下拖动该单元格右下角的填充柄，至K14单元格后释放鼠标，然后单击右下角的“自动填充选项”按钮，在展开的列表中选中“不带格式填充”单选钮，将求和公式复制到同列的其他单元格中，计算出其他学生的总分，如图4-2-4所示。

（5）选中L3单元格，在“开始”选项卡中单击“求和”下拉按钮，在展开的下拉列表中选择“平均值”选项，如图4-2-5所示。

（6）在所选单元格中显示输入的函数，并自动选择了求平均值的单元格区域，这里利用鼠标拖动方式重新选择要引用的E3:J3单元格区域，如图4-2-6所示。

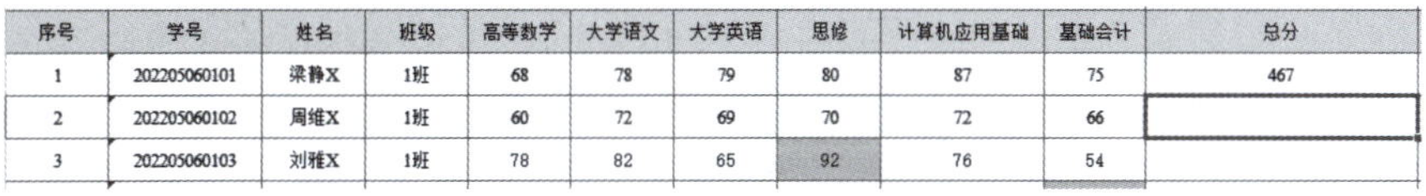

图4-2-3 计算出第一个学生的总分

图4-2-4 复制公式计算出其他学生的总分

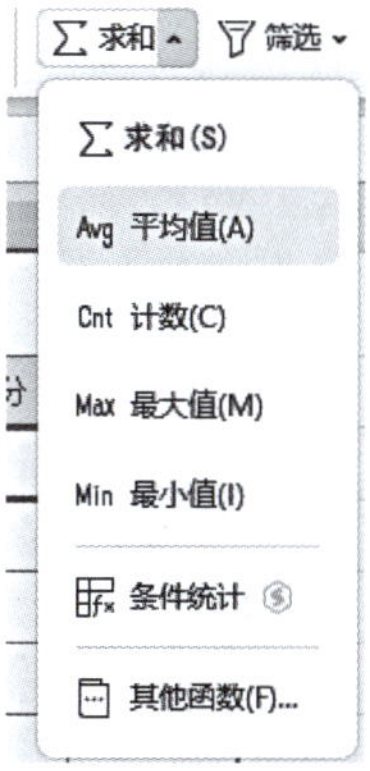

图4-2-5 选择“平均值”选项

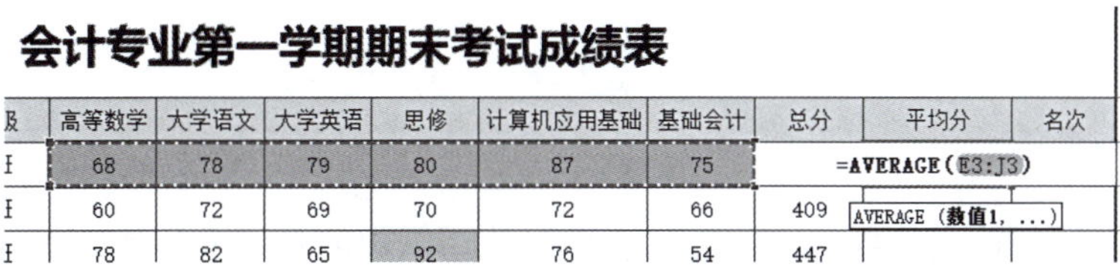

图4-2-6 重新选择要引用的单元格区域

知识链接

AVERAGE函数的语法为：AVERAGE（number1，number2，…）。

number1，number2等为需要计算平均值的2～255个参数，至少要有2个参数。参数可以是数字或者是包含数字的名称、单元格区域或单元格引用。

（7）按“Enter”键计算出E3:J3单元格区域数据的平均值，即计算出第一个学生各课程成绩的平均分，如图4-2-7所示。

（8）选中L3单元格，拖动其右下角的填充柄至L14单元格，然后单击右下角的“自动填充选项”按钮，在展开的列表中选中“不带格式填充”单选钮，将求平均值公式复制到同列的其他单元格中，计算出其他学生的平均分，如图4-2-8所示。

（9）保持L3:L14单元格区域的选中状态，在“开始”选项卡的“数字格式”下拉列表中选择“数值”选项，将平均分的数字格式设置为“数值”，并保留两位小数，如图4-2-9所示。

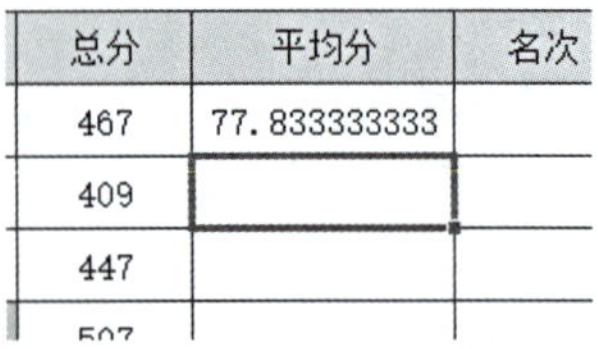

图4-2-7 计算出第一个学生的平均分

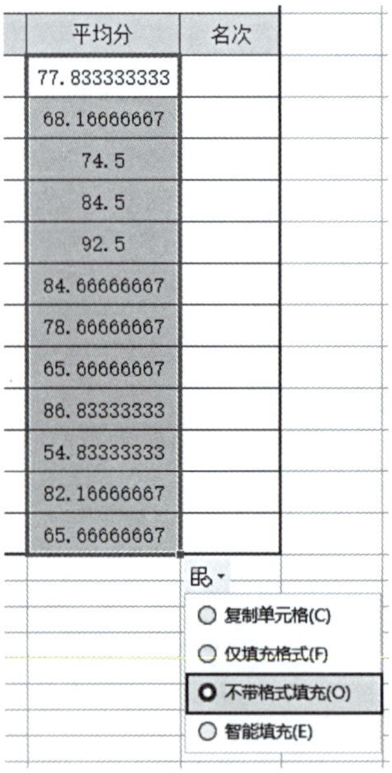

图4-2-8 计算出其他学生的平均分

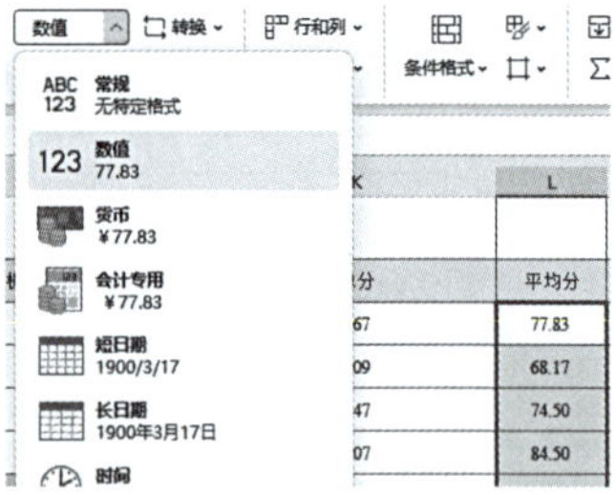

图4-2-9 设置数字格式后的平均分效果

二、计算学生名次

除了前面介绍的输入函数的方法外，也可以使用函数向导插入函数。下面通过函数向导使用RANK函数根据总分计算每个学生的名次。RANK函数的作用是计算一个数字在数字列表中的排名。

（1）选中M3单元格，单击编辑栏左侧的“插入函数” fx 按钮，打开“插入函数”对话框，在“查找函数”文本框中输入“RANK”，如图4-2-10所示。

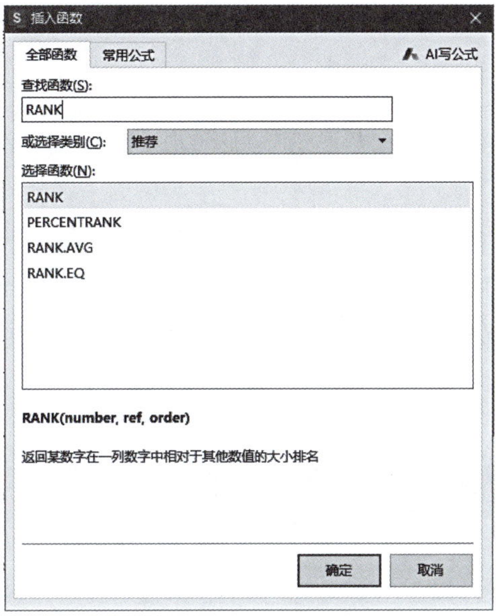

图4-2-10 输入“RANK”选项

知识链接

RANK函数是排名函数。RANK函数最常用的是求某一个数值在某一区域内的排名，即计算一个数字在数字列表中的排位。数字的排位是其大小与列表中其他值的比值，如果列表已排过序，则数字的排位就是它当前的位置。RANK函数简介如下。

①语法。RANK(number,ref,[order])

②参数。

number必需。需要找到排位的数字。

ref必需。数字列表数组或对数字列表的引用。ref中的非数值型值将被忽略。

order可选。一数字，指明数字排位的方式。如果order为0（零）或省略，WPS Excel对数字的排位是基于ref按照降序排列的列表。如果order不为零，WPS Excel对数字的排位是基于ref按照升序排列的列表。

③功能。计算一个数字在数字列表中的排位。数字的排位是其大小与列表中其

他值的比值（如果列表已排过序，则数字的排位就是它当前的位置）。

④要点。RANK函数已衍生出一个或多个新函数，这些新函数可以提供更高的准确度，而且它们的名称可以更好地反映出其用途。但是RANK函数保持了较好的兼容性。RANK函数的新函数的为RANK.AVG 函数和 RANK.EQ函数。

（2）单击“确定”按钮，打开“函数参数”对话框，单击“数值”参数右侧的按钮，如图4-2-11所示。

（3）显示压缩的“函数参数”对话框，在工作表中选择要进行排名的K3单元格，如图4-2-12所示。选择单元格后单击按钮，重新展开“函数参数”对话框。

（4）单击“引用”参数右侧的按钮，在工作表中拖动鼠标选择参与排名的K3:K14单元格区域，如图4-2-13所示。

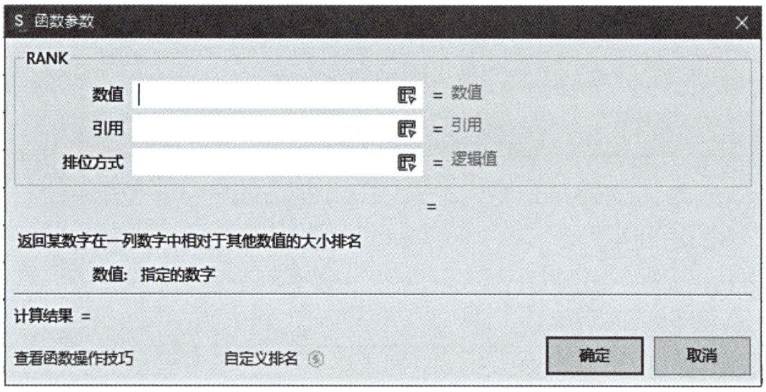

图4-2-11 单击“数值”参数右侧的按钮

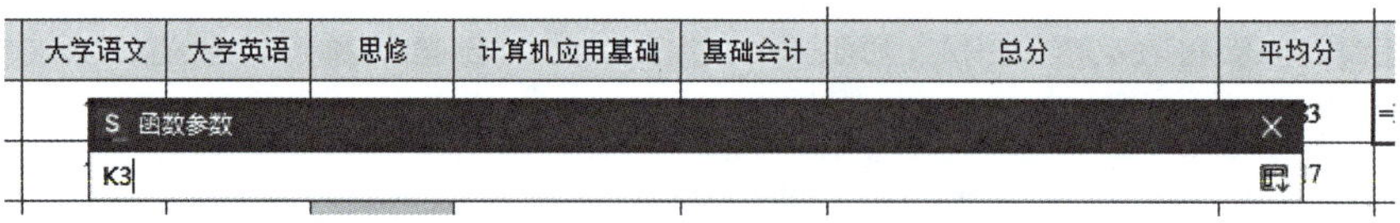

图4-2-12 选择要排名的单元格

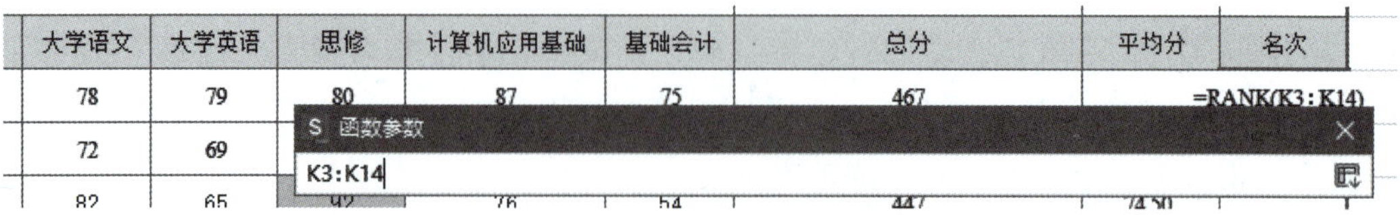

图4-2-13 选择参与排名的单元格区域

（5）重新展开“函数参数”对话框，在“引用”参数所选单元格区域的行号和列标前均加上“$”符号（在行号和列标前加“$”符号，表示使用绝对引用地址，这样可以保证后面复制公式时，参与排名的单元格区域不变，从而使返回的排名准确），如图4-2-14所示。

（6）单击“确定”按钮，计算出第一个学生的名次，即K3单元格在K3:K14单元格区域中的排名。

（7）用鼠标拖动M3单元格的填充柄至M14单元格，然后单击右下角的“自动填充选项”按钮，在展开的列表中选中“不带格式填充”单选钮，将计算排名公式复制到同列的其他单元格中，计算出其他学生的名次，如图4-2-15所示。

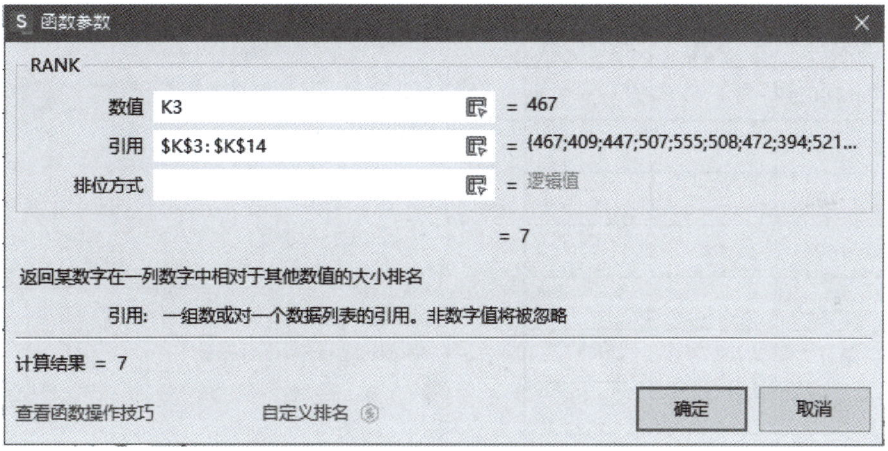

图4-2-14 在所选单元格区域的行号和列标前均加上“$”符号

E	F	G	H	I	J	K	L	M
学期期末考试成绩表								
数学	大学语文	大学英语	思修	计算机应用基础	基础会计	总分	平均分	名次
8	78	79	80	87	75	467	77.83	7
0	72	69	70	72	66	409	68.17	9
8	82	65	92	76	54	447	74.50	8
2	69	86	90	88	92	507	84.50	4
8	92	100	86	94	95	555	92.50	1
9	84	93	78	90	84	508	84.67	3
0	76	84	82	82	78	472	78.67	6
0	68	58	70	76	62	394	65.67	10
8	79	96	92	89	87	521	86.83	2
8	60	52	56	63	50	329	54.83	12
5	74	81	93	78	82	493	82.17	5
6	68	72	65	70	63	394	65.67	10

图4-2-15 复制公式计算出其他学生的名次

三、统计各分数段人数

（1）在学生成绩表的O1:Q10单元格区域建立学生成绩分段统计表，为该统计表添加蓝色单实线边框，设置文本水平居中对齐，设置标题文本的格式为宋体、16磅、加粗，效果如图4-2-16所示。

（2）选中P3单元格，单击编辑栏左侧的“插入函数” *fx*按钮，打开“插入函数”对话框。在“查找函数”文本框中输入“COUNTIF”，如图4-2-17所示。

O	P	Q
学生成绩分段统计表		
分数段	人数	所占比例
90～100分		
80～89分		
70～79分		
60～69分		
0～59分		
总计		
最高分		
最低分		

图4-2-16　学生成绩分段统计表效果

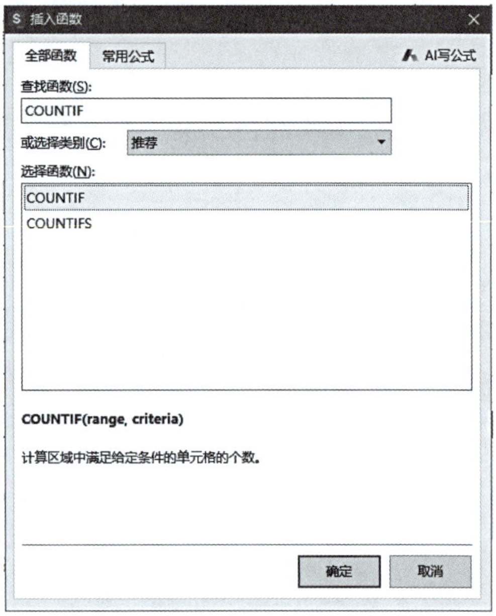

图4-2-17　输入“COUNTIF”选项

（3）单击“确定”按钮，打开“函数参数”对话框，将光标定位到“区域”编辑框中，在工作表中选择L3:L14单元格区域后，在行号和列号前加“$”符号，对所选单元格区域绝对引用，在“条件”编辑框中输入“>=90”，如图4-2-18所示。单击“确定”按钮，返回工作表，此时在单元格P3中统计出了90分以上的学生人数。

（4）在P4单元格中输入“=COUNTIF（$L$3：$L$14，“>=80”）-COUNTIF（$L$3：$L$14，“<=90”）”，在P5单元格中输入“=COUNTIF（$L$3：$L$14，“>=70”）-COUNTIF（$L$3：$L$14，“<=80”）”，在P6单元格中输入“=COUNTIF（$L$3：$L$14，“>=60”）-COUNTIF（$L$3：$L$14，“<=70”）”，在P7单元格中输入“=COUNTIF（$L$3：$L$14，“<60”）”，统计出各分数段人数，效果如图4-2-19所示。

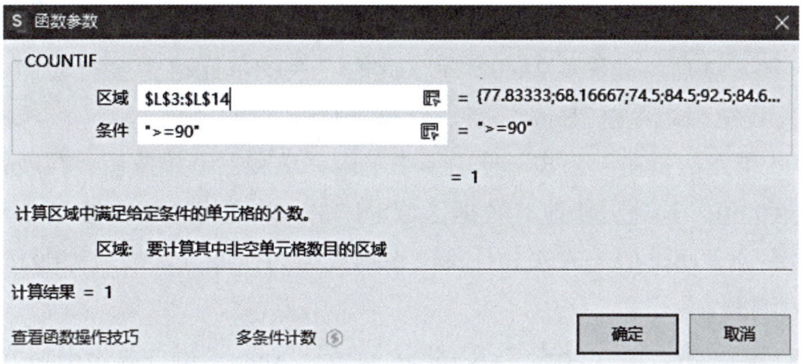

图4-2-18 设置COUNTIF函数参数

L	M	N	O	P	Q
			学生成绩分段统计表		
平均分	名次		分数段	人数	所占比例
77.83	7		90-100分	1	
68.17	9		80-89分	4	
74.50	8		70-79分	3	
84.50	4		60-69分	3	
92.50	1		0-59分	1	
84.67	3		总计		
78.67	6		最高分		
65.67	10		最低分		
86.83	2				

图4-2-19 统计出各分数段人数

知识链接

COUNTIF函数用于统计某个单元格区域中符合指定条件的单元格数目，其语法为：COUNTIF（range，criteria）。各参数的含义如下。

①range：要统计单元格个数的单元格区域。

②criteria：指定的条件表达式。

（5）选中P8单元格，在“公式”选项卡中单击“求和”下拉按钮，在展开的下拉列表中选择“∑求和”选项，如图4-2-20所示。此时，在P8单元格中会自动插入SUM函数，并选中P3:P7单元格区域，按“Enter”键，计算出总计人数。

（6）选中P9单元格，在“公式”选项卡中单击“求和”下拉按钮，在展开的下拉列表中选择“Max最大值”选项，修改其数据区域为L3:L14单元格区域，按“Enter”键计算出平均成绩的最高分。用类似的方法，计算出平均成绩的最低分。最后为P9和P10单元格应用“数值”数字格式。

（7）选中Q3单元格，输入公式“=P3/$P$8”，按“Enter”键计算出平均分在“90～100分”的人数所占比例。利用填充柄自动填充其他分数段人数所占比例。选中Q3:Q7单元格区域，在“开始”选项卡中单击“%”按钮，将所选单元格区域的数字格式设置为百分比格式，并设置保留两位小数，最终效果如图4-2-21所示。

（8）保存工作簿。

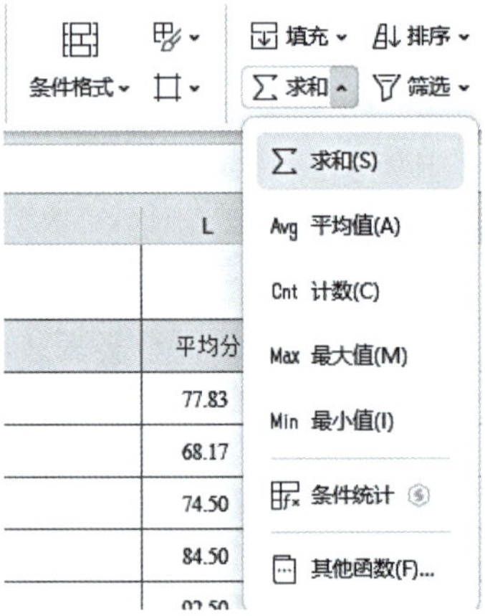

图4-2-20 选择“求和”选项

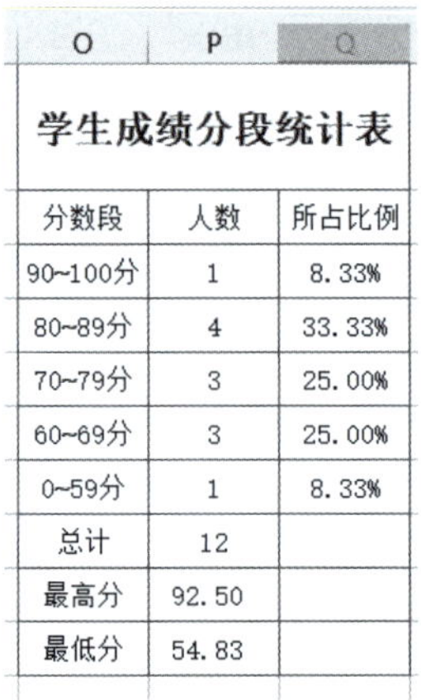

O	P	Q
学生成绩分段统计表		
分数段	人数	所占比例
90~100分	1	8.33%
80~89分	4	33.33%
70~79分	3	25.00%
60~69分	3	25.00%
0~59分	1	8.33%
总计	12	
最高分	92.50	
最低分	54.83	

图4-2-21 学生成绩分段统计表最终效果

任务三

分析销售数据表

任务导入

【任务描述】

年关将至，总经理需要在年终总结会议上确定来年的销售方案，因此，需要一份数据差异和走势明显，并且能够辅助预测发展趋势的电子表格。总经理让小夏在一周之内制作一份销售分析表，制作完成后的效果如图4-3-1所示，相关要求如下。

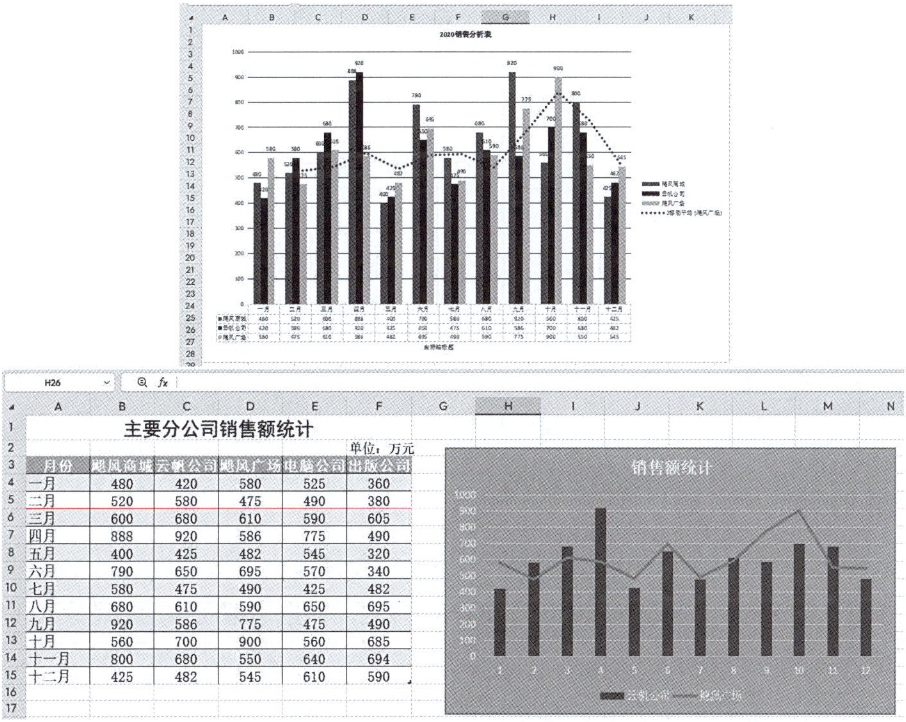

主要分公司销售额统计

单位：万元

月份	飓风商城	云帆公司	飓风广场	电脑公司	出版公司
一月	480	420	580	525	360
二月	520	580	475	490	380
三月	600	680	610	590	605
四月	888	920	586	775	490
五月	400	425	482	545	320
六月	790	650	695	570	340
七月	580	475	490	425	482
八月	680	610	590	650	695
九月	920	586	775	475	490
十月	560	700	900	560	685
十一月	800	680	550	640	694
十二月	425	482	545	610	590

图4-3-1 “销售分析表”效果

（1）打开已经创建并编辑好的素材表格，根据表格中的数据创建图表，并将其移动到新的工作表中。

（2）对图表进行编辑，包括修改图表数据、修改图表类型、设置图表样式、调整图表布局、设置图表格式、调整图表对象的显示与分布方式和使用趋势线等。

（3）在表格中插入组合图。

【任务思考】

1. 学生分组讨论，并回答如下问题。

（1）哪些图表类型最能直观地展示数据的差异和走势？

____

____

（2）如何使用数据标签、图例和标题来增强图表的可读性？

____

____

2. 按照实际操作过程，将操作内容及实施过程中遇到的问题或解决方法记录在表4-3-1中。

表 4-3-1　任务实施过程记录表

序号	操作内容	遇到的问题	解决方法
1			
2			
3			
4			
…			

知识积累

一、图表的类型

图表是WPS表格中重要的数据分析工具，WPS表格提供了多种图表类型，包括柱形图、条形图、折线图、饼图和面积图等，用户可根据需要选用不同类型的图表。下面介绍5种常用的图表类型及其适用情况。

（1）柱形图。柱形图常用于几个项目之间数据的对比。

（2）条形图。条形图与柱形图的用法相似，位置与柱形图相反。

（3）折线图。折线图多用于显示等时间间隔数据的变化趋势，强调数据的时间性和变动率。

（4）饼图。饼图用于显示一个数据系列中各项的大小与各项总和的比例。

（5）面积图。面积图用于显示每个数值的变化量，强调数据随时间变化的幅度，还能直观地体现整体和部分的关系。

二、使用图表的注意事项

图表除了要具备必要的图表元素外，还需让人一目了然，制作图表前应该注意以下6点。

（1）在制作图表前如需先制作表格，应根据前期收集的数据制作出相应的电子表格，并对表格进行一定的美化。

（2）根据表格中的某些数据项或所有数据项创建相应形式的图表。选择表格中的数据时，可根据图表的需要而定。

（3）检查创建的图表中的数据，及时添加或删除数据，然后对图表形状、样式和布局等进行相应的设置，完成图表的创建与修改。

（4）不同类型的图表能够进行的操作可能不同，如二维图表和三维图表就具有不同的格式设置。

（5）图表中的数据较多时，应该尽量将所有数据都显示出来，一些非重点的部分，如图表标题、坐标轴标题和数据表格等都可以省略。

（6）办公文件讲究简单明了，因此最好使用WPS表格自带的格式作为图表的格式。除非有特定的要求，否则没有必要设置复杂的格式来影响图表的查阅。

任务工单

展示任务实施的成果，并完成如表4-3-2所示的任务评价表。

表 4-3-2　任务评价表

评价项目	评价内容	分值	评价分值		
			自评	互评	师评
职业素养考核项目	考勤、仪容仪表	5			
	小组协作与沟通技巧	10			
	学习积极性	5			
	创新意识、纪律意识	10			

续表

评价项目	评价内容	分值	评价分值		
			自评	互评	师评
专业能力考核项目	积极参与教学活动并正确理解任务要求	10			
	认真搜集并积极讨论相关资料	20			
	熟练各种图表类型（如柱形图、条形图、折线图、饼图、面积图等）的创建方法	20			
	销售分析表的完成效果	20			
合计：综合分数________		100			
综合评价：					
备注：					

任务实施

任务实施

一、创建图表

图表可以将数据以图例的方式展现出来。创建图表时，首先需要创建或打开WPS表格，然后根据表格创建图表。下面为“销售分析表.et”工作簿创建图表，具体操作如下。

（1）打开“销售分析表.et”工作簿，选择A3:F15单元格区域，在“插入”选项卡中单击“插入柱形图”按钮，在打开的下拉列表的“二维柱形图”栏中选择“簇状柱形图”选项。

（2）此时即可在当前工作表中创建一个柱形图，图中显示了各公司每月的销售情况。将鼠标指针移动到图中的某一系列，会显示该系列对应的分公司在该月的销售数据，效果如图4-3-2所示。

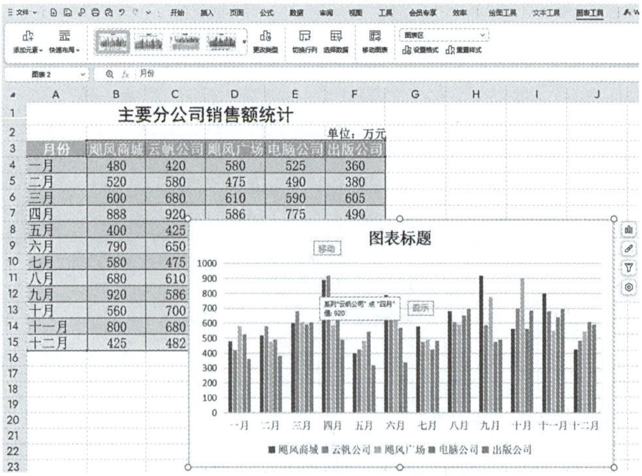

图4-3-2 插入柱形图的效果

小提示

在WPS表格中，如果不选择数据而直接插入图表，则图表显示的内容为空白。这时可以在“图表工具”选项卡中单击“选择数据”按钮，打开“编辑数据源”对话框，在其中设置与图表数据对应的单元格区域，在图表中添加数据。

（3）在“图表工具”选项卡中单击“移动图表”按钮，打开“移动图表”对话框，选中“新工作表”单选按钮，在其后面的文本框中输入工作表的名称，这里输入“销售分析表”文本，单击确定按钮，如图4-3-3所示。

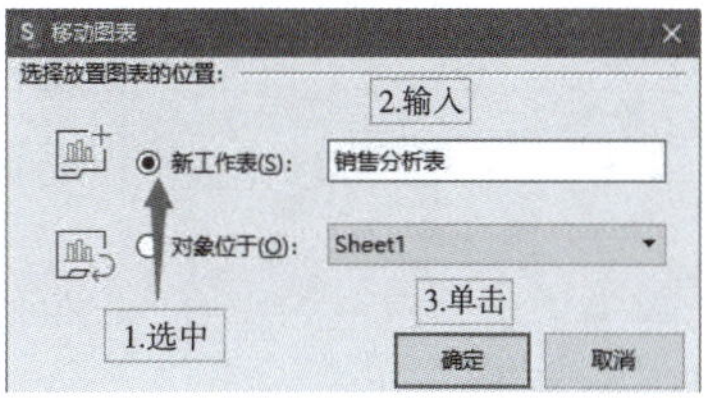

图4-3-3 移动图表

（4）此时图表移动到新工作表中，同时图表将被自动调整成适合工作表区域的大小。

小提示

在WPS表格中成功插入图表后，图表右侧会自动显示4个按钮，从上至下依次为“图表元素”按钮，可以用于添加、删除和更改图表元素，如坐标轴、数据标签、图表标题等；“图表样式”按钮，可以用于设置图表的样式和配色方案；“图表筛选器”按钮，可以用于设置图表上需要显示的数据点和名称；“设置图表区域格式”按钮，可以用于精确地设置所选图表元素的格式。

二、编辑图表

编辑图表包括修改图表数据、修改图表类型、设置图表样式、调整图表布局、设置图表格式、调整图表对象的显示与分布方式等操作，具体操作如下。

（1）选择创建好的图表，在“图表工具”选项卡中单击“选择数据”按钮，打开“编辑数据源”对话框，单击“图表数据区域”文本框右侧的“收缩”按钮。

（2）对话框将收缩，在工作表中选择A3:D15单元格区域，单击按钮展开“编辑数据源”对话框，如图4-3-4所示，在“图例项（系列）”和“轴标签（分类）”列表框中可看到修改的数据区域。

（3）单击确定按钮，返回图表，可以看到图表显示的序列发生了变化，如图4-3-5所示。

（4）在“图表工具”选项卡中单击“更改类型”按钮，打开“更改图表类型”对话框，单击对话框左侧的“条形图”选项，在对话框右侧选择“簇状”选项，如图4-3-6所示，单击“插入预设图表”选项，更改所选图表的类型与样式。

（5）更改类型与样式后，图表中展现的数据并不会发生变化，如图4-3-7所示。

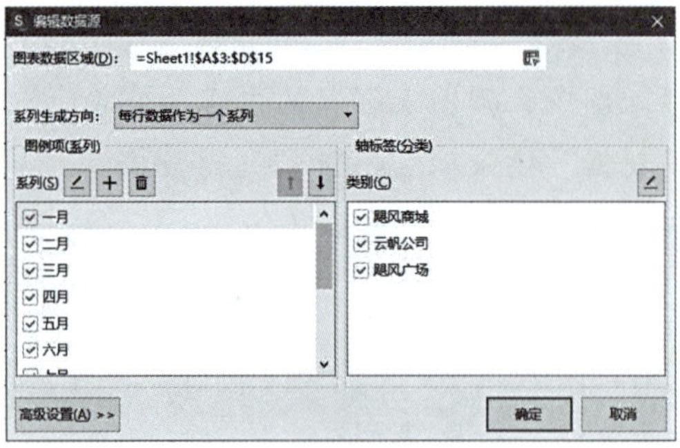

图4-3-4　编辑数据源

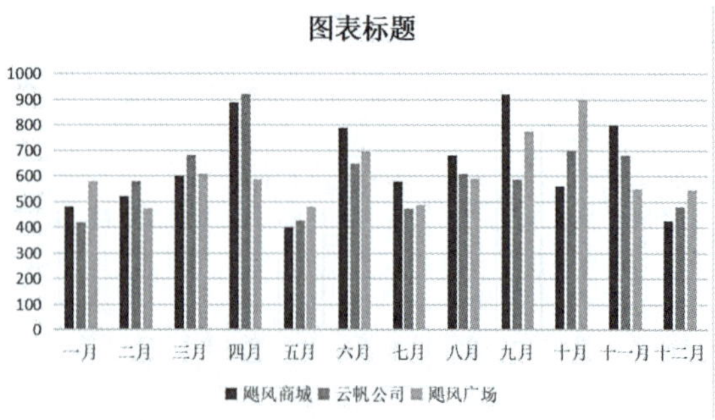

图4-3-5　修改数据后的效果

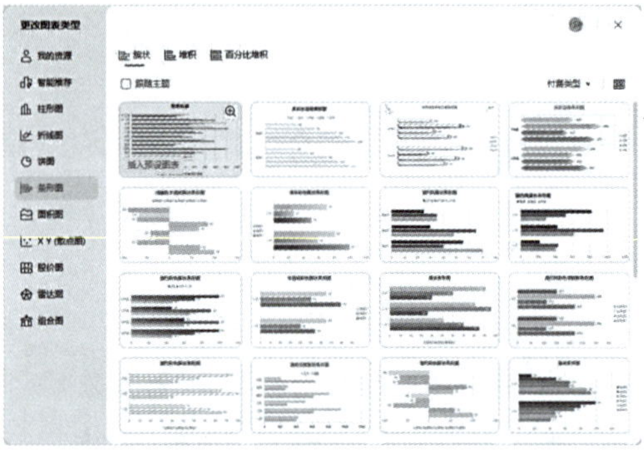

图4-3-6　更改图表类型

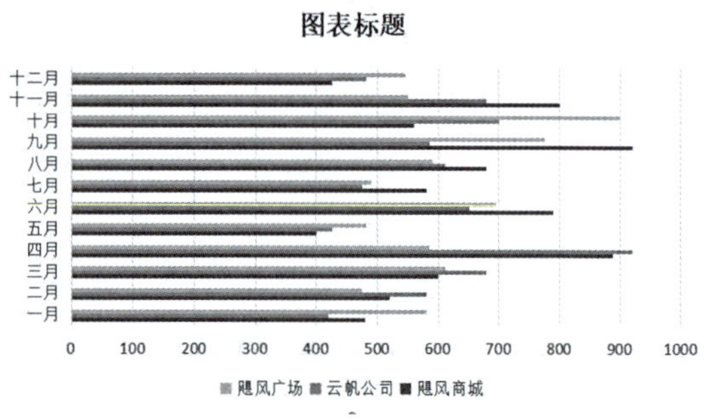

图4-3-7　修改类型与样式后的效果

（6）在“图表工具”中单击“快速布局”按钮，在打开的下拉列表中选择“布局5”选项。

（7）此时即可将所选图表的布局更改为同时显示数据表与图表，效果如图4-3-8所示。

（8）在图表区中单击任意一条红色数据条（系列“云帆公司”），WPS表格会自动选择图表中该公司的所有数据系列，在“图表工具”选项卡中单击“设置格式”按钮，打开“属性”任务窗格，单击“填充与线条”，在“填充”下拉列表中选择“黑色，文本1”，如图4-3-9所示，此时图表中该序列的样式也随之变化。

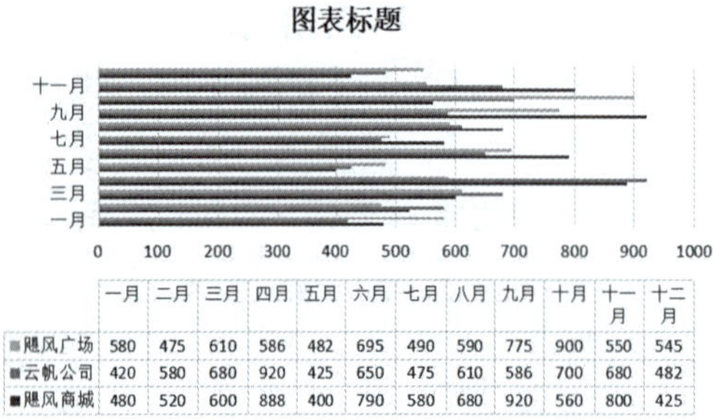

图4-3-8　更改图表布局

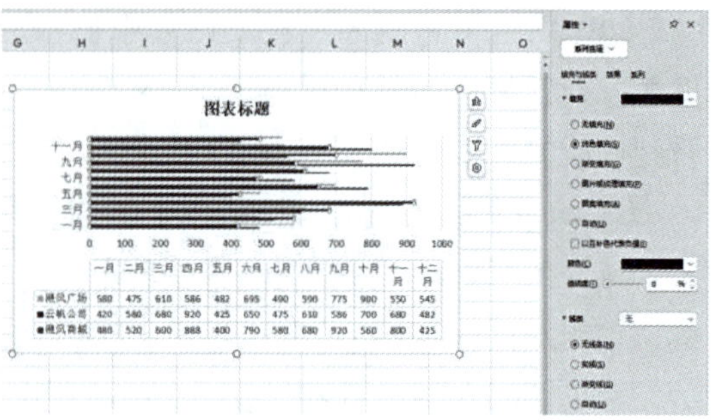

图4-3-9　设置数据系列样式

（9）在“图表工具”选项卡的“图表元素”下拉列表 系列"云帆公司" 中选择“主轴主要水平网格线”选项，在“属性”任务窗格中单击“填充与线条”，在“线条”栏中选中“实线”单选按钮，然后将实线格式设置为“黑色，1.00磅”，如图4-3-10所示。

小提示

如果用户对图表中设置的图表元素的格式不满意，可以将图表元素恢复到默认设置，然后重新设置。其方法为：单击“图表工具”选项卡中的“重置样式”按钮。需要注意的是，单击“重置样式”按钮只能恢复最近一次的设置，如果最近一次进行的是图标题样式设置，那么只能恢复图标题样式，不能恢复数据标签样式。

（10）单击图表上方的图表标题，输入图表标题内容，这里输入“2020销售分析表”文本。

（11）在“图表工具”选项卡中单击“添加元素”按钮，在打开的下拉列表中选择“轴标题”→“主要纵向坐标轴”选项，如图4-3-11所示。

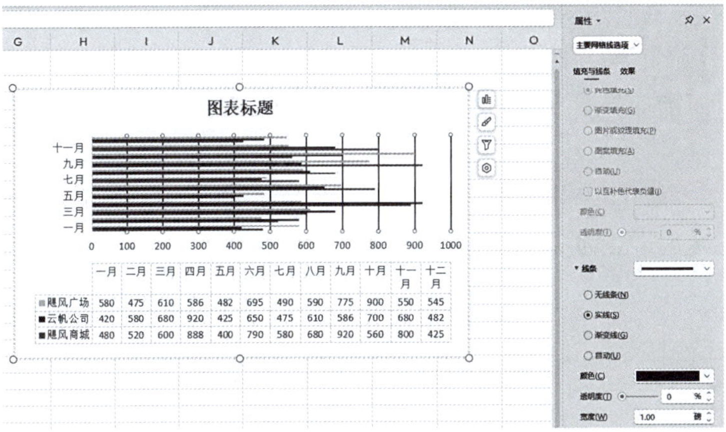

图4-3-10　设置主要网格线样式

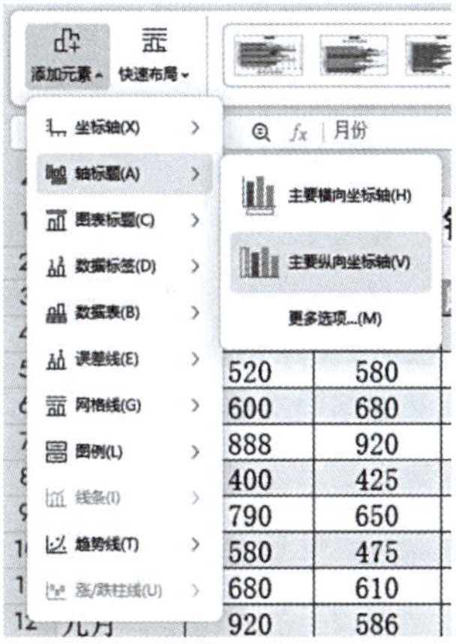

图4-3-11　添加纵向坐标轴

（12）在纵向坐标轴左侧显示出坐标轴标题框，单击插入的纵向坐标轴标题框后，输入“销售月份”文本，在“图表工具”选项卡中单击“添加元素”按钮，在打开的下拉列表中选择“图例”→“右侧”选项添加图例元素，效果如图4-3-12所示。

（13）在“图表工具”选项卡中单击“添加元素”按钮，在打开的下拉列表中选择“数据标签”→“数据标签外”选项，在条形图中添加数据标签，完成后的效果如图4-3-13所示。

（14）此时可看到条形图中有部分数据标注被遮挡，可选择被遮挡的数据，按住鼠标左键轻微移动。

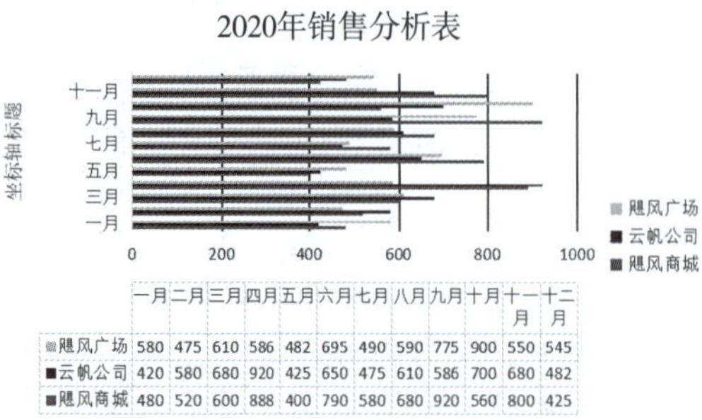

图4-3-12　设置坐标轴标题框和图例的显示位置

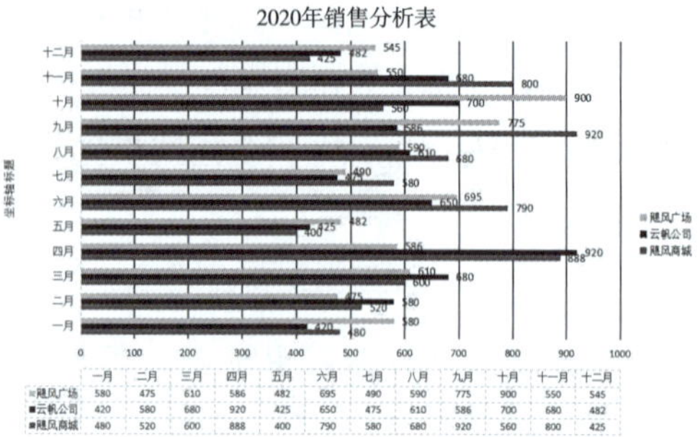

图4-3-13　设置数据标签的显示位置

三、使用趋势线

趋势线用于标识图表数据的分布与规律，使用户能够直观地了解数据的变化趋势，或根据数据进行预测、分析。下面为“销售分析表.et”工作簿中的图表添加趋势线，具体操作如下。

（1）在“图表工具”选项卡中单击“更改类型”按钮，打开“更改图表类型”对话框，在左侧的列表框中单击“柱形图”，在右侧列表框中选择“簇状柱形图”选项，单击“插入预设图表”选项。

（2）在“图表工具”选项卡中单击“添加元素”按钮，在打开的下拉列表中选择“趋势线”→“移动平均”选项，如图4-3-14所示。

（3）打开“添加趋势线”对话框，在“添加基于系列的趋势线”列表中选择“飓风广场”选项，然后单击 确定 按钮。

（4）选择添加的趋势线，在“属性”任务窗格中将趋势线的线条颜色设置为“印度红，着色2，深色50%”，趋势线的宽度设置为“2.5磅”，效果如图4-3-15所示。

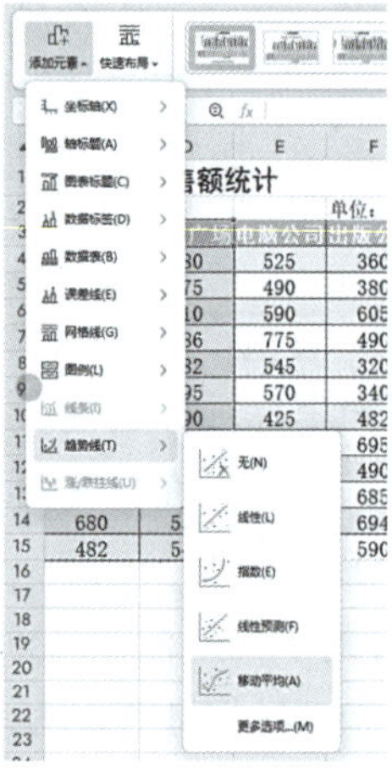

图4-3-14　选择趋势线类型

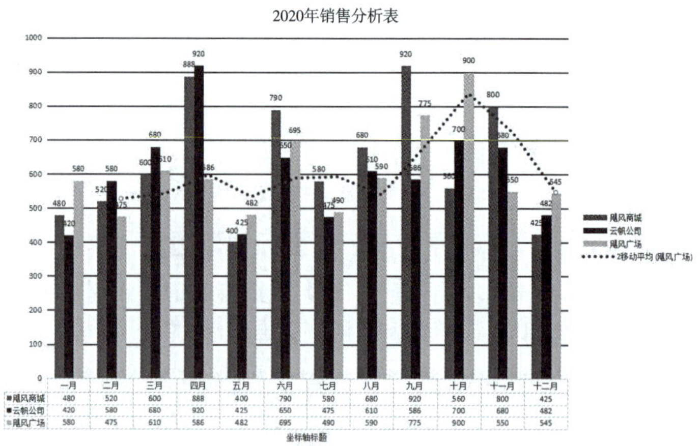

图4-3-15　添加趋势线的效果

四、插入组合图

WPS表格提供的组合图能够帮助用户处理和分析各种复杂的数据，尤其是当图表中数据的范围变化较大或具有混合类型的数据时，使用组合图将为数据分析工作提供极大的便利。插入组合图的具体操作如下。

（1）切换到“Sheet1”工作表，选择C3:D15单元格区域，在“插入”选项卡中单击“图表”按钮，单击图表列表中“组合图”选项，云帆公司选择“簇状柱形图”，飓风广场选择“折线图”，如图4-3-16所示。

（2）单击“插入图表”，此时“Sheet1”工作表中会插入由柱形图和折线图组成的组合图，如图4-3-17所示。

（3）将图表标题文本更改为“销售额统计”，并适当移动图表的位置，如图4-3-18所示。

（4）单击选择图表，在“绘图工具”选项卡的“填充”列表按钮，选择“深灰绿，着色4，浅色40%”选项，效果如图4-3-19所示。

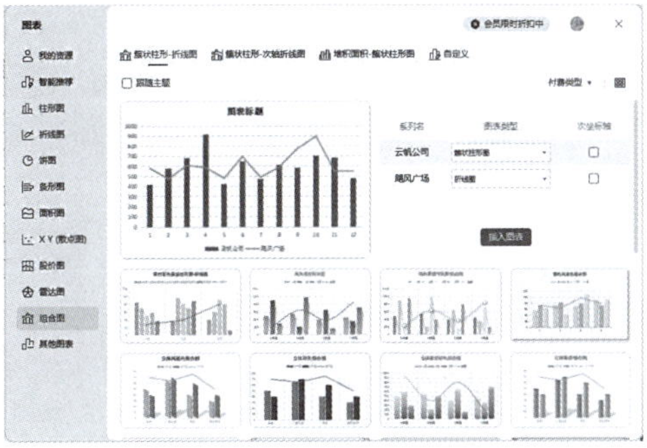

图4-3-16　选择组合图样式

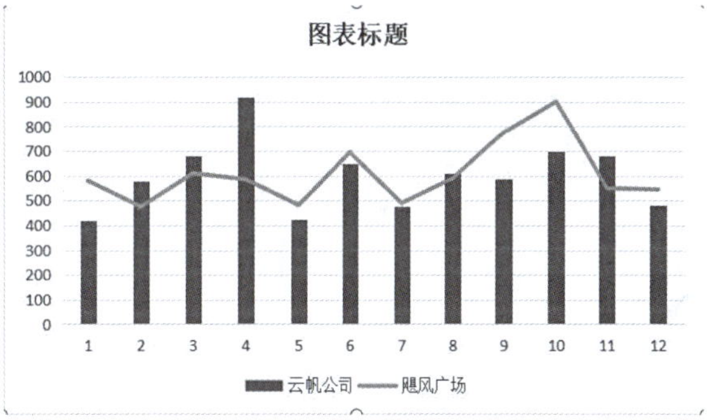

图4-3-17　创建的组合图

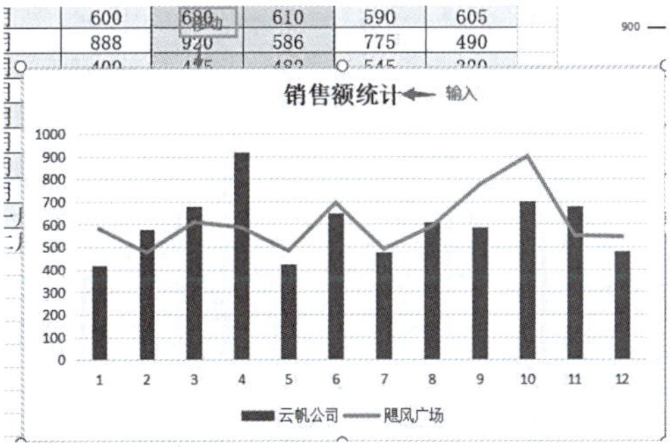

图4-3-18　输入图表标题和调整图表位置

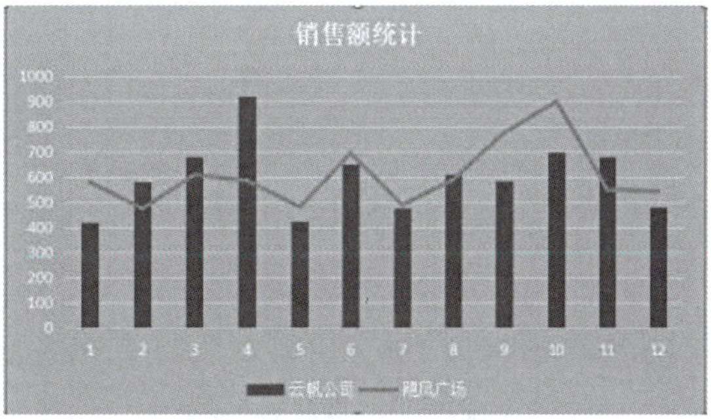

图4-3-19　设置样式后的效果

小提示

插入图表中的标题名称文本或坐标轴名称文本的格式可以通过“文本工具”选项卡设置，可设置的内容包括字体、字号、文本填充颜色、文本轮廓和文本效果等。

任务四

分析业务人员提成

任务导入

【任务描述】

小枫被公司安排到了销售部做文员，销售经理让她每个月都要制作本部门的“业务人员提成表”，以方便制订下个月的部门计划。月末，小丽使用WPS表格统计公司销售部业务人员的提成，完成的工作簿效果如图4-4-1所示，相关要求如下。

商品销售底价	商品提成（差价的60%）
>3000	<600

姓名	商品名称	商品型号	能效等级	合同金额	商品销售底价	商品提成（差价的60%）
徐孟兰	云华空调（变频）	1.5P	三级	¥4,500.0	¥3,600.0	¥540.0
韩雨芹	云华空调（变频）	2P	一级	¥3,600.0	¥3,100.0	¥300.0
吕苗苗	云华空调（变频）	大2P	三级	¥7,000.0	¥6,100.0	¥540.0
吕苗苗	云华空调（变频）	大2P	一级	¥5,400.0	¥4,800.0	¥360.0
赖文峰	云华空调（定频）	3P	一级	¥5,200.0	¥4,680.0	¥312.0

	A	B	C	D	E	F	G
1	姓名	商品名称	商品型号	能效等级	合同金额	商品销售底价	商品提成（差价的60%）
2	吴丹丹	云华空调（变频）	1P	二级	¥3,200.0	¥2,900.0	¥180.0
3	孙旭东	云华空调（变频）	1P	二级	¥3,200.0	¥2,650.0	¥330.0
4	徐孟兰	云华空调（变频）	1.5P	三级	¥4,500.0	¥3,600.0	¥540.0
5	郑明	云华空调（变频）	1.5P	一级	¥4,500.0	¥3,250.0	¥750.0
6	李亚军	云华空调（变频）	2P	一级	¥6,500.0	¥5,300.0	¥720.0
7	赖文峰	云华空调（变频）	2P	二级	¥5,500.0	¥4,200.0	¥780.0
8	韩雨芹	云华空调（变频）	2P	一级	¥3,600.0	¥3,100.0	¥300.0
9	吕苗苗	云华空调（变频）	大2P	三级	¥7,000.0	¥6,100.0	¥540.0
10	吕苗苗	云华空调（变频）	大2P	一级	¥5,400.0	¥4,800.0	¥360.0
11	钱瑞麟	云华空调（变频）	3P	一级	¥8,520.0	¥6,520.0	¥1,200.0
12	陆伟东	云华空调（变频）	3P	一级	¥6,800.0	¥5,600.0	¥720.0
13		云华空调（变频） 汇总			¥58,720.0		
14	杜利军	云华空调（定频）	大1P	一级	¥3,050.0	¥2,540.0	¥306.0
15	陈鸣明	云华空调（定频）	1.5P	三级	¥3,000.0	¥2,000.0	¥600.0
16	王思雨	云华空调（定频）	2P	二级	¥3,800.0	¥3,000.0	¥480.0
17	赖文峰	云华空调（定频）	3P	一级	¥5,200.0	¥4,680.0	¥312.0
18	孙靓靓	云华空调（定频）	3P	二级	¥3,200.0	¥2,960.0	¥144.0
19		云华空调（定频） 汇总			¥18,250.0		
20		总计			¥76,970.0		

图4-4-1 “业务人员提成表”工作簿效果

（1）打开已经创建并编辑完成的业务人员提成表，对其中的数据分别进行简单排序、多重排序和自定义排序。

（2）对表中的数据按照不同的条件进行筛选、自定义筛选和高级筛选操作，并在表格中使用条件格式。

（3）按照不同的设置字段，为表格中的数据创建分类汇总，然后查看分类汇总的数据。

【任务思考】

1. 学生分组讨论，并回答如下问题。

（1）请描述如何使用自动筛选功能筛选出“销售额”超过某个特定值的业务人员。

____

____

（2）自定义排序是如何工作的？

____

____

2. 按照实际操作过程，将操作内容及实施过程中遇到的问题或解决方法记录在表4-4-1中。

表 4-4-1 任务实施过程记录表

序号	操作内容	遇到的问题	解决方法
1			
2			
3			
4			
…			

知识积累

一、数据排序

数据排序是统计工作中的一项重要内容，在WPS表格中，可将数据按照指定的顺序排序。一般情况下，数据排序分为以下3种情况。

1. 单列数据排序

单列数据排序是指在工作表中以一列单元格中的数据为依据，对工作表中的所有数据进行排序。

2. 多列数据排序

在对多列数据进行排序时，需要按某个数据排列，该数据称为“关键字”。以关键字为依据排序，其他列中的单元格数据将随之变化。对多列数据排序时，首先要选择多列数据对应的单元格区域，然后选择关键字，排序时会自动以该关键字进行排序，未选择的单元格区域将不参与排序。

3. 自定义排序

使用自定义排序可以设置多个关键字对数据进行排序，并可以通过其他关键字对相同的数据进行排序。

二、数据筛选

数据筛选是对数据进行分析时常用的操作之一。数据筛选分为以下3种情况。

1. 筛选

筛选数据即根据用户设定的筛选条件，自动将表格中符合条件的数据显示出来，而表格中的其他数据将被隐藏。

2. 自定义筛选

自定义筛选是在筛选的基础上进行的，即单击筛选后需自定义的字段名称右侧的下拉按钮▽筛选▾，在打开的下拉列表中选择相应的选项来确定筛选条件。

3. 高级筛选

若需要根据自己设置的筛选条件对数据进行筛选，则需要使用高级筛选功能。高级筛选功能可以筛选出同时满足两个或两个以上条件的数据。

三、数据分类汇总

数据分类汇总可分为分类和汇总两部分，即以某一列字段为分类项目，然后对表格中其他数据列的数据进行汇总。对数据进行分类汇总的方法很简单，首先选择工作表中包含数据的任意一个单元格，然后单击“数据”选项卡中的“分类汇总”按钮，在打开的“分类汇总”对话框中设置分类字段、汇总方式、选定汇总项等参数后，单击确定按钮即可自动生成分类汇总表，如图4-4-2所示。

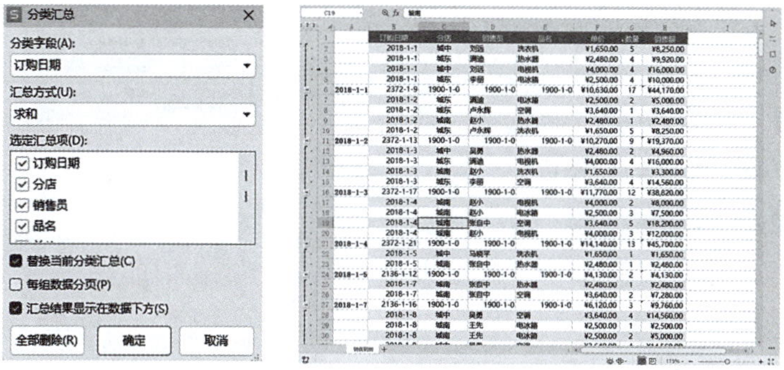

图4-4-2　生成分类汇总表

任务工单

展示任务实施的成果，并完成如表4-4-2所示的任务评价表。

表 4-4-2　任务评价表

评价项目	评价内容	分值	评价分值		
			自评	互评	师评
职业素养考核项目	考勤、仪容仪表	5			
	小组协作与沟通技巧	10			
	学习积极性	5			
	创新意识、纪律意识	10			
专业能力考核项目	积极参与教学活动并正确理解任务要求	10			
	认真搜集并积极讨论相关资料	10			
	数据排序与筛选的正确运用	10			
	业务人员提成表的完成度	20			
	数据统计与分析的能力	20			
合计：综合分数________		100			
综合评价：					
备注：					

任务实施

任务实施

一、对业务人员提成表数据进行排序

使用WPS表格中的数据排序功能对数据进行排序，有助于快速、直观地显示、组织和查找所需的数据，具体操作如下。

（1）打开“业务人员提成表.et”工作簿，选择E列任意单元格，在“数据”选项卡中单击“排序”按钮→“升序”，将选择的数据表按照“合同金额”由低到高排序。

（2）选择A2:G17单元格区域，在“数据”选项卡中单击“排序”按钮→“自定义排序”，打开“排序”对话框。

（3）在“主要关键字”下拉列表中选择“合同金额”选项，在“排序依据”下拉列表中选择“数值”选项，在“次序”下拉列表中选择“降序”选项，如图4-4-3所示。

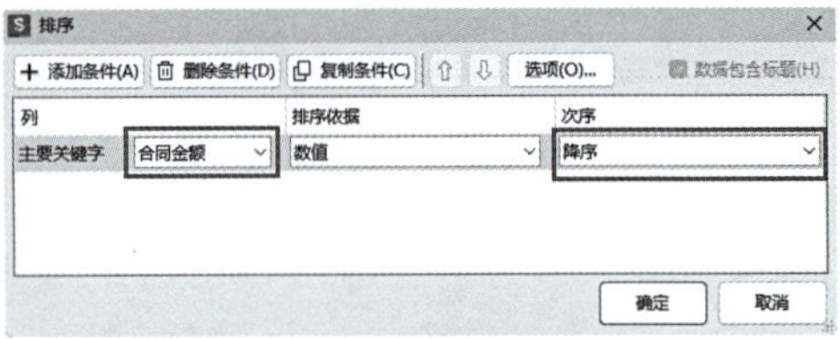

图4-4-3 设置主要排序条件

（4）单击添加条件(A)按钮，在“次要关键字”下拉列表中选择“商品提成（差价的60%）”选项，在“排序依据”下拉列表中选择“数值”选项，在“次序”下拉列表中选择“升序”选项，单击确定按钮。

C	D	E	F	G
商品型号	能效等级	合同金额	商品销售底价	商品提成（差价的60%）
3P	一级	¥8, 520. 0	¥6, 520. 0	¥1, 200. 0
大2P	三级	¥7, 000. 0	¥6, 100. 0	¥540. 0
3P	一级	¥6, 800. 0	¥5, 600. 0	¥720. 0
2P	一级	¥6, 500. 0	¥5, 300. 0	¥720. 0
2P	二级	¥5, 500. 0	¥4, 200. 0	¥780. 0
大2P	一级	¥5, 400. 0	¥4, 800. 0	¥360. 0
3P	一级	¥5, 200. 0	¥4, 680. 0	¥312. 0
1. 5P	三级	¥4, 500. 0	¥3, 600. 0	¥540. 0
1. 5P	一级	¥4, 500. 0	¥3, 250. 0	¥750. 0
2P	二级	¥3, 800. 0	¥3, 000. 0	¥480. 0
2P	一级	¥3, 600. 0	¥3, 100. 0	¥300. 0
3P	二级	¥3, 200. 0	¥2, 960. 0	¥144. 0
1P	二级	¥3, 200. 0	¥2, 900. 0	¥180. 0
1P	二级	¥3, 200. 0	¥2, 650. 0	¥330. 0
大1P	一级	¥3, 050. 0	¥2, 540. 0	¥306. 0
1. 5P	三级	¥3, 000. 0	¥2, 000. 0	¥600. 0

图4-4-4 排序结果

（5）此时可对数据表先按照“合同金额”列降序排列，对于“合同金额”列中相同的数据，按照“商品提成（差价的60%）”列升序排列，结果如图4-4-4所示。

（6）选择“数据”→“排序”命令，打开“自定义排序”对话框，点开“次序”下拉菜单，单击“自定义序列”如图4-4-5所示。

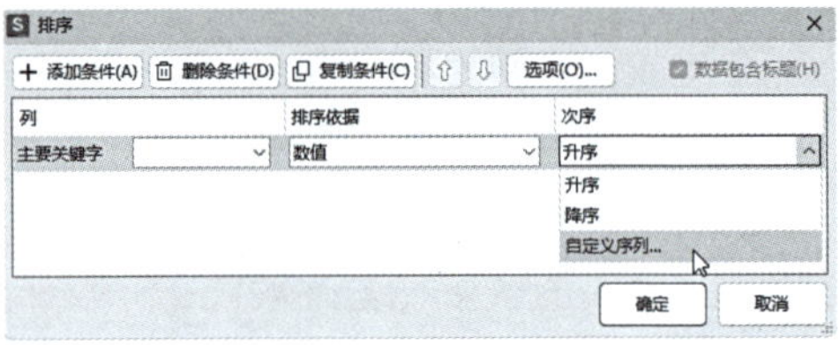

图4-4-5 自定义排序字段

（7）在“输入序列”中输入序列字段“1P，大1P，1.5P，2P，大2P，3P”，单击添加(A)按钮，将自定义字段添加到左侧的“自定义序列”列表框中，如图4-4-6所示。

（8）单击确定按钮，返回数据表，选择任意一个单元格，在“排序和筛选”组中单击“排序”按钮，打开“排序”对话框。

（9）单击删除条件(D)按钮，删除设置好的多条件排序格式，在“主要关键字”下拉列表中选择“商品型号”选项，在“次序”下拉列表中选择“自定义序列”选项，打开“自定义序列”对话框，在“自定义序列”列表框中选择前面创建的序列，单击确定按钮。

（10）返回“排序”对话框，“次序”下拉列表中将显示设置的自定义序列，单击确定按钮。

（11）此时可将数据表按照“商品型号”序列中的自定义序列进行排序，结果如图4-4-7所示。

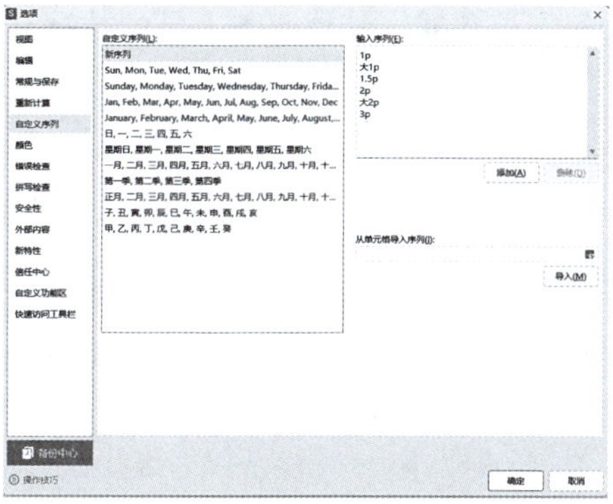

图4-4-6　设置自定义序列

姓名	商品名称	商品型号	能效等级	合同金额	商品销售底价	商品提成（差价的60%）
吴丹丹	云华空调（变频）	1P	二级	¥3,200.0	¥2,900.0	¥180.0
孙旭东	云华空调（变频）	1P	二级	¥3,200.0	¥2,650.0	¥330.0
杜利军	云华空调（定频）	大1P	一级	¥3,050.0	¥2,540.0	¥306.0
徐孟兰	云华空调（变频）	1.5P	三级	¥4,500.0	¥3,600.0	¥540.0
郑明	云华空调（变频）	1.5P	一级	¥4,500.0	¥3,250.0	¥750.0
陈鸣明	云华空调（定频）	1.5P	三级	¥3,000.0	¥2,000.0	¥600.0
李亚军	云华空调（变频）	2P	一级	¥6,500.0	¥5,300.0	¥720.0
赖文峰	云华空调（变频）	2P	二级	¥5,500.0	¥4,200.0	¥780.0
王思雨	云华空调（定频）	2P	二级	¥3,800.0	¥3,000.0	¥480.0
韩雨芹	云华空调（变频）	2P	一级	¥3,600.0	¥3,100.0	¥300.0
吕苗苗	云华空调（变频）	大2P	三级	¥7,000.0	¥6,100.0	¥540.0
吕苗苗	云华空调（变频）	大2P	一级	¥5,400.0	¥4,800.0	¥360.0
钱瑞麟	云华空调（变频）	3P	一级	¥8,520.0	¥6,520.0	¥1,200.0
陆伟东	云华空调（变频）	3P	一级	¥6,800.0	¥5,600.0	¥720.0
赖文峰	云华空调（定频）	3P	一级	¥5,200.0	¥4,680.0	¥312.0
孙靓靓	云华空调（定频）	3P	二级	¥3,200.0	¥2,960.0	¥144.0

图4-4-7　自定义序列排序的结果

小提示

输入自定义序列时，各个字段之间必须使用逗号或分号（英文符号）隔开，也可以换行输入。对数据进行排序时，如果出现提示框提示“要求合并单元格都具有相同大小”，则表示当前数据表中包含合并后的单元格，此时需要用户先手动选择规则的排序区域，再进行排序操作。

二、筛选业务人员提成表数据

WPS表格的筛选数据功能可根据需要显示满足某一个或某几个条件的数据，并隐藏其他的数据。

1．筛选

通过筛选功能可以快速地在数据表中显示指定字段的记录并隐藏其他记录。下面在“业务人员提成表.et”工作簿中筛选出商品型号为“3P”的业务人员提成数据，具体操作如下。

（1）打开表格，选择工作表中包含数据的任意单元格，在“数据”选项卡中单击“筛选”按钮▽，进入筛选状态，列标题单元格右侧会显示出“筛选”按钮⌄。

（2）在C1单元格中单击“筛选”按钮⌄，在打开的下拉列表中仅选中“3P”复选框，单击 确定 按钮，如图4-4-8所示。

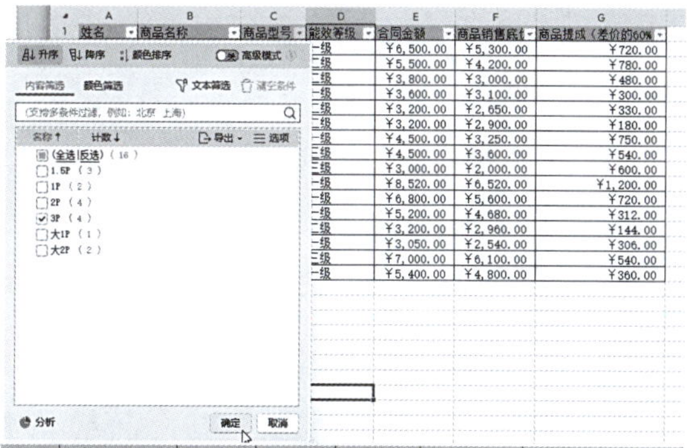

姓名	商品名称	商品型号	能效等级	合同金额	商品销售底价	商品提成（差价的60%）
钱瑞麟	云华空调（变频）	3P	一级	¥8,520.0	¥6,520.0	¥1,200.0
陆伟东	云华空调（变频）	3P	一级	¥6,800.0	¥5,600.0	¥720.0
赖文峰	云华空调（定频）	3P	一级	¥5,200.0	¥4,680.0	¥312.0
孙靓靓	云华空调（定频）	3P	二级	¥3,200.0	¥2,960.0	¥144.0

图4-4-8　自动筛选指定数据

（3）此时数据表中会显示商品型号为“3P”的业务人员数据，其他业务人员的数据全部被隐藏。

> **小提示**
>
> 选择字段可以同时筛选多个字段的数据。单击“筛选”按钮▾，打开设置筛选条件的下拉列表，只需在其中选中对应的复选框即可。在WPS表格中还能通过颜色、数字和文本进行筛选，但是使用这类筛选方式都需要进行提前设置。

2．自定义筛选

自定义筛选多用于筛选数值数据，通过设定筛选条件可以满足指定条件的数据筛选出来，而隐藏其他数据。下面在“业务人员提成表.et”工作簿中筛选出合同金额大于“5500”的相关数据，具体操作如下。

（1）单击C1单元格右侧的“筛选”按钮▿，在打开的下拉列表中单击“清空条件”按钮 清空条件，如图4-4-9所示，取消对商品型号的筛选操作。

（2）单击E1单元格右侧的“筛选”按钮▿，在打开的下拉列表中单击“数字筛选”按钮 数字筛选，再在打开的下拉列表中选择“大于”选项，如图4-4-10所示。

（3）打开“自定义自动筛选方式”对话框，在“合同金额”栏的“大于”下拉列表右侧的下拉列表中输入“5500”，然后单击 确定 按钮，如图4-4-11所示。

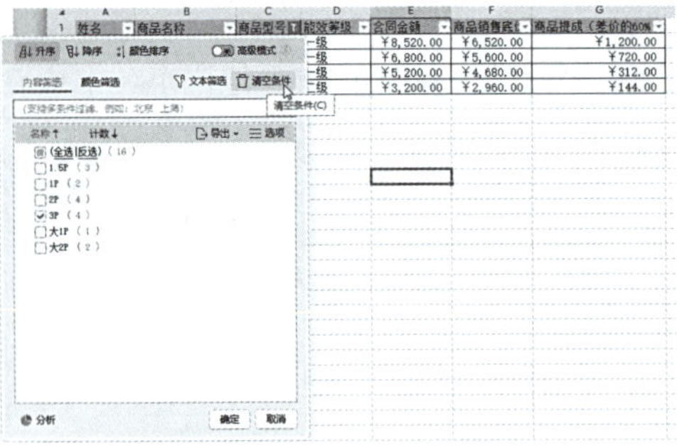

图4-4-9　清空筛选条件

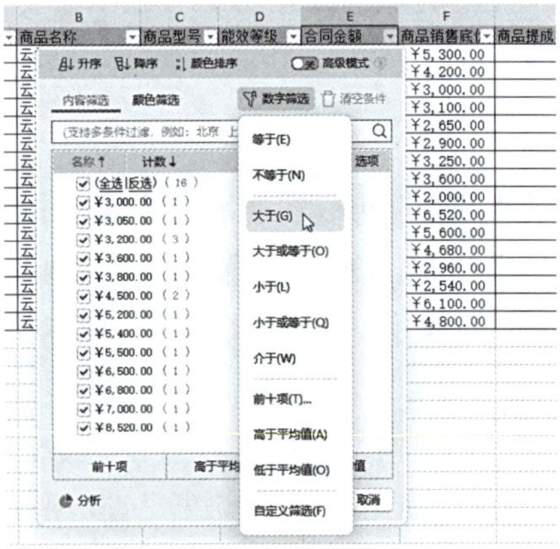

图4-4-10　进行数字筛选

姓名	商品名称	商品型号	能效等级	合同金额	商品销售底价	商品提成（差价的60%）
李亚军	云华空调（变频）	2P	一级	¥6,500.0	¥5,300.0	¥720.0
吕苗苗	云华空调（变频）	大2P	三级	¥7,000.0	¥6,100.0	¥540.0
钱瑞麟	云华空调（变频）	3P	一级	¥8,520.0	¥6,520.0	¥1,200.0
陆伟东	云华空调（变频）	3P	一级	¥6,800.0	¥5,600.0	¥720.0

图4-4-11　自定义自动筛选方式

> **小提示**
>
> 筛选并查看数据后，在“数据”选项卡中单击“全部显示”按钮，可清除筛选结果，但仍会保持筛选状态；单击“筛选”按钮，可直接退出筛选状态，返回筛选前的数据表。

3．高级筛选

通过高级筛选功能，可以自定义筛选条件，在不影响当前数据表的情况下显示筛选结果。对于较复杂的筛选，可以使用高级筛选功能。下面在“业务人员提成表.et”工作簿中筛选出商品销售底价大于“3000”，商品提成小于“600”的数据，具体操作如下。

（1）单击“数据”选项卡中的“筛选”按钮，退出筛选状态，在“Sheet1”工作表的I2:J3单元格区域中输入筛选条件：商品销售底价大于3000，商品提成（差价的60%）小于600，如图4-4-12所示。

（2）单击“筛选”按钮→“高级筛选”，如图4-4-13所示。

（3）打开“高级筛选”对话框，在“方式”栏中选中“将筛选结果复制到其他位置”单选按钮，将“列表区域”设置为“Sheet1！$A$1:$G$17”，将“条件区域”设置为“Sheet1！$I$2:$J$3”，将“复制到”设置为“Sheet1！$I$5”，选中“选择不重复的记录”复选框，最后单击确定按钮，如图4-4-14所示。

（4）此时即可在“Sheet1”工作表中的以I5单元格为起始单元格的I5:O10单元格区域中单独显示出筛选结果，如图4-4-15所示。

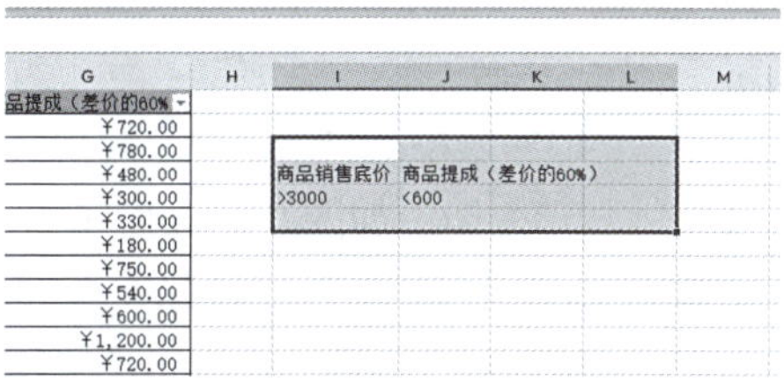

图4-4-12 在工作表中输入筛选条件

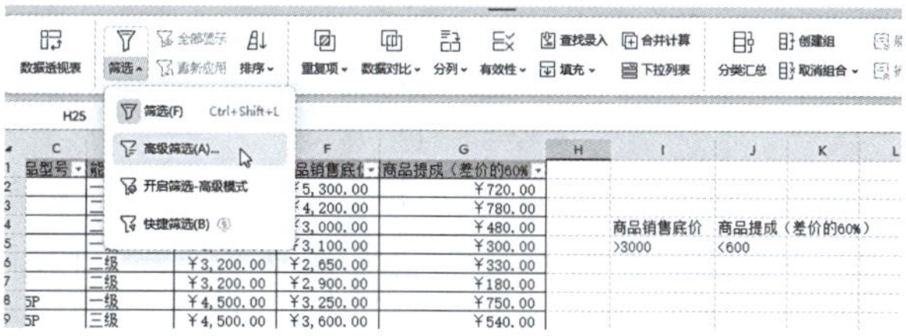

图4-4-13 单击图标

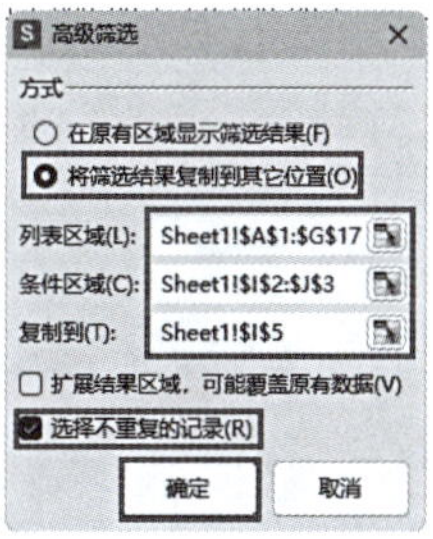

图4-4-14 设置高级筛选条件

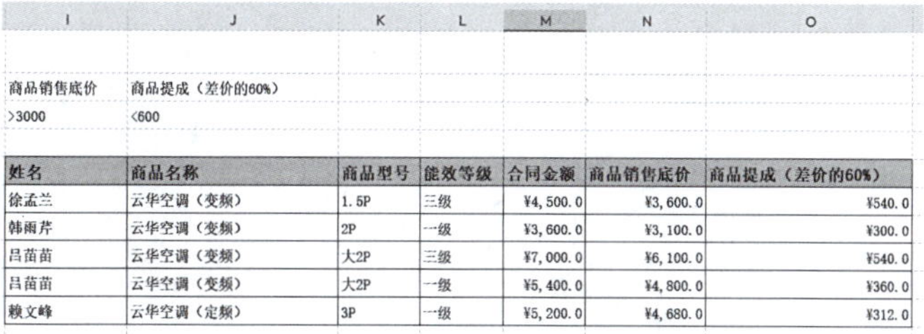

图4-4-15 高级筛选结果

4. 使用条件格式

条件格式用于将数据表中满足指定条件的数据以特定的格式显示出来，以便用户直观地查看与区分数据。下面在“业务人员提成表.et”工作簿中将合同金额大于“5000”的数据以浅红色填充显示，具体操作如下。

（1）选择E2:E17单元格区域，在“开始”选项卡中单击“条件格式”按钮，在打开的下拉列表中选择“突出显示单元格规则”→“大于”选项。

（2）打开“大于”对话框，在数值框中输入“5000”，在“设置为”下拉列表中选择“浅红色填充深红色文本”选项，单击确定按钮，如图4-4-16所示。

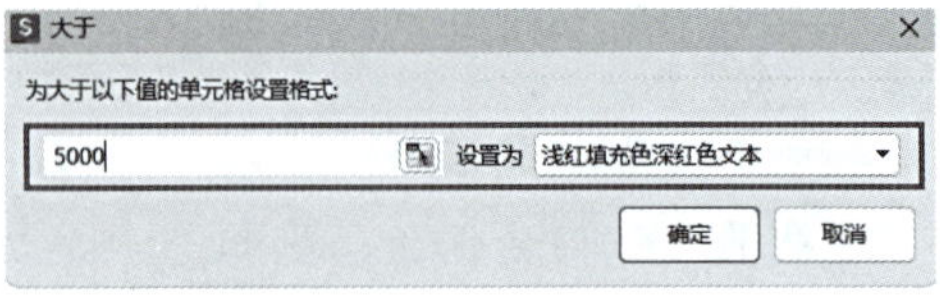

图4-4-16 设置条件格式

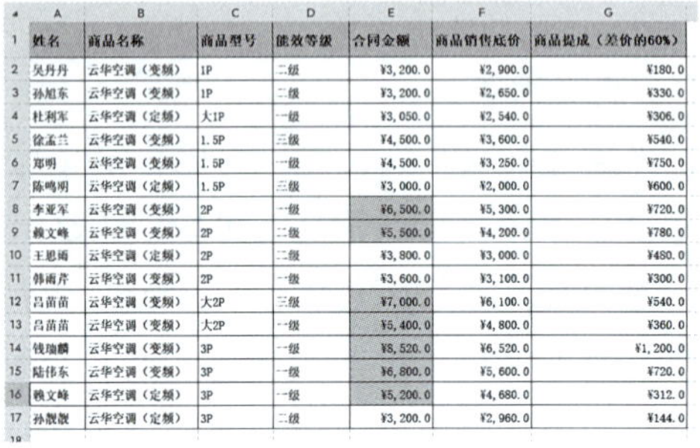

	A	B	C	D	E	F	G
1	姓名	商品名称	商品型号	能效等级	合同金额	商品销售底价	商品提成（差价的60%）
2	吴丹丹	云华空调（变频）	1P	二级	¥3,200.0	¥2,900.0	¥180.0
3	孙旭东	云华空调（变频）	1P	二级	¥3,200.0	¥2,650.0	¥330.0
4	杜利军	云华空调（定频）	大1P	一级	¥3,050.0	¥2,540.0	¥306.0
5	徐孟兰	云华空调（变频）	1.5P	三级	¥4,500.0	¥3,600.0	¥540.0
6	郑明	云华空调（变频）	1.5P	一级	¥4,500.0	¥3,250.0	¥750.0
7	陈鸣明	云华空调（定频）	1.5P	三级	¥3,000.0	¥2,000.0	¥600.0
8	李亚军	云华空调（变频）	2P	一级	¥6,500.0	¥5,300.0	¥720.0
9	赖文峰	云华空调（变频）	2P	二级	¥5,500.0	¥4,200.0	¥780.0
10	王思雨	云华空调（定频）	2P	二级	¥3,800.0	¥3,000.0	¥480.0
11	韩雨芹	云华空调（变频）	2P	一级	¥3,600.0	¥3,100.0	¥300.0
12	吕苗苗	云华空调（变频）	大2P	三级	¥7,000.0	¥6,100.0	¥540.0
13	吕苗苗	云华空调（变频）	大2P	一级	¥5,400.0	¥4,800.0	¥360.0
14	钱瑞麟	云华空调（变频）	3P	一级	¥8,520.0	¥6,520.0	¥1,200.0
15	陆伟东	云华空调（变频）	3P	一级	¥6,800.0	¥5,600.0	¥720.0
16	赖文峰	云华空调（定频）	3P	一级	¥5,200.0	¥4,680.0	¥312.0
17	孙靓靓	云华空调（定频）	3P	二级	¥3,200.0	¥2,960.0	¥144.0

图4-4-17 应用条件格式结果

（3）此时即可将E2:E17单元格区域中所有数据大于“5000”的单元格以浅红色填充显示，如图4-4-17所示。

三、对数据进行分类汇总

运用WPS表格的分类汇总功能可对表格中的同一类数据进行统计，使工作表中的数据更加清晰、直观，具体操作如下。

（1）选择工作表中包含数据的任意一个单元格，在“数据”选项卡中单击“排序”按钮，从其下拉列表中选择“升序”，对数据进行排序。

（2）在“数据”选项卡中单击“分类汇总”按钮，打开“分类汇总”对话框，在“分类字段”下拉列表中选择“商品名称”选项，在“汇总方式”下拉列表中选择“求和”选项，在“选定汇总项”列表框中选中“合同金额”复选框，单击确定按钮，如图4-4-18所示。

（3）此时即可对数据进行分类汇总，同时可直接在表格中显示分类汇总结果，如图4-4-19所示。

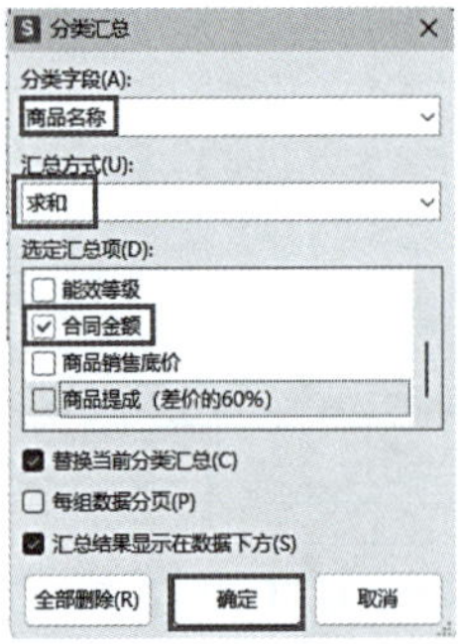

图4-4-18 设置分类汇总

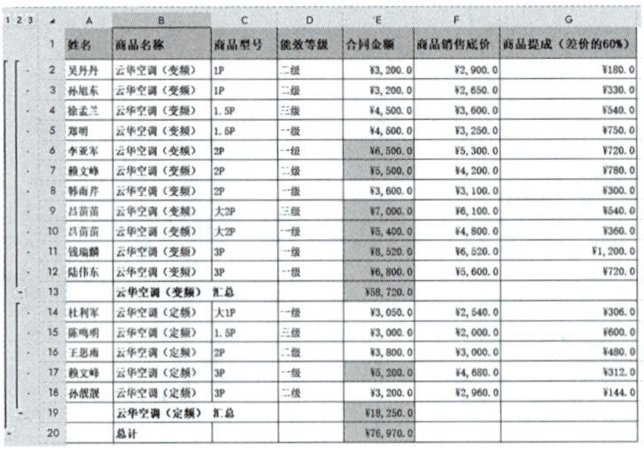

	A	B	C	D	E	F	G
1	姓名	商品名称	商品型号	能效等级	合同金额	商品销售底价	商品提成（差价的60%）
2	吴丹丹	云华空调（变频）	1P	二级	¥3,200.0	¥2,900.0	¥180.0
3	孙旭东	云华空调（变频）	1P	二级	¥3,200.0	¥2,650.0	¥330.0
4	徐孟兰	云华空调（变频）	1.5P	三级	¥4,500.0	¥3,600.0	¥540.0
5	郑明	云华空调（变频）	1.5P	一级	¥4,500.0	¥3,250.0	¥750.0
6	李亚军	云华空调（变频）	2P	一级	¥6,500.0	¥5,300.0	¥720.0
7	赖文峰	云华空调（变频）	2P	二级	¥5,500.0	¥4,200.0	¥780.0
8	韩雨芹	云华空调（变频）	2P	一级	¥3,600.0	¥3,100.0	¥300.0
9	吕苗苗	云华空调（变频）	大2P	三级	¥7,000.0	¥6,100.0	¥540.0
10	吕苗苗	云华空调（变频）	大2P	一级	¥5,400.0	¥4,800.0	¥360.0
11	钱瑞麟	云华空调（变频）	3P	一级	¥8,520.0	¥6,520.0	¥1,200.0
12	陆伟东	云华空调（变频）	3P	一级	¥6,800.0	¥5,600.0	¥720.0
13		云华空调（变频） 汇总			¥58,720.0		
14	杜利军	云华空调（定频）	大1P	一级	¥3,050.0	¥2,540.0	¥306.0
15	陈鸣明	云华空调（定频）	1.5P	三级	¥3,000.0	¥2,000.0	¥600.0
16	王思雨	云华空调（定频）	2P	二级	¥3,800.0	¥3,000.0	¥480.0
17	赖文峰	云华空调（定频）	3P	一级	¥5,200.0	¥4,680.0	¥312.0
18	孙靓靓	云华空调（定频）	3P	二级	¥3,200.0	¥2,960.0	¥144.0
19		云华空调（定频） 汇总			¥18,250.0		
20		总计			¥76,970.0		

图4-4-19 分类汇总结果

小提示

分类汇总实际上就是分类加汇总，其操作过程是首先通过排序功能对数据进行分类排序，然后按照分类进行汇总。如果没有进行排序，汇总的结果就没有意义。所以，在分类汇总之前，必须先对数据进行排序，再进行汇总操作，且排序的条件涉及的字段最好是需要分类汇总的相关字段，这样汇总的结果才会更加清晰。

（4）在分类汇总数据表格的左上角单击 - 按钮，隐藏汇总的部分数据，如图4–4–20所示。

小提示

对数据进行分类汇总后，单击分类汇总数据表格左侧的“展开”按钮 +，可显示对应栏中的单个分类汇总的明细行；单击“收缩”按钮 -，可以将对应栏中单个分类汇总的明细行隐藏。

（5）在分类汇总数据表格的左上角单击 1 按钮，隐藏汇总的全部数据，只显示总计的汇总数据，如图4–4–21所示。

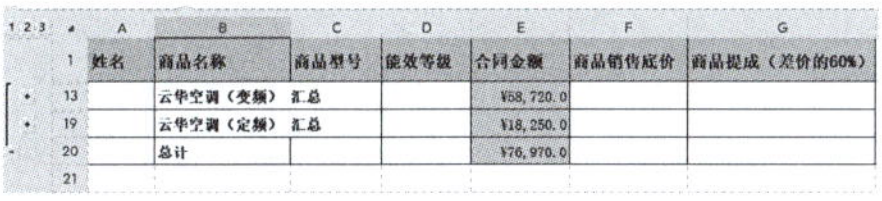

	A	B	C	D	E	F	G
1	姓名	商品名称	商品型号	能效等级	合同金额	商品销售底价	商品提成（差价的60%）
13		云华空调（变频） 汇总			¥58,720.0		
19		云华空调（定频） 汇总			¥18,250.0		
20		总计			¥76,970.0		
21							

图4-4-20　隐藏汇总的部分数据

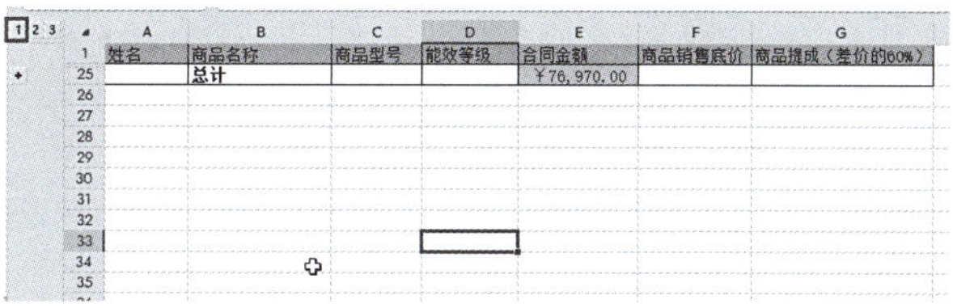

	A	B	C	D	E	F	G
1	姓名	商品名称	商品型号	能效等级	合同金额	商品销售底价	商品提成（差价的60%）
25		总计			¥76,970.00		

图4-4-21　隐藏汇总的全部数据

小提示

并不是所有数据表都能够进行分类汇总，只有数据表中具有可以分类的序列，才能进行分类汇总。另外，打开已经进行了分类汇总的工作表，在表中选择任意单元格，然后在“数据”选项卡中单击“分类汇总”按钮，打开“分类汇总”对话框，单击 全部删除(R) 按钮可删除已创建的分类汇总。

项目小结

本项目集中于介绍WPS表格软件的使用方法，首先介绍了表格的创建和数据的快速输入规范；然后深入挖掘了WPS表格的计算功能，介绍了常见的数学与逻辑函数，如SUM、AVERAGE、RANK等，最后介绍了图表的创建、编辑和美化，高级数据分析技能，包括数据筛选、排序、分组和分类汇总。通过四大任务的实践，学生不仅学会了基本的数据管理技巧，还掌握了数据分析与可视化技能。

课后习题

一、填空题

1. 编辑栏用来显示和编辑当前选择的单元格中的________或________。
2. 工作簿中的基本元素是________。
3. 数据筛选分为：________、________、________。

二、简答题

1. 请列举出两种创建表格的方法。
2. 什么是单列数据排序？

项目五

WPS 演示

项目概述

本项目旨在全面掌握WPS演示软件的应用技巧，从基础操作到高级设置，能够在学术汇报、项目展示、教学培训等多个场景下，高效且富有创意地制作演示文稿。

学习目标

在完成每个目标后，请在相应的方框内打钩，并撰写自我评价，以反映自己在学习过程中的表现。

目标	目标内容	是否完成	自我评价
知识目标	掌握WPS演示软件界面布局与基本功能	□	
	深入理解母版设计与模板应用	□	
	熟悉各类动画和过渡效果的设置方法，理解何时何地应用何种效果以增强信息传递的生动性和逻辑性	□	
能力目标	能够根据内容需求，设计出既有吸引力又符合主题的视觉布局，提升信息的视觉传达效率	□	
	遇到软件操作难题时，能独立探索解决方案，灵活运用WPS演示的各种功能解决实际问题	□	
	在制作演示文稿过程中，能够有效整合资料，清晰、有逻辑地组织内容，使信息传达更为精准	□	

续表

目标	目标内容	是否完成	自我评价
素质目标	在设计演示文稿时，展现出独到的创意和良好的审美，能够不断尝试新方法，提升作品的艺术性和创新性	□	
	激发对新技术、新功能的好奇心和学习欲望，主动跟进软件更新，不断提升个人技能水平	□	
	对待每一个演示项目都保持高度的责任心，注重细节处理，确保最终成果的准确无误与专业呈现	□	
	能够批判性地审视自己的作品，积极接受他人反馈，并据此进行有效改进，持续优化演示效果	□	

思政园地

在日新月异的信息技术领域中，需持续保持学习的热忱与求知的好奇心，不断深究WPS演示的新颖功能及行业发展趋势，将终身学习的理念贯彻于日常工作与生活之中。面对技术的不断迭代更新，应不断提升自我，积极适应未来发展的需求。

思维导图

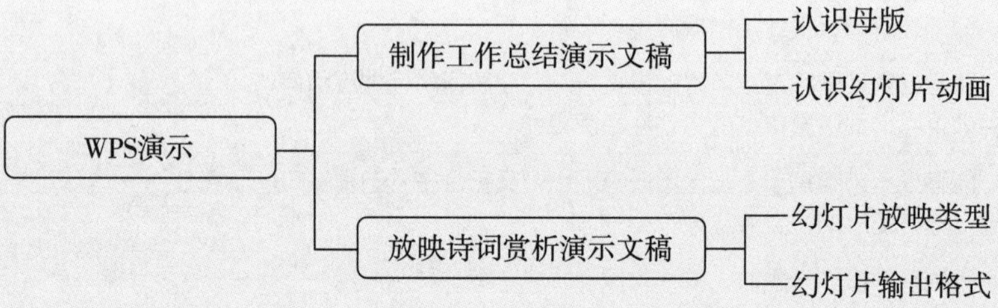

任务一

制作工作总结演示文稿

任务导入

【任务描述】

李琳大学毕业后应聘到一家公司工作，年底，公司要求员工结合自己的工作情况写一份工作总结，并在年终总结会议上演讲。李琳知道用WPS演示来完成这个任务是再合适不过了，但作为WPS演示的新手，李琳希望尽量通过简单的操作制作出演示文稿。如图5-1-1所示为制作完成后的“工作总结”演示文稿，相关要求如下。

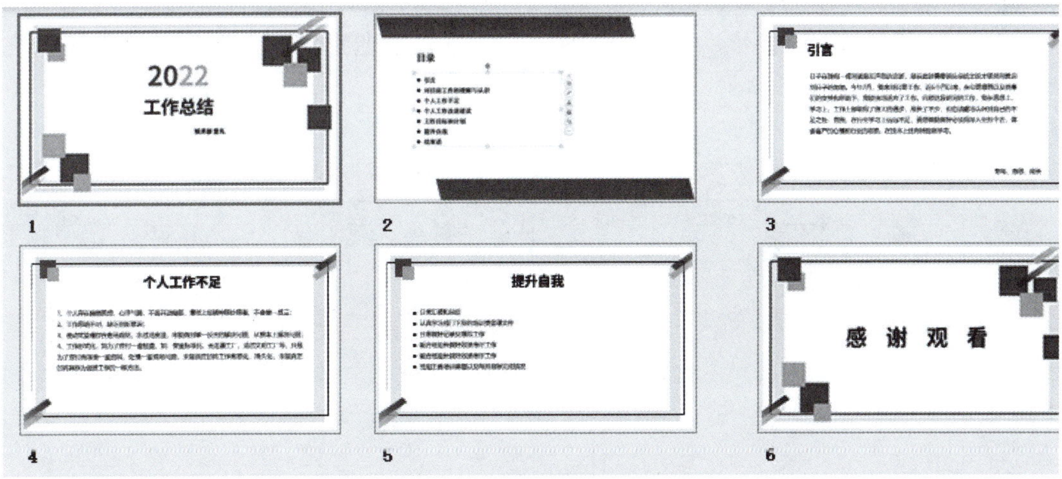

图5-1-1　“工作总结”演示文稿

（1）启动 WPS Office 2024，使用“工作总结”模板新建一个演示文稿，然后以“工作总结.dps”为名并将其保存在桌面上。

（2）在标题幻灯片中输入演示文稿的标题和副标题。

（3）删除第2～13张幻灯片，然后新建一张“自定义版式”的幻灯片，作为演示文稿的目录，再在占位符中输入文本。

（4）新建一张“标题和内容”版式的幻灯片，在占位符中输入文本，添加一个横排文本框，在文本框中输入文本。

（5）复制3张与第2张幻灯片内容相同的幻灯片，然后分别在其中输入相应内容。

（6）调整第4张幻灯片的位置至第5张幻灯片后面。

（7）在第4张幻灯片中移动文本的位置。

（8）在第4张幻灯片中复制文本，再修改复制后的文本。

（9）在第6张幻灯片中删除副标题文本。

【任务思考】

1．学生分组讨论，并回答如下问题。

（1）如何调整幻灯片之间的顺序？

____

____

（2）在制作演示文稿时，如何考虑幻灯片的整体布局和设计，以提高视觉效果和可读性？

____

____

2．按照实际操作过程，将操作内容及实施过程中遇到的问题或解决方法记录在表5-1-1中。

表 5-1-1　任务实施过程记录表

序号	操作内容	遇到的问题	解决方法
1			
2			
3			
4			
…			

知识积累

一、认识母版

母版是演示文稿中特有的概念，使用母版，可以快速使设置的内容在多张幻灯片、讲义和备注中生效。WPS演示有3种母版：幻灯片母版、讲义母版和备注母版。其作用分别如下。

1．幻灯片母版

幻灯片母版用于存储关于模板信息的设计模板，这些模板信息包括字形、占位符大小和位置、背景设计和配色方案等，只要在母版中更改了样式，对应幻灯片中相应的样式会随之改变。

2．讲义母版

讲义是指为方便用户演示文稿使用的纸稿，纸稿中显示了每张幻灯片的大致内容、要点等。制作讲义母版就是设置该内容在纸稿中的显示方式，制作讲义母版主要包括设置每页纸张上显示的幻灯片数量、排列方式以及页眉和页脚的信息等。

3．备注母版

备注是指用户在幻灯片下方输入的内容，可根据需要将这些内容打印出来。备注母版的设置是指为将这些备注信息打印在纸张上，而对备注进行的相关设置。

二、认识幻灯片动画

演示文稿之所以能够成为演示、演讲领域的主流，幻灯片动画起了非常重要的作用。WPS演示的幻灯片动画有两种类型，即幻灯片切换动画和幻灯片对象动画。动画效果一般在幻灯片放映时才能看到并生效。

幻灯片切换动画是指放映演示文稿时幻灯片进入、离开屏幕时的动画效果；幻灯片对象动画是指为幻灯片中添加的各对象设置的动画效果，多种对象动画组合在一起可形成复杂而自然的动画效果。WPS演示的幻灯片切换动画种类较简单，而幻灯片对象动画种类相对较复杂，幻灯片对象动画主要有以下4种。

1．进入动画

进入动画指对象从幻灯片显示范围之外，进入幻灯片内部的动画效果，如对象从左上角“飞入”幻灯片中指定的位置，对象在指定位置以翻转效果由远及近地显示出来等。

2．强调动画

强调动画是指对象本身已显示在幻灯片中，然后以指定的动画效果突出显示，从而起到强调作用，如将已存在的图片放大显示或旋转等。

3．退出动画

退出动画是指对象本身已显示在幻灯片中，然后以指定的动画效果离开幻灯片，如对象从显示位置左侧“飞出”幻灯片，对象从显示位置以弹跳方式离开幻灯片等。

4．路径动画

路径动画是指对象按用户自己绘制的或系统预设的路径移动的动画，如对象按圆形路径移动等。

任务工单

展示任务实施的成果，并完成如表5-1-2所示的任务评价表。

表 5-1-2　任务评价表

评价项目	评价内容	分值	评价分值		
			自评	互评	师评
职业素养考核项目	考勤、仪容仪表	5			
	小组协作与沟通技巧	10			
	学习积极性	5			
	创新意识、纪律意识	10			
专业能力考核项目	积极参与教学活动并正确理解任务要求	10			
	认真搜集并积极讨论相关资料	20			
	熟悉WPS演示的基础操作	20			
	“工作总结”演示文稿的完成度	20			
合计：综合分数_______		100			
综合评价：					
备注：					

任务实施

任务实施

一、新建并保存演示文稿

下面新建一个模板为“工作总结”的演示文稿，然后以“工作总结.dps”为名将其保存在计算机桌面上，具体操作如下。

（1）启动 WPS Office 2024，选择“新建”→“演示”命令，在打开的界面的搜索栏中输入“工作总结免费”文本，然后按“Enter”键，如图5-1-2所示。

（2）在打开的搜索界面中会自动显示相关的“工作总结”模板，这里选择如图5-1-3所示的选项，单击 免费下载 按钮，软件将自动从互联网上下载该模板，并通过该模板创建一个名称为“演示文稿1”的演示文稿。

（3）在快速访问工具栏中单击“保存”按钮，打开“另存为”窗口，在“位置”下拉列表中将演示文稿的保存位置设置为“此电脑”→“桌面”，在“文件名”文本框中输入“工作总结”文本，在“文件类型”下拉列表中选择“WPS演示文件（*.dps）”选项，单击 保存(S) 按钮。

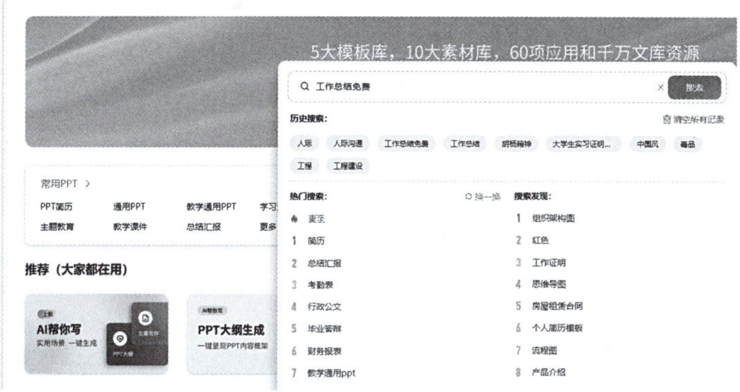

图5-1-2　搜索模板

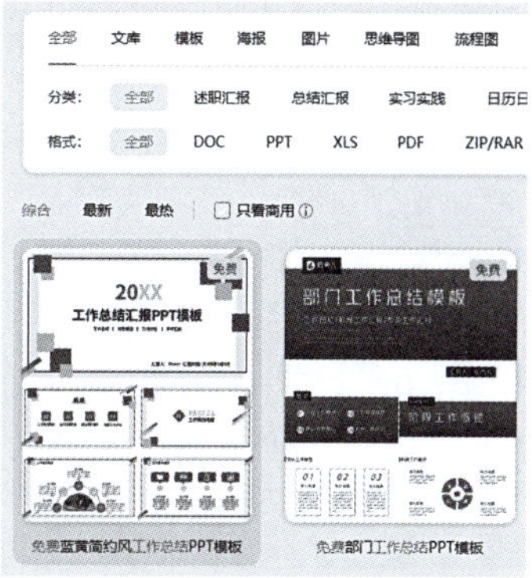

图5-1-3　选择模板

二、新建幻灯片并输入文本

下面制作前两张幻灯片，具体操作如下。

（1）新建的演示文稿有14张标题幻灯片，选择第1张幻灯片后，选择标题占位符中的文本内容，输入“工作总结”文本，然后按“Ctrl+E”组合键，使文本居中对齐，如图5-1-4所示。

（2）按照相同的操作方法，在第1张幻灯片的副标题占位符中输入“技术部 曾凡”文本，然后通过键盘中的空格键使文本居中对齐。

（3）在按住“Shift”键的同时，选择第2～13张幻灯片，按“Delete”键将所选幻灯片删除，效果如图5-1-5所示。

（4）在幻灯片浏览窗格中选择标题幻灯片，在“开始”选项卡中单击“新建幻灯片”按钮下方的下拉按钮，在打开的下拉列表中选择“新建单页幻灯片”→“版式”中的“自定义版式”选项，新建一张“自定义版式”的幻灯片，如图5-1-6所示。

（5）在各占位符中输入如图5-1-7所示的文本，同时在“开始”选项卡下选择“项目符号”，在“预设项目符号”下选择第二种样式，添加项目符号。按“Enter”键对文本进行分段，然后在“插入”选项卡中单击“插入形状”，插入菱形图形到幻灯片的上下两处进行装饰，完成第2张幻灯片的制作。

图5-1-4　制作标题幻灯片

图5-1-5　删除幻灯片

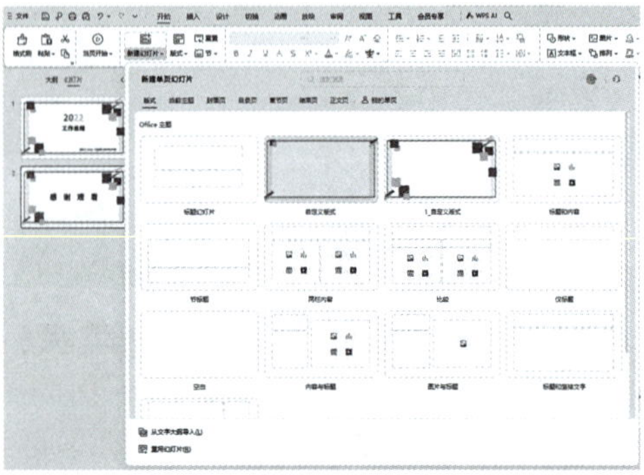

图5-1-6　新建“自定义版式”的幻灯片

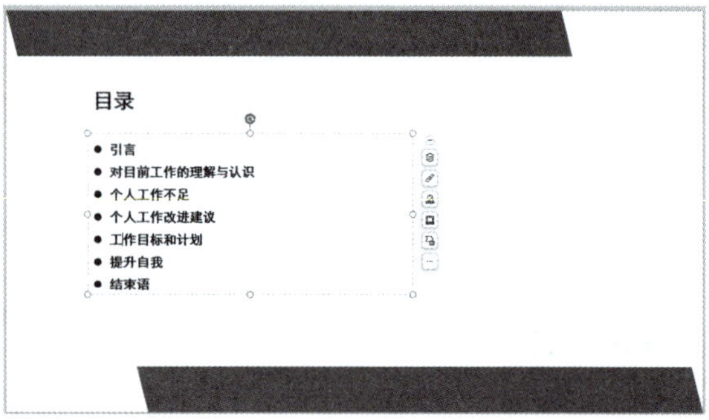

图5-1-7　输入幻灯片正文文本

三、文本框的使用

下面制作第3张幻灯片，具体操作如下。

（1）在幻灯片浏览窗格中选择第2张幻灯片，新建一张“标题和内容”版式的幻灯片。

（2）在标题占位符中输入“引言”，将鼠标指针移动到文本占位符中，按“BackSpace”键，删除文本插入点前的项目符号，并输入如图5-1-8所示的正文文本。

（3）选择“插入”选项卡并单击“文本框”按钮，将鼠标指针移至幻灯片编辑区中，此时鼠标指针呈“+”，在幻灯片右下角插入文本框，并输入文本“帮助、感恩、成长”，设置字体为“微软雅黑”，字号为“18”，效果如图5-1-9所示。

（4）选择第2张幻灯片，在“开始”选

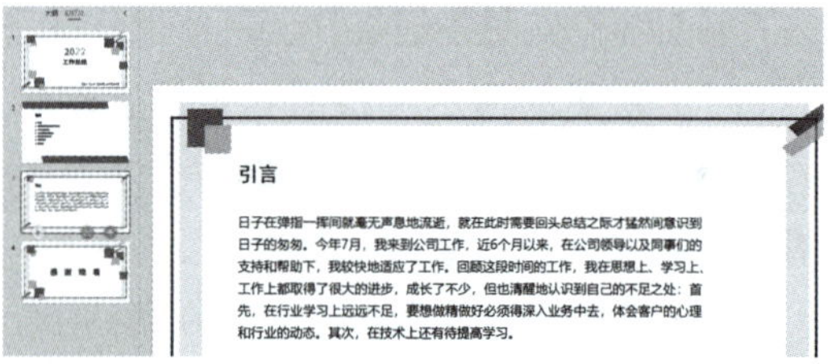

图5-1-8　输入文本内容

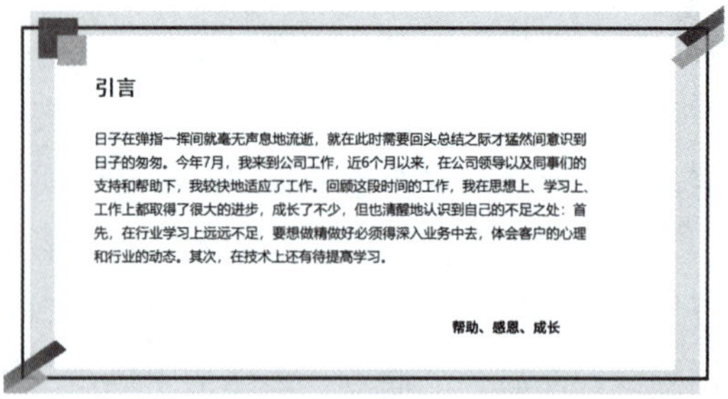

图5-1-9　插入文本框并输入文本后的效果

项卡中单击“版式”按钮，在打开的下拉列表中选择Office主题中的第1排第2列种版式，如图5-1-10所示。

（5）稍后，幻灯片将自动应用新选择的版式。按照相同的操作方法，为第3张幻灯片应用如图5-1-11所示的版式。

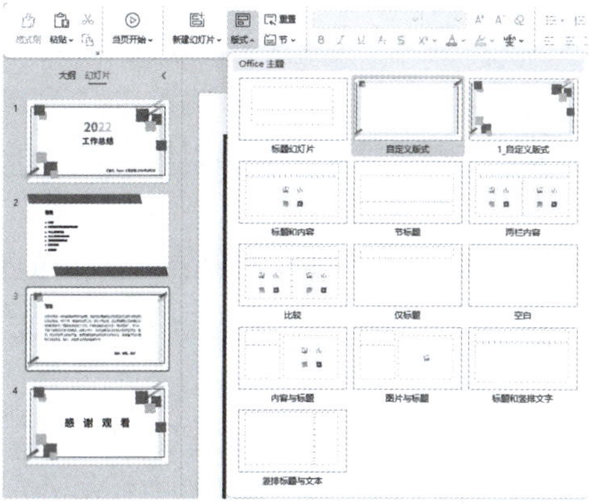

图5-1-10 为第2张幻灯片应用新版式

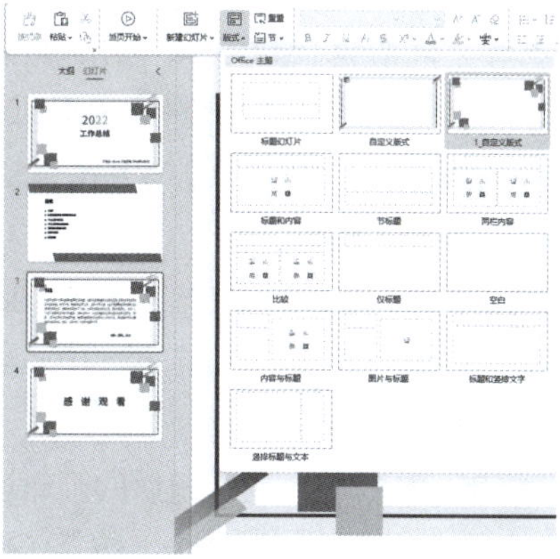

图5-1-11 为第3张幻灯片应用版式

四、复制并移动幻灯片

下面制作第4～6张幻灯片，具体操作如下。

（1）在幻灯片浏览窗格中选择第3张幻灯片，按“Ctrl+C”组合键，将鼠标指针移动到第3张幻灯片之后，按“Ctrl+V”组合键，复制一张幻灯片，其内容与第2张幻灯片完全相同，如图5-1-12所示。

（2）按照相同的操作方法，继续在第4张幻灯片之后复制2张与第2张幻灯片完全相同的幻灯片。

（3）分别在复制的3张幻灯片的标题占位符和文本占位符中输入相应的内容。

（4）选择第4张幻灯片，将其拖动到第5张幻灯片后释放鼠标左键，此时第4张幻灯片将移动到第5张幻灯片后，如图5-1-13所示。

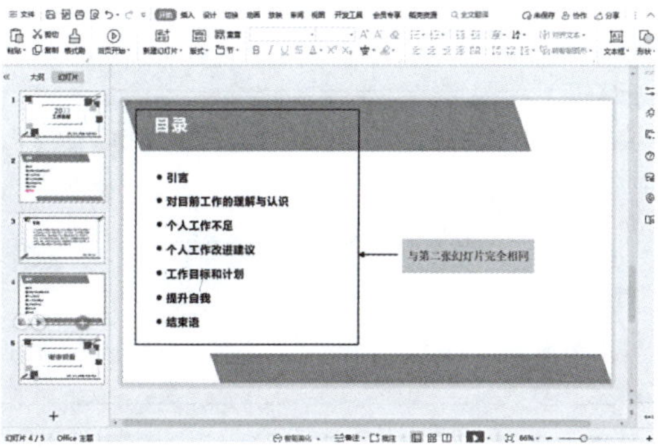

图5-1-12 复制幻灯片

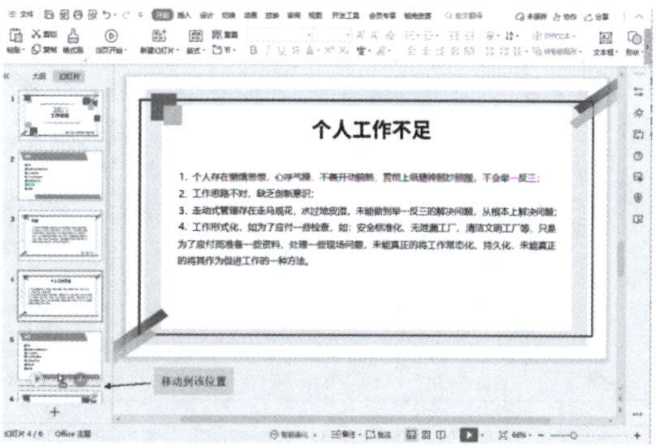

图5-1-13 移动幻灯片

五、编辑文本

下面编辑第4张和第6张幻灯片，首先在第4张幻灯片中移动文本，复制文本并修改其内容；然后在第6张幻灯片中删除标题文本，具体操作如下。

（1）选择第4张幻灯片，在右侧幻灯片编辑区中拖动鼠标选择第1段和第2段文本，按住鼠标左键，此时鼠标指针变为↖，拖动鼠标到第4段文本前，如图5-1-14所示。将选择的第1段和第2段文本移动到第4段文本前。

（2）选择第4段文本，按“Ctrl+C”组合键或在选择的文本上单击鼠标右键，在弹出的快捷菜单中选择“复制”命令。

（3）在第5段文本前单击，按“Ctrl+V”组合键或单击鼠标右键，在弹出的快捷菜单中选择“粘贴”命令，将选择的第4段文本复制到第5段前，成为新的第5段文本，如图5-1-15所示。

（4）将鼠标指针移动到复制后的第5段文本的“中”字后，输入“找到工作的乐趣”文本，然后选择“实现人生价值”文本，按“Delete”键删除该文本，最终效果如图5-1-16所示。

（5）选择第6张幻灯片，在幻灯片编辑区中选择插入文本框中的文本“Thank You”，如图5-1-17所示，按“Delete”键或“BackSpace”键将其删除，完成制作。

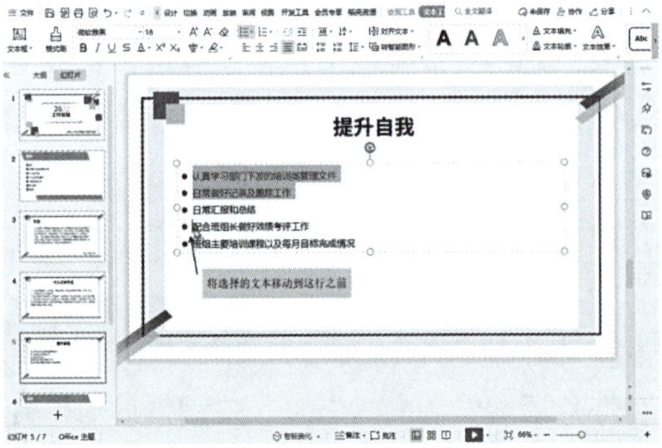

图5-1-14 移动文本

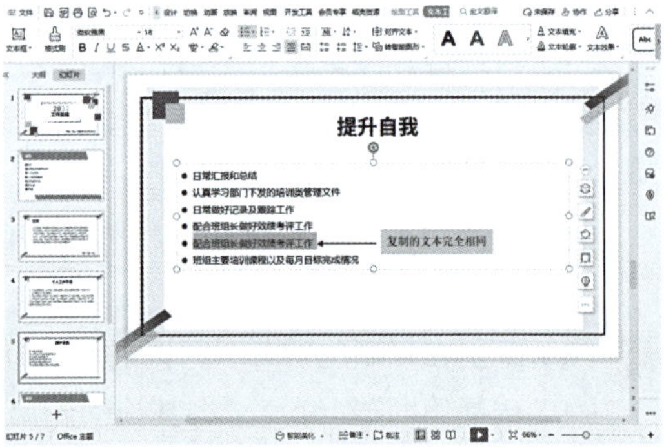

图5-1-15 复制文本

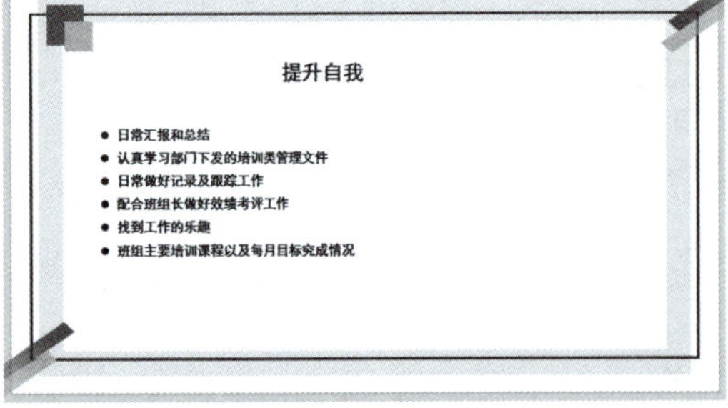

图5-1-16 输入并删除文本

图5-1-17 删除副标题文本

小提示

在版式为“标题和内容”的幻灯片中，删除标题占位符中的文本后，标题占位符中将显示“单击此处添加标题”文本，此时可不理会，在放映时不会显示其中的内容。用户也可选择该占位符，按“Delete”键将其删除。

任务二

放映诗词赏析演示文稿

任务导入

【任务描述】

林莉莉是一名刚参加工作的语文老师，准备对一些重点诗词进行赏析讲解，课件内容已经制作完毕，只需在计算机上放映预演，以免出现意外情况。如图5-2-1所示为创建好超链接，并准备放映的“课件”演示文稿，相关要求如下。

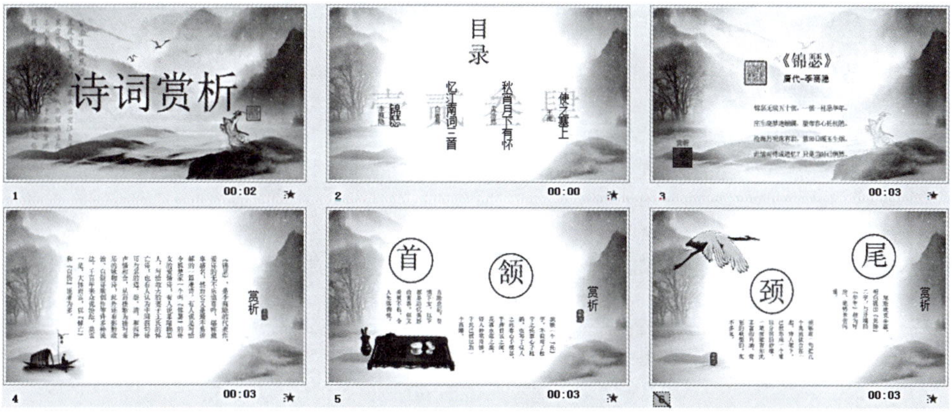

图5-2-1　“课件”演示文稿效果

（1）根据第2张幻灯片各项文本的内容创建超链接，并链接到对应的幻灯片中。

（2）在第3张幻灯片右下角插入一个动作按钮，并链接到第4张幻灯片中；在动作按钮上方插入艺术字“赏析”。

（3）放映制作好的演示文稿，并使用超链接快速定位到“锦瑟”所在的幻灯片，然后继续放映幻灯片，依次查看各幻灯片和对象。

（4）在最后一页使用黄色的“荧光笔”标记“要求：”下的文本，最后退出幻灯片放映视图。

（5）隐藏最后一张幻灯片，然后进入幻灯片放映视图，查看隐藏幻灯片后的效果。

（6）对演示文稿中的各动画进行排练，然后自定义演示设置。

（7）将课件打印出来，要求只打印第5～8张幻灯片，并且需要在幻灯片四周加框。

（8）将设置好的课件打包到文件夹中，并命名为“课件”。

【任务思考】

1．学生分组，并针对本次活动展开深入的讨论。

（1）如何在幻灯片中制作超链接？

____

____

（2）如何对幻灯片进行放映、隐藏、打印、打包？

____

____

2．按照实际操作过程，将操作内容及实施过程中遇到的问题或解决方法记录在表5–2–1中。

表5–2–1　任务实施过程记录表

序号	操作内容	遇到的问题	解决方法
1			
2			
3			
4			
…			

知识积累

一、幻灯片放映类型

制作演示文稿的最终目的是放映，在WPS演示中，用户可以根据实际的演示场合选择不同的幻灯片放映类型。设置幻灯片放映类型的方法为：在“放映”选项卡中单击“放映设置”按钮，打开“设置放映方式”对话框，在“放映类型”栏中选中需要的放映类型单选项，如图5-2-2所示，设置完成后单击确定按钮。WPS演示提供了两种放映类型，各放映类型的作用和特点如下。

1. 演讲者放映（全屏幕）

演讲者放映（全屏幕）是默认的放映类型，此类型将以全屏幕的方式放映演示文稿。在放映演示文稿的过程中，演讲者具有完全的控制权，演讲者可手动切换幻灯片和动画效果，也可以暂停放映演示文稿、添加细节等，还可以在放映过程中录下旁白。

2. 展台自动循环放映（全屏幕）

这是一种比较简单的放映类型，不需要人为控制，系统将自动全屏幕循环放映演示文稿。使用这种放映类型时，不能通过单击切换幻灯片，但可以单击幻灯片中的超链接和动作按钮来进行切换，按“Esc”键可结束放映。

二、幻灯片输出格式

在WPS演示中除了可以将制作的文件保存为演示文稿外，还可以将其输出为其他格式。设置幻灯片输出格式的方法为：选择“文件”→“另存为”→“其他格式”命令，打开“另存为”窗口，选择文件的保存位置，在“文件类型”下拉列表中选择需要输出的格式，如图5-2-3所示，单击保存(S)按钮即可。下面讲解3种常见的输出格式。

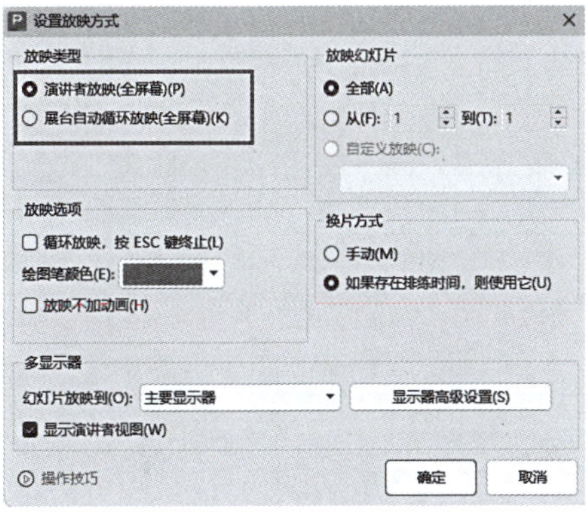

图5-2-2　“设置放映方式”对话框

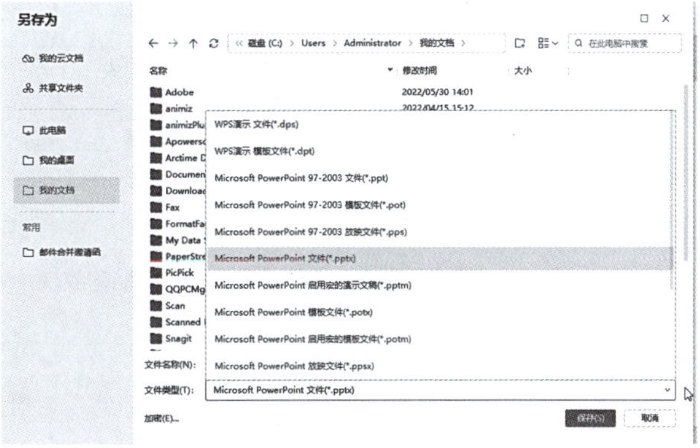

图5-2-3　可供选择的文件类型

1．图片

选择“JPEG文件交换格式（*.jpg）”“PNG可移植网络图形格式（*.png）”或“TIFF Tag图像文件格式（*.tif）”选项，单击保存(S)按钮，根据提示进行操作，可将当前演示文稿中的幻灯片保存为对应格式的图片。如果要在其他软件中使用，还可以将这些图片插入对应的软件。

2．自动放映的演示文稿

选择“Microsoft PowerPoint放映文件（*.ppsx）”选项，可将演示文稿保存为自动放映的演示文稿，以后双击该演示文稿将不再打开WPS演示的工作界面，而是直接启动放映模式，开始放映幻灯片。

3．PDF文件

选择“PDF文件格式（*.pdf）”选项，可将演示文稿保存为PDF文件，生成的PDF文件是以图片格式呈现的，幻灯片中的文字、图形、图片以及插入幻灯片的文本框等内容均显示为图片。

任务工单

展示任务实施的成果，并完成如表5-2-2所示的任务评价表。

表 5-2-2　任务评价表

评价项目	评价内容	分值	评价分值		
			自评	互评	师评
职业素养考核项目	考勤、仪容仪表	10			
	团队交流与合作意识	10			
	创新意识、纪律意识	10			
专业能力考核项目	积极参与教学活动并正确理解任务要求	10			
	认真搜集并积极讨论相关资料	10			
	任务实施过程记录表的完成度	10			
	对幻灯片演示的完成度	20			
	WPS演示文稿操作熟练度（包括文档的放映、隐藏、打印等）	20			
合计：综合分数_______		100			
综合评价：					
备注：					

任务实施

任务实施

一、创建超链接与动作按钮

在浏览网页的过程中，有时单击某段文本或某张图片，会自动弹出另一个相关的网页，通常这些被单击的对象称为超链接。在WPS演示中，也可为幻灯片中的图片和文本创建超链接。下面为演示文稿中第2张幻灯片的各项文本创建超链接，然后插入一个动作按钮，并链接到第3张幻灯片，最后在动作按钮下方插入艺术字“赏析”，具体操作如下。

（1）打开“课件. pptx”演示文稿，选择第2张幻灯片，选择“锦瑟”，在“插入”选项卡中单击“超链接”按钮。

（2）打开“插入超链接”对话框，单击“链接到”中的“本文档中的位置”按钮，在“请选择文档中的位置”列表框中选择要链接到的第3张幻灯片，单击按钮，如图5-2-4所示。

（3）返回幻灯片编辑区，可看到设置了超链接的文本颜色已发生变化，并且文本下方有一条蓝色的线。

（4）在“插入”选项卡中单击“形状”按钮，在打开的下拉列表中选择“动作按钮”栏的第5个选项“动作按钮：第一张”，如图5-2-5所示。

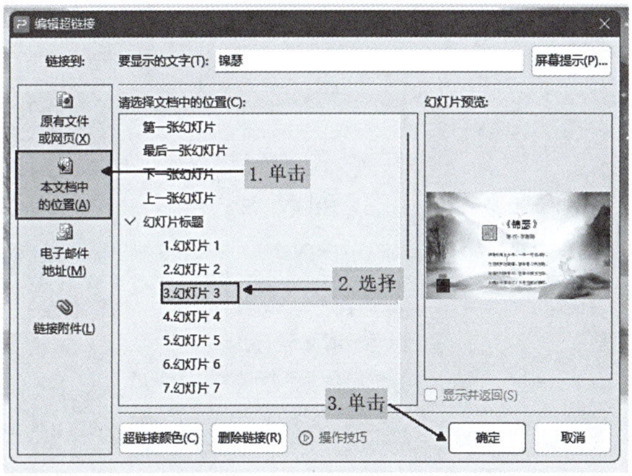

图5-2-4　设置超链接

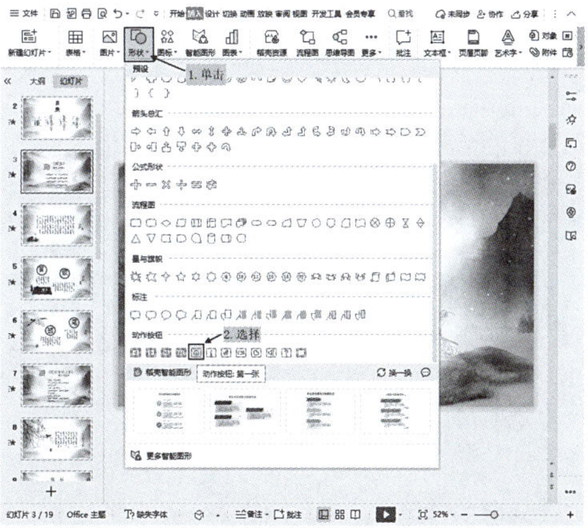

图5-2-5　选择动作按钮“动作按钮：第一张”

（5）此时鼠标指针变为“+”，在幻灯片右下角空白处拖动鼠标，绘制一个动作按钮。

（6）绘制动作按钮后，会自动打开“动作设置”对话框，选中“超链接到”单选按钮，在其下方的下拉列表中选择“4.幻灯片4”选项，如图5-2-6所示。

（7）打开“超链接到幻灯片”对话框，选择第2张幻灯片，单击按钮，如图5-2-7所示，依次对超链接进行设置，使超链接生效。

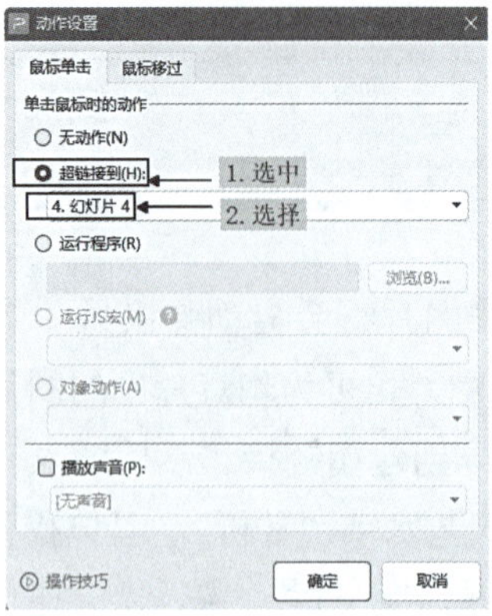

图5-2-6 “动作设置”对话框

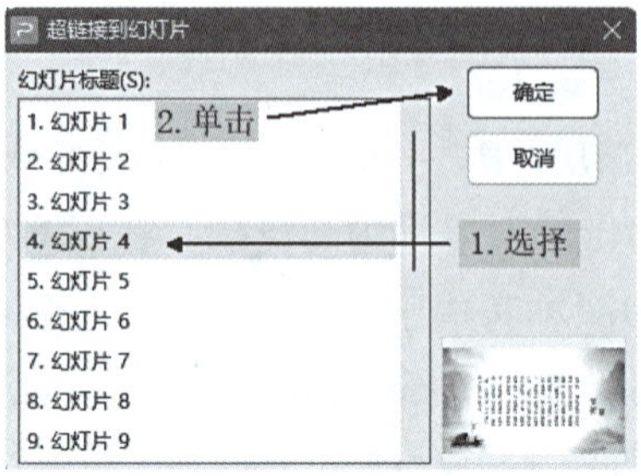

图5-2-7 选择超链接到的目标

（8）选择绘制的动作按钮，在“绘图工具”选项卡中的样式列表框中选择“填充—培安紫，文本2，深色25%”选项。

（9）在“插入”选项卡中单击“艺术字”按钮，在打开的下拉列表中选择第1排的第3个样式，如图5-2-8所示。

（10）在艺术字占位符中输入文本“赏析”，设置字号为“24”，然后将设置好的艺术字移动到动作按钮上方，如图5-2-9所示。

进入幻灯片母版，在其中绘制动作按钮，并创建好超链接，该动作按钮将应用到该幻灯片版式对应的所有幻灯片中。

图5-2-8 选择艺术字样式

图5-2-9 输入文本并设置艺术字

二、放映幻灯片

制作演示文稿的最终目的是将制作完成的演示文稿展示给观众欣赏，即放映幻灯片。放映幻灯片的具体操作如下。

（1）在“放映”选项卡中，单击“从头开始”按钮，进入幻灯片放映视图。

（2）从演示文稿的第1张幻灯片开始放映，如图5-2-10所示，单击或利用滚动条依次放映下一个动画或下一张幻灯片，如图5-2-11所示。

图5-2-10　开始放映

图5-2-11　放映动画

（3）播放到第2张幻灯片时，将鼠标指针移动到“锦瑟”文本上，此时鼠标指针变为，单击，如图5-2-12所示。

（4）此时切换到超链接的目标幻灯片，单击或利用滚动条可继续放映幻灯片。在幻灯片上单击鼠标右键，在弹出的快捷菜单中选择“最后一页”命令，如图5-2-13所示。

（5）播放幻灯片中的最后一张幻灯片，单击该幻灯片左下角的“墨迹画笔”按钮，在弹出的菜单中选择“荧光笔”选项，如图5-2-14所示。

（6）此时鼠标指针变为▮，拖动鼠标，标记“要求：”下的文本，播放完最后一张幻灯片后，单击会打开一个黑色页面，提示“放映结束，单击鼠标退出。”，单击即可退出。

（7）由于前面标记了内容，所以会打开“是否保留墨迹注释”的提示框。单击 放弃(D) 按钮，删除绘制的标注，如图5-2-15所示。

图5-2-12　单击超链接

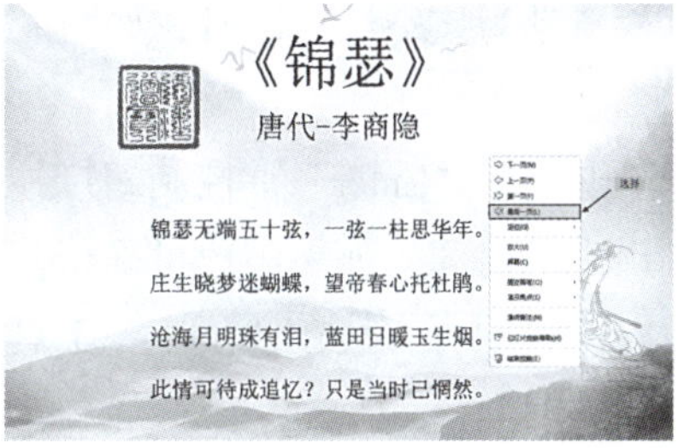

图5-2-13　选择“最后一页”命令

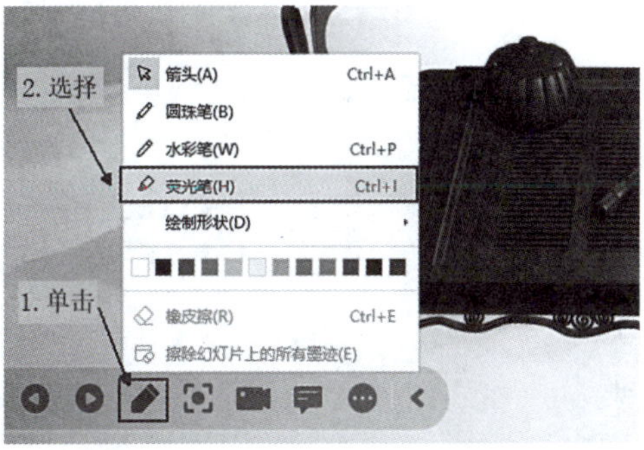

图5-2-14　选择标记使用的笔

图5-2-15　删除绘制的标注

三、隐藏幻灯片

放映幻灯片时，系统将自动按设置的放映方式依次放映每张幻灯片，但在实际放映过程中，可以将暂时不需要放映的幻灯片隐藏起来，等到需要时再显示出来。下面隐藏最后一张幻灯片，然后放映查看隐藏幻灯片后的效果，具体操作如下。

（1）在幻灯片浏览窗格中选择第9张幻灯片，单击“放映”选项卡中的“隐藏幻灯片”按钮，隐藏幻灯片，如图5-2-16所示。

（2）此时，在幻灯片浏览窗格中选择的幻灯片上会出现标记，单击“幻灯片放映”选项卡中的“从头开始”按钮，开始放映幻灯片，此时隐藏的幻灯片将不再被放映。

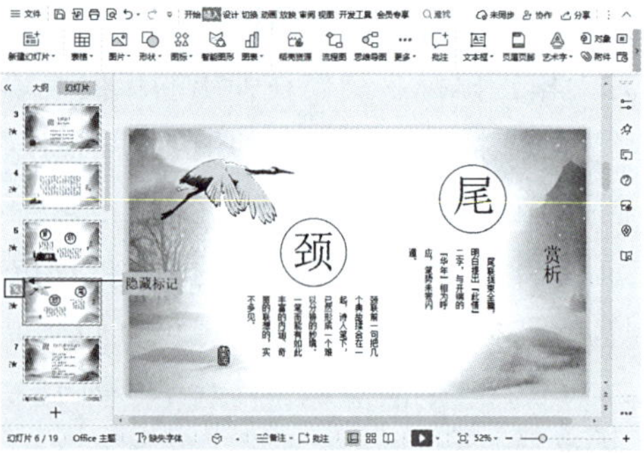

图5-2-16　隐藏幻灯片

四、排练计时

对于某些需要自动放映的演示文稿，用户在设置动画效果后，可以设置排练计时，在放映时可根据排练的时间和顺序进行放映。下面在演示文稿中对各动画进行排练计时，具体操作如下。

（1）在“放映”选项卡中单击“排练计时”按钮，进入放映排练状态，同时会打开“预演”工具栏自动为该幻灯片计时，如图5-2-17所示。

图5-2-17　“预演”工具栏

（2）单击或按“Enter”键控制幻灯片中下一个动画出现的时间，如果用户可确认该幻灯片的播放时间，则可直接在“预演”工具栏的时间框中输入时间值。

（3）一张幻灯片播放完后，单击切换到下一张幻灯片，“预演”工具栏将从头开始为该张幻灯片的放映计时。

（4）放映结束后，会打开提示框，提示排练时间，并询问是否保留新的幻灯片排练时间，单击是(Y)按钮进行保存，如图5-2-18所示。

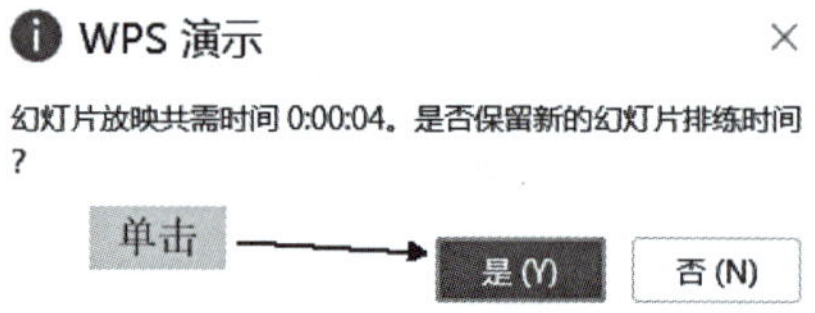

图5-2-18　设置保留新的幻灯片排练时间

（5）打开“幻灯片浏览”视图样式，每张幻灯片的左下角会显示幻灯片的播放时间，如图5-2-19所示为第1张幻灯片在“幻灯片浏览”视图中显示的播放时间。

图5-2-19　显示播放时间

知识链接

如果不想使用排练好的时间自动放映该幻灯片，可在“幻灯片放映”选项卡中单击“设置放映方式”按钮下方的下拉按钮，在打开的下拉列表中选择“手动放映”选项，这样在放映幻灯片时就能手动切换幻灯片。

五、自定义演示

在放映演示文稿时，可能只需要放映演示文稿中的部分幻灯片，此时可通过设置幻灯片的自定义演示来实现。下面自定义演示文稿的放映顺序，具体操作如下。

（1）在“放映”选项卡中单击“自定义放映”按钮，打开“自定义放映”对话框，单击新建(N)...按钮，如图5-2-20所示，新建一个放映项目。

（2）打开“定义自定义放映”对话框，在“在演示文稿中的幻灯片”框中同时选择前5张幻灯片，单击添加(A) >>按钮，将幻灯片添加到“在自定义放映中的幻灯片”框中。

（3）在“在自定义放映中的幻灯片”框中通过“上调”按钮；和“下移”按钮调整幻灯片的放映顺序，调整后的效果如图5-2-21所示。

（4）单击确定按钮返回“自定义放映”对话框，在“自定义放映”框中会显示新建的自定义名称，单击关闭(C)按钮完成设置。

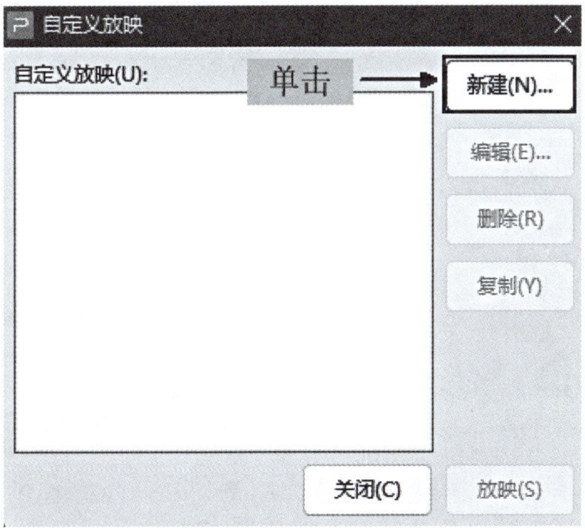

图5-2-20 新建放映项目

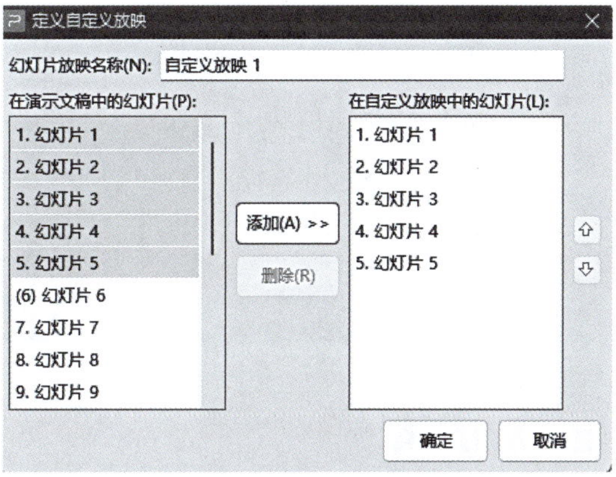

图5-2-21 调整放映顺序

六、打印演示文稿

演示文稿不仅可以现场演示，还可以被打印在纸张上，便于演讲人手执演讲或分发给观众作为演讲提示等。下面将前面制作并设置好的课件打印出来，要求一页纸上显示两张幻灯片，具体操作如下。

（1）选择“文件”→“打印”→“打印”命令，打开“打印”对话框，在“份数”栏中的“打印份数”数值框中输入“2”，即打印两份。

（2）在“打印范围”栏中选中“幻灯片”单选按钮，在其后的文本框中输入要打印的幻灯片编码。

（3）选中对话框右下角的“幻灯片加框”复选框，最后单击按钮，如图5-2-22所示，开始打印指定范围内的幻灯片。

七、打包演示文稿

演示文稿制作好后，有时需要在其他计算机上放映，若想一次性传输演示文稿及其相关的音频、视频文件，可将制作好的演示文稿打包。下面将前面制作好的课件打包到文件夹中，并命名为“课件”，具体操作如下。

（1）选择“文件”→“文件打包”→“将演示文档打包成文件夹”命令，打开“演示文件打包”对话框，在其中设置文件夹名称和位置，单击确定按钮，如图5-2-23所示。

（2）此时会打开提示框，提示文件打包已完成，单击关闭按钮，如图5-2-24所示，完成打包操作。

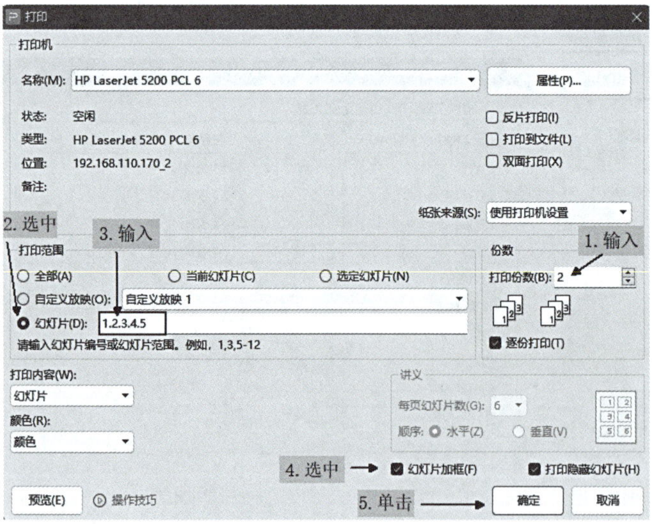

图5-2-22 设置打印参数

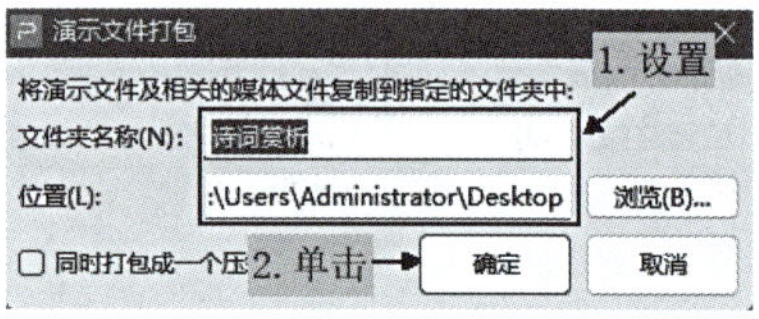

图5-2-23 演示文件打包

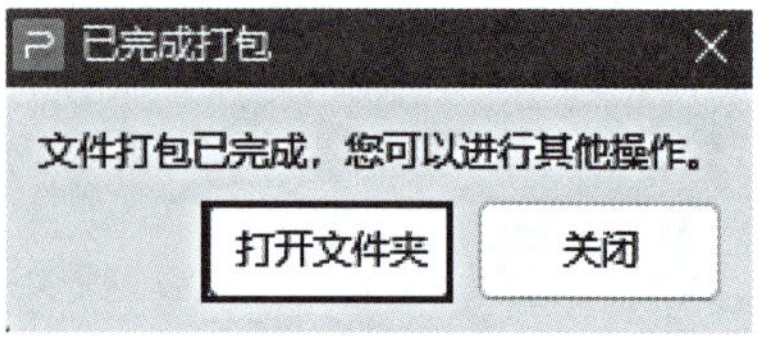

图5-2-24 提示打包已完成并单击按钮

知识链接

WPS演示除了可以将演示文稿打包成文件夹外，还可以将其打包成压缩文件，方法为：在编辑好的演示文稿中选择“文件”→“文件打包”→“将演示文档打包成压缩文件”命令，打开“演示文件打包”对话框，在其中设置好压缩文件名和文件的保存位置，单击 确定 按钮。

项目小结

本项目专注于WPS演示软件的深入学习与实践，详细介绍了WPS演示软件的界面布局、功能模块以及如何从零开始创建演示文稿。同时还介绍了设置幻灯片放映模式以及控制放映进程。不仅强化了基础操作技能，还引入了进阶的设置与放映技巧，旨在提升学生制作高质量演示文稿的能力，为学生在视觉表达与沟通能力上提供了全面的提升。

课后习题

一、填空题

1. WPS演示有3种母版：________、________和________。
2. WPS演示的幻灯片动画有2种类型，即________和________。
3. ________是默认的放映类型，此类型将以全屏幕的方式放映演示文稿。

二、简答题

1. 简要阐述在制作演示文稿时，如何合理选择模板和布局以达到最佳视觉效果和信息传达的目的。
2. 如何确保WPS演示文稿在放映时能够顺利进行？

项目六

信息素养与社会责任

项目概述

本项目旨在培养信息时代下的核心竞争力——信息素养，同时强调作为社会成员所应承担的信息社会责任。通过本项目的学习，不仅能掌握高效的信息检索与评估方法，了解信息技术的发展脉络及其对社会的影响，还能深刻理解信息安全的重要性，并具备初步的信息安全防护能力。

学习目标

在完成每个目标后，请在相应的方框内打钩，并撰写自我评价，以反映自己在学习过程中的表现。

目标	目标内容	是否完成	自我评价
知识目标	明确信息素养的定义、发展过程及构成要素，认识到信息素养在现代社会中的重要性	□	
	概述信息技术从古代到现代的发展历程，理解其对社会结构、经济发展和文化交流的影响	□	
	理解信息安全的基本概念、面临的威胁及防护措施	□	
能力目标	能够运用多种工具快速准确地检索所需信息，并具备判断信息真实性和价值的能力	□	
	熟练掌握如腾讯会议等现代信息技术工具的安装、注册与操作，提升数字化工作与学习效率	□	
	在信息接收与处理过程中，能够独立思考，批判性地评估信息来源与内容，形成自己的见解	□	

续表

目标	目标内容	是否完成	自我评价
素质目标	树立正确的信息社会责任观念，理解个人在网络空间的行为对社会的影响，积极参与构建健康网络环境	□	
	在信息活动中遵循诚信原则，尊重版权，保护个人隐私，维护网络公共秩序，体现良好的信息伦理素养	□	
	在使用信息技术工具进行协作时，增强团队合作意识，有效沟通，提升项目管理与协同工作的能力	□	

思政园地

在信息日益繁盛的时代背景下，每一条信息的筛选与传播都深刻反映了个体的价值取向与社会责任担当。因此，在提升信息处理技能的同时，应进一步增强法治观念、道德自觉与社会责任感，确保信息的运用既符合法律要求，又契合道德规范，从而为营造清朗的网络环境贡献坚实的力量。

思维导图

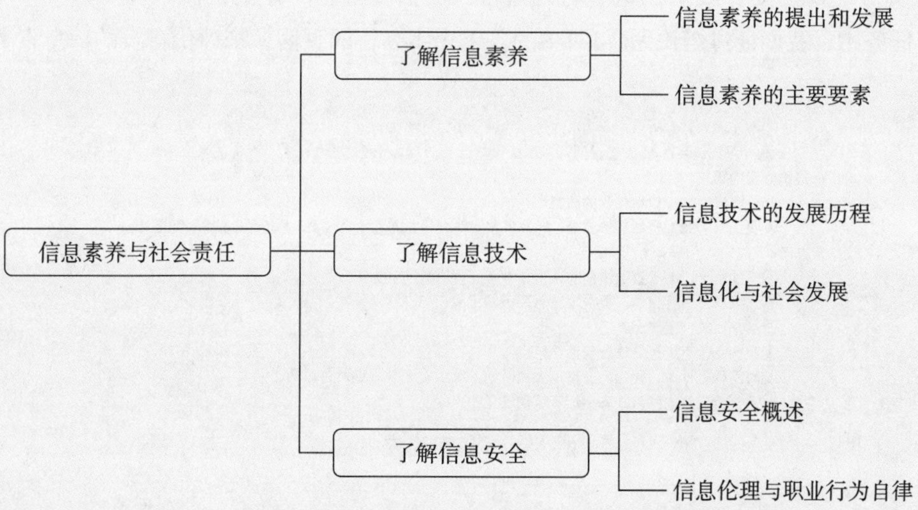

任务一

了解信息素养

任务导入

【任务描述】

当今社会，互联网几乎与所有人的生活息息相关，它为人们带来了及时、丰富和有趣的信息，但同时，它也成为一些虚假消息传播的重要渠道。例如，一些不良媒体为了使自身内容更有说服力，伪造了很多名人名言。这些虚假的名人名言有不少都流传甚广，让不知情的人真假莫辨。要有效辨别这些名人名言，就需要具备一定的信息素养。

在本任务中，我们通过辨识图6–1–1中的鲁迅先生名言的真假，来评价自身的信息素养。

①不是因为努力所以才成功，而是因为成功所以才努力。

②到了一定年龄，必须扔掉四样东西：没意义的酒局，不爱你的人，看不起你的亲戚，虚情假意的朋友！

③待我成尘时，你将见我的微笑！

④我们曾如此渴望命运的波澜，到最后才发现，人生最曼妙的风景，竟是内心的淡定和从容。

⑤真的猛士，敢于直面惨淡的人生，敢于正视淋漓的鲜血。

⑥贪安稳就没有自由，要自由就总要历些危险。只有这两条路。

⑦从来如此，便对么？

⑧我实在没有说过这样一句话。

⑨时间就是性命。无端地空耗别人的时间，其实是无异于谋财害命的。

⑩北京像一片大沙漠，青年们却还向这里跑。

图6–1–1　待辨识的鲁迅先生名言

【任务思考】

1. 学生分组，并针对本次活动展开深入的讨论。

（1）如果想验证一条名人名言的真实性，可以通过哪些可靠的途径进行查询？

（2）公众应如何提高自身的媒介素养，以更好地适应信息时代的挑战？

____

____

2. 按照实际操作过程，将操作内容及实施过程中遇到的问题或解决方法记录在表6-1-1中。

表 6-1-1　任务实施过程记录表

序号	操作内容	遇到的问题	解决方法
1			
2			
3			
4			
…			

知识积累

知识积累

一、信息素养的提出和发展

素养是指一个人在工作学习、待人接物、为人处世等方面展现出的能力和水平。它与能力相伴而生，这是因为素养是为提高自身能力进行学习而得到的，而能力则是素养的具体表现。因此，一个人素养的高低，很大程度上决定了其成功可能性的大小。那么，信息素养又是什么呢？

信息素养（information literacy，IL）的概念脱胎于图书馆素养（library literacy）。在信息社会到来之前，图书馆是人们获取信息的主要来源。由于图书馆中的藏书众多（图6-1-2），读者想要快速获取信息，就必须掌握高效利用图书馆信息资源的方法。为此，图书馆会针对读者定期开展文献检索技能培训和教育，而图书馆素养，就是读者在经过图书馆培训后具备的素养。

图6-1-2　藏书众多的图书馆

随着信息技术的发展，信息化成了社会发展的大趋势，人们不再局限于从图书馆中获取信息，图书馆素养也无法满足时代发展的需要。在此情形下，信息素养就应运而生了。

1974年，美国信息产业协会主席保罗·泽考斯基最早提出了“信息素养”一词，并将其定义为“经培训后能在工作中运用信息的人即认为其具备了信息素养。他们可在掌握信息工具的使用及熟悉主要信息源的基础上，解决实际问题”。

1982年，美国信息学家福斯特·霍顿将信息素养定义为“人们在处理问题和决策过程中，利用计算机对所需信息进行标识、存取的水平”。

1989年，美国图书馆协会下属的信息素养总统委员会在其年度报告中提出了接受度和使用度最广的信息素养定义：“具备信息素养的人是能够敏锐察觉自身信息需求，并进行相应的信息检索、评估及有效利用所需信息的人。”此外，这份年度报告还提出了“信息素养是信息社会中人的生存能力之一”这一重要观点。

1992年，信息学家道伊尔在《信息素养全美论坛的总结报告》中将信息素养定义为“一个人从各种不同的信息源获取、评估及使用信息的能力”。

2003年，联合国教科文组织在捷克共和国首都布拉格召开了国际信息素养专家会议。会议发表了著名的《布拉格宣言》，将信息素养定义为“确定、查找、评估、组织和有效地生产、使用和交流信息来解决问题的能力”。《布拉格宣言》还将信息素养界定为一种“终身学习的基本人权”。

2005年，联合国教科文组织在埃及亚历山大城召开了国际高级信息素养和终身学习研讨会。会议发表了著名的《亚历山大宣言》，宣称“信息素养和终身学习是信息社会的灯塔，照亮了信息社会发展、繁荣和走向自由之路”。

2015年，美国大学与研究图书馆协会理事会发布了《高等教育信息素养框架》，该文件对信息素养的定义为“信息素养是一种综合能力，包括批判性地发现信息，了解信息的产生和评价，以及如何使用信息创造新的知识并合理地参与社区学习”。

不难看出，信息素养的概念并不是一成不变的，伴随着信息社会的发展，其内涵和外延在不断丰富。尽管如今的学术界对信息素养概念的界定尚未形成统一意见，但毫无疑问的是，信息素养涵盖人们获取、理解、评估、利用、交流和创造信息的全过程，涉及日常生活、学习、工作、娱乐的方方面面，是个人终身学习、信息技术发展、学习型社会建设、创新型人才培养的重要基础，信息素养教育也会在今后的素质教育中扮演越来越重要的角色。

二、信息素养的主要要素

作为人们适应信息社会生活的必备素养，信息素养主要包括信息意识、信息知识、信息能力和信息伦理四大主要要素。

1．信息意识

信息意识是信息素养的前提，它是指个体对信息的敏感度和对信息价值的判断力。一个具备信息意识的人，能够根据解决问题的需要，自觉、主动地寻求恰当的方式获取与处理信息；能够敏锐感觉到信息的变化，分析数据中所承载的信息，采用有效策略对信息来源的可靠性、内容的准确性、指向的目的性做出合理判断，对信息可能产生的影响进行预期分析，为解决问题提供参考；在合作解决问题的过程中，愿意与团队成员共享信息，实现信息的更大价值。

2. 信息知识

信息知识是信息素养的基础，包括信息的特点与类型、信息交流和传播的基本规律与方式、信息的功用及效应、信息检索等方面的知识。信息知识不仅能改变一个人的知识体系和认知结构，还能升华和优化其原先学到的专业知识，使这些知识发挥出更大的作用。

3. 信息能力

信息能力是信息素养的保证，也是信息素养最重要的要素。在信息社会中，几乎做任何事都需要信息能力。一般来说，核心的信息能力包括信息发现能力、信息检索能力、信息组织能力、信息分析能力和信息评价能力，体现在对信息的获取、理解、评估、利用、交流和创造等过程中。一个具备信息能力的人，能根据自身的信息意识和信息知识，熟练地应用各种信息技术工具（如搜索引擎），在海量信息中迅速获取自己所需的信息，并可利用现有信息创造出新信息。

4. 信息伦理

信息伦理是信息素养的准则，它是指人们在从事信息活动时需要遵守的信息道德准则和需要承担的信息社会责任。信息伦理要求人们具有一定的信息意识、知识与能力，遵守信息相关的法律法规，信守信息社会的道德与伦理准则，在现实空间和虚拟空间中遵守公共规范，既能有效维护信息活动中个人的合法权益，又能积极维护他人的合法权益和公共信息安全。

在信息素养的四大主要要素中，信息意识和信息知识是一个人具备信息能力和遵守信息伦理的前提与基础，信息能力是信息意识和信息知识的具体体现，也是衡量一个人信息素养高低的重要标准，而信息伦理则是保障信息安全的重要依据。

任务工单

展示任务实施的成果，并完成如表6–1–2所示的任务评价表。

表 6–1–2　任务评价表

评价项目	评价内容	分值	评价分值		
			自评	互评	师评
职业素养考核项目	考勤、仪容仪表	10			
	团队交流与合作意识	10			
	创新意识、纪律意识	10			

续表

评价项目	评价内容	分值	评价分值		
			自评	互评	师评
专业能力考核项目	积极参与教学活动并正确理解任务要求	10			
	认真搜集并积极讨论相关资料	10			
	任务实施过程记录表的完成度	10			
	鲁迅先生名言的辨识完成度	20			
	对信息素养相关知识（如基本概念、发展历程、主要要素等）的认知水平	20			
合计：综合分数_______		100			
综合评价：					
备注：					

任务实施

一、信息检索

步骤1：打开Microsoft Edge浏览器，访问北京鲁迅博物馆（北京新文化运动纪念馆）资料查询在线检索系统（http://www.luxunmuseum.com.cn/cx/），其首页如图6-1-3所示。

图6-1-3 北京鲁迅博物馆（北京新文化运动纪念馆）资料查询在线检索系统首页

小提示

北京鲁迅博物馆（北京新文化运动纪念馆）资料查询在线检索系统上线于2019年5月，该系统可检索的内容包括鲁迅先生的著作、书信、日记、笔名等。

步骤2：将图6-1-3中的第1句输入搜索框中并按“Enter”键，其检索结果如图6-1-4所示。可以看出，第1句并不是鲁迅先生的名言。

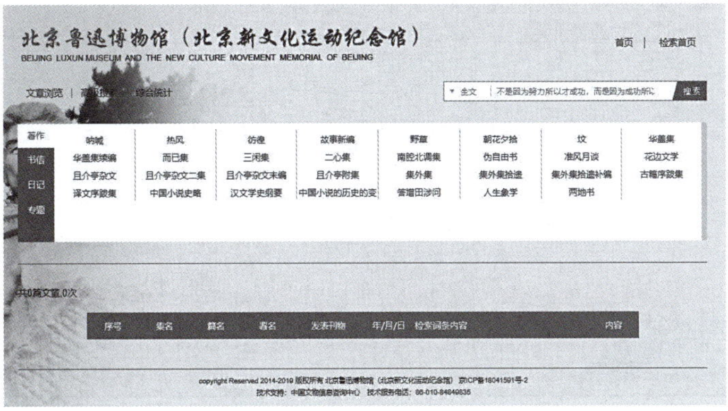

图6-1-4　第1句的检索结果

二、名言的鉴别

步骤1：继续检索图6-1-1中的其他句子是否为鲁迅先生的名言，若某个句子是鲁迅先生的名言，检索结果将显示其集名、篇名、署名、发表刊物等信息。例如，第3句是鲁迅先生的名言，其检索结果如图6-1-5所示。

步骤2：继续对图6-1-1中的其他名言进行辨识，最终辨识结果如图6-1-6所示。

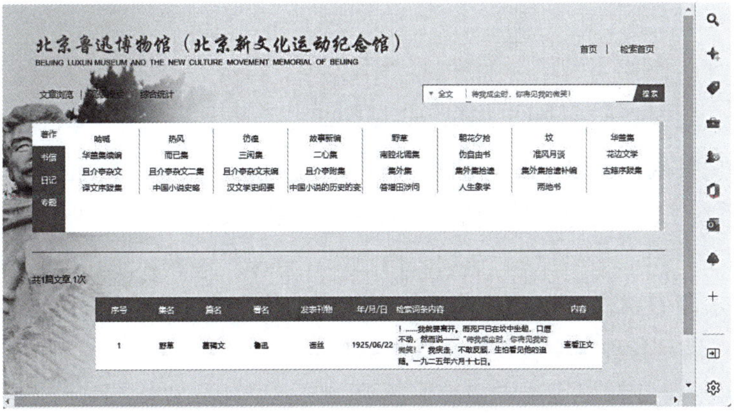

图6-1-5　第3句的检索结果

①不是因为努力所以才成功，而是因为成功所以才努力。（×）
②到了一定年龄，必须扔掉四样东西：没意义的酒局，不爱你的人，看不起你的亲戚，虚情假意的朋友！（×）
③待我成尘时，你将见我的微笑！（√）
出处：《野草》
④我们曾如此渴望命运的波澜，到最后才发现，人生最曼妙的风景，竟是内心的淡定和从容。（×）
⑤真的猛士，敢于直面惨淡的人生，敢于正视淋漓的鲜血。（√）
出处：《华盖集续编》
⑥贪安稳就没有自由，要自由就总要历些危险。只有这两条路。（√）
出处：《集外集拾遗》
⑦从来如此，便对么？（√）
出处：《呐喊》
⑧我实在没有说过这样一句话。（√）
出处：《书信（12）》
⑨时间就是性命。无端地空耗别人的时间，其实是无异于谋财害命的。（√）
出处：《且介亭杂文》
⑩北京像一片大沙漠，青年们却还向这里跑。（√）
出处：《华盖集续编》

图6-1-6 鲁迅先生名言的最终辨识结果

任务二 了解信息技术

任务导入

【任务描述】

腾讯会议是腾讯公司旗下的一款在线音视频会议软件，具有桌面端（包括macOS和Windows操作系统）、移动App（包括Android和iOS操作系统）、微信小程序等版本，提供全平台一键接入、实时共享屏幕、在线文档协作、音视频智能降噪、美颜、背景虚化、锁定会议、屏幕水印等功能。它具有卓越的音视频性能和丰富的会议协作能力，最多支持2000人会议，可满足各种规模会议的全场景需求。

在本任务中，使用腾讯会议实现线上教学，体会信息技术给工作、学习和生活带来的巨大便利。

【任务实施】

1. 学生分组，并针对本次活动展开深入的讨论。

（1）与传统线下教学相比，你认为线上教学有哪些优势和挑战？

（2）请谈谈你对信息技术在工作、学习和生活中所扮演角色的理解。

2. 按照实际操作过程，将操作内容及实施过程中遇到的问题或解决方法记录在表6-2-1中。

表 6-2-1　任务实施过程记录表

序号	操作内容	遇到的问题	解决方法
1			
2			
3			
4			
…			

知识积累

知识积累

一、信息技术的发展历程

从原始时代到如今的信息时代，信息技术的发展经历了语言的使用，文字的创造，造纸术和印刷术的发明，电报、电话、广播和电视的发明，计算机技术与现代通信技术的普及5次革命。每一次信息技术的进步都会给人类社会带来翻天覆地的变化。不仅如此，信息技术的进步还会给个人带来前所未有的重大机遇。

纵观信息技术的发展史，在每次技术变革来临之际，都不乏一群拥有远见卓识的人预见信息技术的发展趋势，并牢牢把握住机遇，成就一番事业。如今，信息技术仍然在飞速发展，相信在不远的将来，信息技术必将再一次谱写人类文明的崭新一页，也会有新一批时代的佼佼者们站在时代洪流的浪潮之巅，创造出属于自己的传奇。

知识链接

从如日中天到江河日下——“互联网活化石”Yahoo!的“罗曼蒂克消亡史”

提起Yahoo!（以下简称“雅虎”，Logo如图6-2-1所示），很多年轻的互联网用户可能会觉得陌生，但在20世纪90年代，这个名字就是互联网的代名词。

图6-2-1 Yahoo!的Logo

1994年，互联网尚处于方兴未艾之际，美国斯坦福大学的学生杨致远看到了内容分类的潜在需求，与好友大卫·费罗共同创立了全球第一家提供互联网分类检索服务的网站——雅虎。由于走在了当时信息技术发展的前沿，雅虎取得了巨大的成功：上线仅仅数月，雅虎的日访问量就突破了百万次；2000年，雅虎市值一度达到1280亿美元，成了当时全球最大的互联网公司，媒体称其为“互联网奇迹”。可到了2016年，美国的拜仁公司仅用48亿美元就收购了雅虎的核心业务，这昭示着堪称“互联网活化石”的雅虎走到了历史的尽头。

纵观雅虎的发展历程，其失败离不开以下几个原因。

（1）故步自封。雅虎的核心商业模式是以门户网站的形式为用户提供免费的互联网信息服务，并凭借汇聚的庞大流量吸引广告实现盈利。在网站信息的整理上，雅虎侧重于人工方式，不肯使用个性化推荐算法。在雅虎创立初期的Web 1.0时代，互联网上的信息相对较少，这种信息整理模式可帮助用户快速获取高质量的信息，因此大受欢迎；但到了Web 2.0时代，互联网上的信息呈现爆炸性增长，比起内容千篇一律的门户网站，用户更偏爱使用精准化的搜索引擎和个性化的社交网站来获取信息，雅虎虽看到了市场趋势的变化，却仍然固守原有的信息服务和整理模式，这导致雅虎的用户大量流失，自身也走上了由盛转衰的不归路。

（2）大而不精。鼎盛时期的雅虎曾将业务范围扩展得非常广，几乎涵盖了互联网所有的领域，成了用户访问互联网的“必经之路”。然而，庞大的业务体系虽然大大提高了雅虎的知名度，却也使其业务大而不精，尾大不掉。到最后，雅虎几乎拿不出一款具有竞争力的、不可替代的产品，只得眼睁睁看着自身庞大的用户群体被市场上的同类产品瓜分殆尽。

（3）优柔寡断。信息技术的发展日新月异，只有始终着眼未来，抓住机遇，果断出击，才能不被时代抛弃。然而，雅虎在机会面前却总是优柔寡断，举棋不定。例如，雅虎曾有机会收购Google和YouTube，但管理层却因为犹豫不决而一次次错失良机，与这些未来的互联网巨头失之交臂。最终，这些后起之秀将雅虎的市场份额逐步蚕食，雅虎也与这些企业所代表的Web 2.0和移动互联网时代擦肩而过。

（4）定位模糊。“互联网奇迹”雅虎的发展速度之快在整个信息技术发展史上都相当罕见。然而，迅速崛起的雅虎却始终在自己的企业定位上摇摆不定。从核心商业模式来看，雅虎的本质是一家创新型的信息技术企业，但雅虎却始终以内容生产者和整理者自居，将自身定位成一家媒体公司。模糊的市场定位使雅虎将全部精力放在了内容生产和媒体品牌的打造上，却迟迟没能在核心技术上发力，直到Google以势不可当的姿态称霸互联网时，雅虎才意识到走了弯路，但此时早就大局已定，为时已晚。

二、信息化与社会发展

随着信息技术的不断发展，信息化已成为全球一股不可抗拒的潮流，不断推动人类社会进步。在21世纪，信息化使人类经济社会的发展进入了一个新阶段，无论是生产力的构成，还是生产组织形态，都在发生巨大的变化。信息技术与信息网络的结合产生了一大批新兴产业，也使很多传统行业优化升级。

1．信息化与国民经济发展

信息化对社会各个领域都产生了重大影响，尤其对国民经济的影响更深入：信息化可以优化经济增长模式，改善和提高生产性能，减少资源消耗和优化资源的配置；同时，信息化可以推动社会均衡发展，改善人民生活质量，缓解发展不平衡、不充分的矛盾；信息化有利于经济增长方式从粗放型向集约型发展。

2．信息化与工业化

工业化是农业主导经济向工业主导经济演变的过程，信息化则是工业主导经济向信息主导经济演变的过程。一般情况下，先有工业化后有信息化，工业化是信息化的基础，信息化是工业化的延伸和发展。作为发展中国家，我国与其他国家不同，信息化是在工业化未完成的情况下进行的。我国提出的“以信息化带动工业化”战略，由于信息化的推动，工业化也进入了一个新阶段，传统的工业手段、设备、技术、市场经过信息技术的改造，生产力得到了质的飞跃和提升。

3．信息化与知识经济

知识经济以知识为基础，它与农业经济、工业经济相对应，是一种新型的富有生命力的经济形态。信息在知识经济时代尤为重要，知识是影响经济的重要因素，信息化为信息共享提供了技术支持，大量信息可以方便地传递、共享，使人们能够高效率地产生新的知识。因此，信息化是导致社会由工业经济向知识经济发展的直接诱因。

4．信息化与网络经济

随着信息技术的发展，网络将整个世界连在了一起，拉近了人们的距离。网络经济建立在国民经济信息化基础之上，各类企业利用信息和网络技术整合各式各样的信息资源，并依托企业内部和外部的信息网络进行动态的商务活动。网络经济建立在信息流、物流和资金流的基础之上，依靠网络实现经济。信息化为网络经济提供了技术支撑，网络经济是信息化时代的标志。

现在，人类社会的各个方面都离不开信息化。在社交领域，人们常常使用QQ、微信和电子邮箱等工具，5G的出现使我们可以用手机进行高质量的视频通话。在教育领域，线上家教、慕课等新型教育方式都依赖现代信息技术。电子政务在提高行政效率、改善政府职能等方面的作用日益显著。很多企业和机构建立了自己的信息管理系统和办公自动化系统。人们平时可以在网上买到自己想要的东西，支付宝与微信支付使我们不需要带现金就可以购物。在5G时代，极快的网速与超低的时延为3D视频通话、无人驾驶与大数据的收集等提供了技术支持。总而言之，信息技术作为先进生产力的代表，其对人类社会的经济效率与精神文明都产生了深远的影响。

任务工单

展示任务实施的成果，并完成如表6-2-2所示的任务评价表。

表 6-2-2　任务评价表

评价项目	评价内容	分值	评价分值		
			自评	互评	师评
职业素养考核项目	考勤、仪容仪表	10			
	团队交流与合作意识	10			
	创新意识、纪律意识	10			
专业能力考核项目	积极参与教学活动并正确理解任务要求	10			
	认真搜集并积极讨论相关资料	10			
	任务实施过程记录表的完成度	10			
	使用腾讯会议软件参加线上会议	20			
	对信息技术相关知识的认知水平	20			
合计：综合分数________		100			
综合评价：					
备注：					

任务实施

一、腾讯会议软件的安装与注册

（1）在计算机上使用浏览器访问腾讯会议官方网站（https://meeting.tencent.com），下载并安装腾讯会议Windows客户端。启动腾讯会议Windows客户端，进入软件的“注册/登录”界面，单击“微信登录”图标，如图6-2-2所示。

（2）打开“请使用微信扫码登录”对话框（图6-2-3），使用微信的“扫一扫”功能扫描对话框中的二维码，在打开的“腾讯会议申请使用”界面中点击“允许”按钮，如图6-2-4所示。

此外，若用户升级了企业版服务，也可以选择使用企业微信或SSO的方式登录。SSO即single sign on，指单点登录，是支持用户使用统一账号访问企业内多个系统的安全通信技术。企业IT可以使用企业已有账号的体系，帮助员工使用同一账号密码接入腾讯会议等企业内多个业务系统，无须额外记住账号密码，方便快捷。对企业而言，员工通过企业内统一账号使用腾讯会议，无须额外管理一套员工账号，也确保了参会成员的实名身份，信息可控，更加安全。

图6-2-2 “注册/登录”界面

图6-2-3 扫码登录对话框

图6-2-4 微信授权登录

二、腾讯会议软件的操作

（1）进入腾讯会议主界面（图6-2-5），单击“预定会议”按钮，打开“预定会议”对话框，在其中可设置会议的主题、开始时间、结束时间、时区、日历和人数上限，设置完成后，单击“预定”按钮，如图6-2-6所示。

（2）返回腾讯会议主界面，可看到会议已预定成功。单击会议名称右侧的“进入会议”下拉按钮，在展开的列表中选择“复制邀请”选项，如图6-2-7所示。

（3）打开会议邀请信息对话框，单击“复制”按钮，即可将会议邀请信息复制到系统剪贴板中，如图6-2-8所示。

图6-2-5 腾讯会议主界面

图6-2-6 预定会议

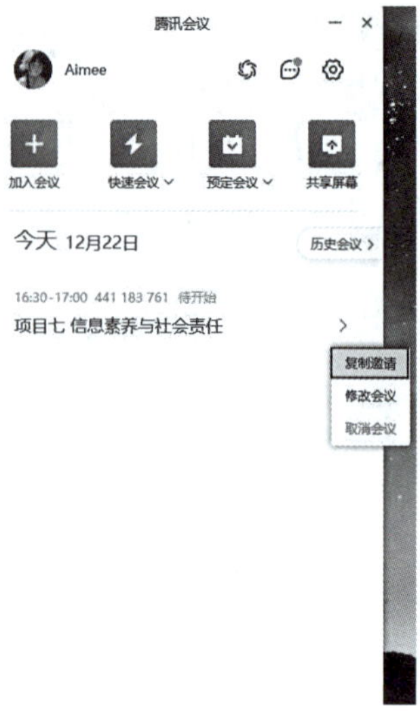

图6-2-7 选择“复制邀请”选项

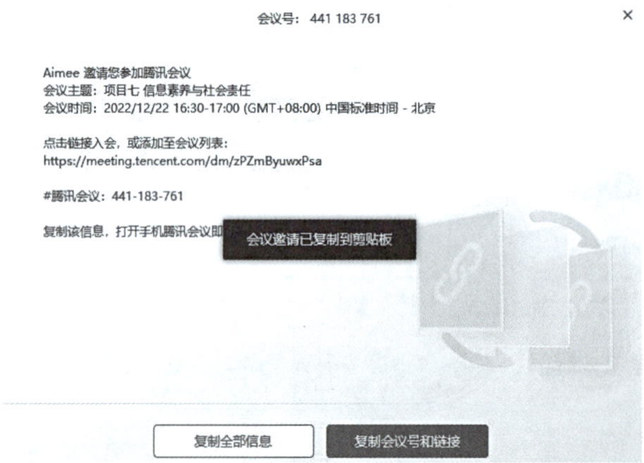

图6-2-8 复制会议邀请信息

（4）将会议邀请信息以微信的形式发送给要参加会议的学生。学生收到信息后，点击其中的链接，打开“腾讯会议”界面，点击“加入会议”按钮，如图6–2–9所示。

（5）打开提示对话框，点击“允许”按钮（图6–2–10），即可跳转至腾讯会议App并自动加入会议，如图6–2–11所示。

（6）会议发起人在Windows端的主界面单击“进入会议”按钮，即可加入会议。

（7）单击“共享屏幕”按钮，打开“选择共享内容”界面，选择要共享的窗口（如课堂PPT），然后单击“确认共享”按钮，如图6–2–12所示。

（8）打开共享窗口（图6–2–13），此窗口将向会议室中的所有人显示，在腾讯会议App上看到的共享窗口如图6–2–14所示。

图6-2-9　点击“加入会议”按钮

图6-2-10　点击“允许”按钮

图6-2-11　加入会议

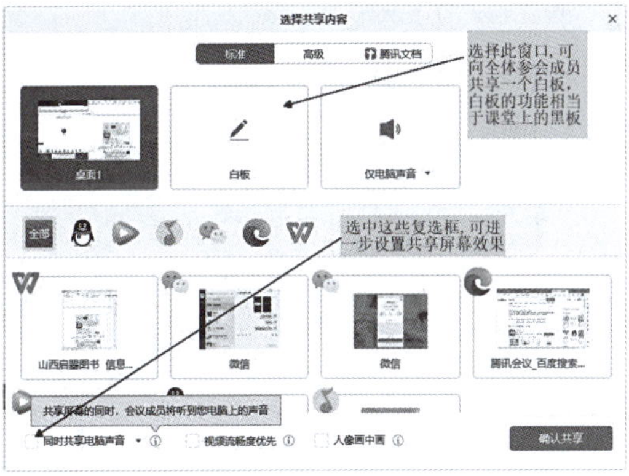

图6-2-12　选择共享内容

图6-2-13　会议发起人的共享窗口

图6-2-14　腾讯会议App上的共享窗口

（9）共享完成后，在共享窗口上方的快捷菜单栏（图6–2–15）中单击“结束共享”按钮。返回会议室界面，单击“结束会议”按钮，打开“结束会议”对话框，单击“结束会议”按钮，结束会议，如图6–2–16所示。

（10）返回腾讯会议主界面，单击“历史会议”按钮，打开“历史会议”界面，在此界面可查看所有历史会议，如图6–2–17所示。

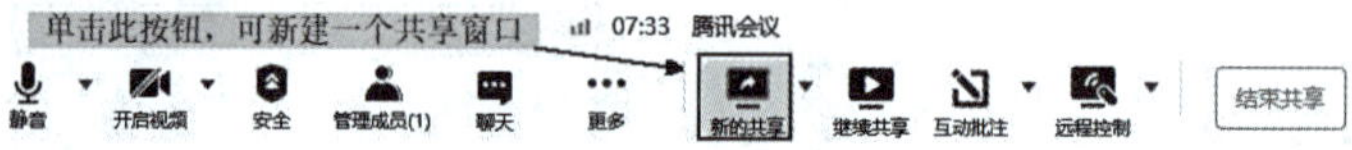

图6–2–15　快捷菜单栏

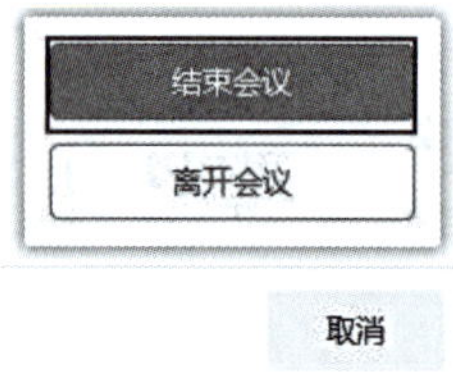

图6–2–16　结束会议

图6–2–17　“历史会议”界面

任务三

了解信息安全

任务导入

【任务描述】

360安全卫士是奇虎360公司旗下一款深受用户欢迎的计算机安全管理和系统维护软

件，它具有软件管理、系统优化、垃圾清理、漏洞修复、木马查杀、网络诊断、系统急救等功能，可为计算机提供实时安全防护，保护用户的信息安全。

在本任务中，使用360安全卫士来防护计算机，以保障计算机的信息安全。

【任务实施】

1. 学生分组，并针对本次活动展开深入的讨论。

（1）在使用360安全卫士进行系统优化时，它如何区分并清理不必要的文件和注册表项，同时避免误删重要数据？

（2）360安全卫士的垃圾清理功能是如何工作的？它如何确定哪些文件是垃圾文件？如何安全地删除它们？

2. 按照实际操作过程，将操作内容及实施过程中遇到的问题或解决方法记录在表6-3-1中。

表 6-3-1　任务实施过程记录表

序号	操作内容	遇到的问题	解决方法
1			
2			
3			
4			
…			

知识积累

知识积累

一、信息安全概述

1. 信息安全的概念

在当今社会，信息是一种重要的资产，同其他商业资产一样具有价值，同样需要受到保护。信息安全是指从技术和管理的角度采取措施，防止信息资产因恶意或偶然的原因在非授权的情况下泄露、更改、破坏或遭到非法的系统辨识、控制。

总的来说，信息安全是一门涉及计算机科学、网络技术、通信技术、计算机病毒学、密码学、应用数学、数论、信息论、法律学、犯罪学、心理学、经济学、审计学等多门学科的综合性学科。

2. 信息安全的目标

信息安全的目标是保护和维持信息的三大基本安全属性，即保密性（confidentiality）、完整性（integrity）、可用性（availability），这三者也常合称为信息的CIA属性。

（1）保密性是指使信息不泄露给未授权的个人、实体、进程，或不被其利用。

（2）完整性是指信息没有遭受未授权的更改或破坏。

（3）可用性是指已授权实体一旦需要即可访问和使用信息。

知识链接

信息安全的目标有时还包括保护和维持信息的真实性、可核查性、不可否认性和可靠性等。

（1）真实性是指确保信息内容与所声称的保持一致。

（2）可核查性是指可根据信息的某些属性确定其真实性。

（3）不可否认性是指信息交换的双方不能否认其在交换过程中发送或接收信息的行为及信息的内容。

（4）可靠性是指信息的预期与结果保持一致。

3. 信息安全的特征

信息安全具有系统性、动态性、无边界性和非传统性4项特征。

（1）系统性。信息由信息系统进行管理，而信息系统是一个由硬件、软件、通信网络、数据和人员组成的复杂系统，这意味着，信息安全问题并不是单纯的技术或管理问题，而是一个覆盖面很广的系统工程，在制定信息安全策略时，绝不能以孤立的、单维度的眼光看待信息安全问题，而应当系统地从技术、管理、制度、标准等各层面综合考虑。

（2）动态性。首先，一个信息系统从规划实施到运营维护，再到终止运行，各个阶段均可能存在安全威胁。其次，信息系统所面临的风险是动态变化的，新的漏洞和攻击手段都会对系统的安全状况产生影响。此外，云计算、物联网、大数据和移动互联网等新技术在带给人们便利的同时，也产生了各种新的威胁和安全风险。因此，在制定信息安全策略时，绝不能以固化的、一成不变的眼光看待信息安全问题，更不能妄图通过一劳永逸的方法解决信息安全问题，而应当具体问题具体分析，根据各类威胁和安全风险的特点制定有针对性的解决方案，并在实施和维护的过程中对方案进行改进和调整，尽可能地保障信息安全。

（3）无边界性。互联网将世界各地的信息系统连接在一起，由于互联网具有传输速度快、传播范围广、隐蔽性强等特点，各信息系统之间得以实现超越地域限制的快速通信。然而，互联网也同样使信息系统面临着超越地域限制的威胁，因此，信息安全具有无边界性，它绝不仅仅是某个组织、某个国家需要解决的问题，而是一个全球性的问题。

（4）非传统性。信息安全的非传统性主要表现在以下两个方面：一方面，与国防安全、金融安全、生命财产安全等传统安全相比，信息安全比较抽象；另一方面，信息安全不仅仅意味着某个领域的安全，更是现代社会中保障其他一切传统安全的基础。例如，某个国家并没有受到武力攻击，领土和主权也没有遭到侵犯，金融系统正常运转，也没有流行性疾病等问题，但当其信息安全得不到保障时，则这个国家的其他安全均面临着威胁。

4．信息安全相关法律法规

作为互联网的发源地，美国最早开始信息安全法律体系的建设工作。1946 年通过的《原子能法》和1947年通过的《国家安全法》可看作是美国信息安全法律体系建设起步的标志。之后，随着信息技术的快速发展，美国根据实际需要对现有法律进行了修订和增补，并颁布了一系列新的法律法规（如1966年通过的《信息自由法》和1987年通过的《计算机安全法》等），不断完善其信息安全法律体系。

20世纪90年代以来，针对计算机网络与利用计算机网络展开犯罪活动的刑事案件越来越多，许多国家都在不断加大对网络犯罪的打击力度，这方面的国际合作也迅速发展起来。

2001年11月，美国、加拿大、日本、南非等30多个国家共同签署了国际上第一个针对计算机系统、网络或数据犯罪的多边协定——《网络犯罪公约》。该公约涉及以下内容：明确了网络犯罪的种类和内容，要求其成员国采取立法和其他必要措施，将这些行为在国内法予以确认：要求各成员国建立相应的执法机关和程序，并对具体的侦查措施和管辖权做出了规定；加强成员国之间的国际合作，对计算机和数据犯罪展开调查（包括搜集电子证据）或采取联合行动，对犯罪分子进行引渡；对个人数据和隐私进行保护等。

我国历来重视信息安全法律法规的建设，经过多年的探索和实践，我国已经制定和颁布了多项涉及信息系统安全、信息内容安全、信息产品安全、网络犯罪、密码管理等方面的法律法规，构建了较为完善的信息安全法律法规框架，如图6–3–1所示。

在上述法律中，尤以《中华人民共和国网络安全法》和《中华人民共和国密码法》极为知名。

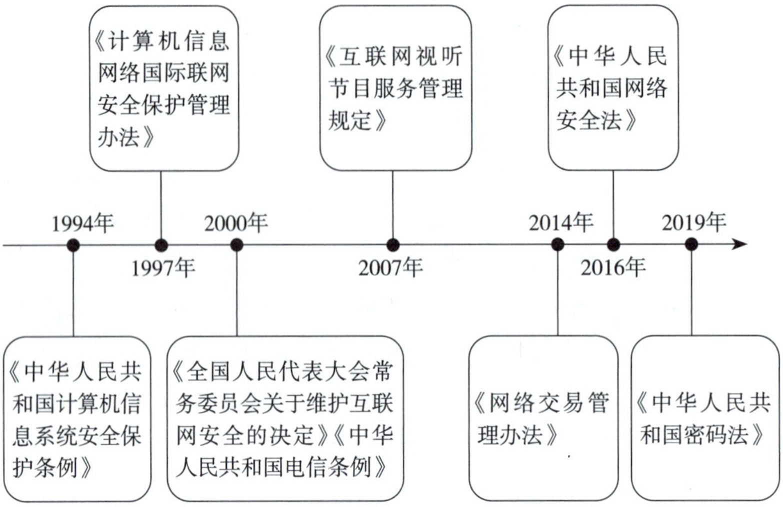

图6-3-1 我国信息安全法律法规框架

2016年11月7日，第十二届全国人民代表大会常务委员会第二十四次会议通过了《中华人民共和国网络安全法》。

它是我国第一部网络安全领域的专门性综合立法，旨在保障网络安全，维护网络空间主权和国家安全、社会公共利益，保护公民、法人和其他组织的合法权益，促进经济社会信息化健康发展。

2019年10月26日，第十三届全国人民代表大会常务委员会第十四次会议通过了《中华人民共和国密码法》。它是我国第一部密码领域的综合性、基础性法律，旨在规范密码应用和管理，促进密码事业发展，保障网络与信息安全，提升密码管理科学化、规范化、法治化水平。

二、信息伦理与职业行为自律

2019年7月12日，《人民日报》用整版探讨了“信息化带来伦理挑战”这一问题。文中指出：“从伦理学角度看，当大数据和人工智能的发展改变甚至颠覆人类活动的主体地位时，传统伦理就会发生解构，人具有排他性主体地位的伦理时代就可能结束。”这句话既揭示了传统伦理在信息时代受到的挑战，同时也展现出信息时代必然发生的伦理变革。那么，信息时代的伦理是什么呢？

1．信息伦理概述

俗话说，没有规矩，不成方圆。在社会生活中，人们常常需要遵守一些规则，如红灯停绿灯行，自觉排队，在公共场所不乱扔垃圾、不大声喧哗等。遵守这些规则的意义不仅仅是为了体现自身素养和方便他人，更是为了维持社会的正常运转。因此，虽然这些规则并没有法律的强制约束力，却成了大众普遍认可的道德观念、文明行为和公序良俗，即社会伦理。

同样地，人们在参与信息活动时，也需要遵守一系列可行、合理且受到广大网民普遍认可的要求、准则和规约，即信息伦理（information ethics）。与社会伦理类似，信息伦理不由法律强行执行和维护，而是以信息活动中的善恶为标准，依靠网民内心的信念、彼此之间的督促和网络平台的监督维系。

自1994年正式接入国际互联网起，我国就高度重视信息社会的建设和发展，并取得了举世瞩目的成就。例如，通过大力推广互联网与传统行业相结合的“互联网+”模式，我国的信息化进程在短短十余年间就实现了质的飞跃，很多领域甚至走在了世界前列。毋庸置疑，信息化已成为推动我国现代化建设的重要力量。

然而，在感叹我国信息化建设所取得的巨大成就时，我们也应当清醒地认识到，我国的信息伦理建设还有着长足的进步空间。互联网在为我们提供便捷服务的同时，也存在很多信息伦理失范乱象，如虚假信息、隐私泄露、舆论暴力、盗版侵权、网络犯罪、信息污染等。这些信息伦理失范乱象不仅给网民带来了严重的困扰，也成为阻碍我国信息化建设进一步发展的“拦路虎”。因此，信息社会的每个公民都应当高度重视、自觉遵守信息伦理，并主动参与到网络秩序的建设中。

2．职业行为自律

在信息社会中，无论从事何种职业，都应当自觉遵守信息伦理，尤其是作为准职场人的大学生们，更应当从各个方面明晰职业发展的行为规范。

（1）坚守健康的生活情趣。生活情趣是人类精神生活的一种追求和境界。高雅的情趣可以体现一个人对美好生活的追求和健康乐观的心理状态；庸俗的情趣则会使人堕落腐化、玩物丧志、损害身心健康，丧失志向和人生目标。我们应当坚守健康的生活情趣，静心抵制诱惑，保持积极向上的人生态度，严防侥幸和不劳而获的心理。

（2）培养良好的职业态度。职业态度是指个人对所从事职业的看法及在行为举止方面的倾向，积极的职业态度可促使人自觉学习职业知识，钻研职业技术和技能，并对本职工作表现出极高的认同感。我们应当培养良好的职业态度，严谨对待工作，诚信为人，表里如一，避免弄虚作假，杜绝职业欺诈，防止发生事故或纰漏。

（3）秉承端正的职业操守。职业操守是指个人在从事职业活动中必须遵从的最低道德底线和行业规范。一个人无论从事何种职业，如果不具备端正的职业操守，终将一事无成。我们应当秉承端正的职业操守，遵守行业规章制度，坚持严于律己，不做损人利己的事，对工作单位的公私事务和信息数据守口如瓶。

（4）尊重他人的知识产权。知识产权是指智力劳动产生的成果所有权，它是依照各国法律赋予符合条件的著作者及发明者或成果拥有者在一定期限内享有的独占权利。技术创新对于一个国家而言至关重要，若不重视对知识产权的保护，则可能会造成技术人才投入大量心血得出的创新成果遭到肆意剽窃，从而打击整个市场的创新积极性，阻碍持续创新环境的形成。因此，我们应当尊重他人的知识产权，激发自身创意，避免照抄照搬，拒绝使用盗版，支持正版，维护行业秩序。

（5）规避产生个人不良记录。为规范行业行为，营造良好的行业环境，各行各业都在积极建立行业“黑名单”。“黑名单”用于记录企业或个人的不良行为，若企业或个人上了行业“黑名单”，不仅会名誉扫地，还会在诸多方面受到限制和阻碍，且其在行业中获得合作机会的优先级将降至最低。因此，我们应当规避产生个人不良记录，自律自省，诚实守信，自觉履行契约。

任务工单

展示任务实施的成果，并完成如表6-3-2所示的任务评价表。

表 6-3-2　任务评价表

评价项目	评价内容	分值	评价分值		
			自评	互评	师评
职业素养考核项目	考勤、仪容仪表	10			
	团队交流与合作意识	10			
	创新意识、纪律意识	10			
专业能力考核项目	积极参与教学活动并正确理解任务要求	10			
	认真搜集并积极讨论相关资料	10			
	任务实施过程记录表的完成度	10			
	会使用360杀毒软件查杀计算机的病毒	20			
	信息安全技能掌握	20			
合计：综合分数______		100			
综合评价：					
备注：					

任务实施

一、木马查杀

（1）安装并启动360安全卫士，其主界面如图6-3-2所示。

（2）单击主界面上方的“木马查杀”按钮，打开“木马查杀”界面，单击“快速查杀”按钮，如图6-3-3所示。

（3）360安全卫士会对计算机系统的所有磁盘进行扫描。等待一段时间后，会显示扫描结果，如图6-3-4所示。用户可选中危险项前的复选框，然后选择处理方式，也可单击“一键处理”按钮批量清除木马。清除完成后，单击“完成”按钮即可。

图6-3-2　360安全卫士主界面

图6-3-3　“木马查杀”界面

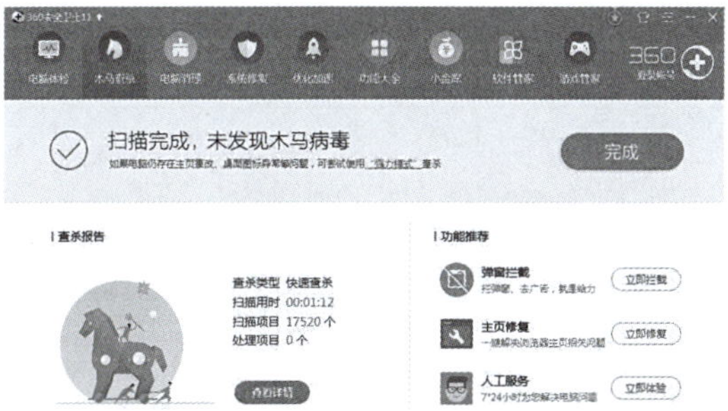

图6-3-4　木马查杀结果

图6-3-5　单击“一键修复”按钮

二、系统修复

（1）单击主界面上方的“系统修复”按钮，打开“系统修复”界面，然后单击“全面修复”按钮，如图6-3-5所示。

图6-3-6　进行系统修复

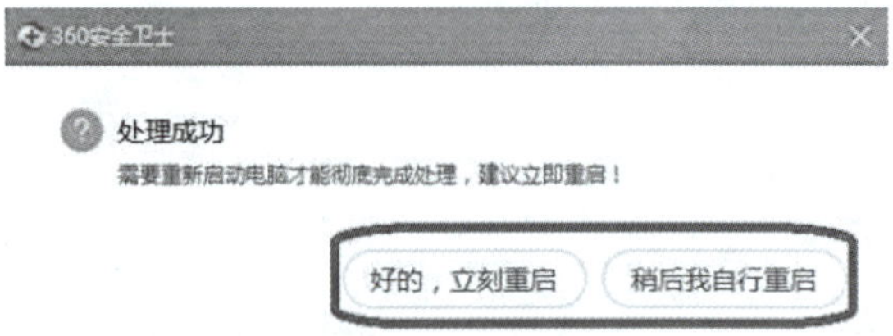

图6-3-7　重启计算机

（2）360安全卫士会对计算机系统进行扫描。等待一段时间后，会显示潜在危险项，单击“一键修复”按钮进行系统修复，如图6–3–6所示。

（3）系统修复完成后，会打开提示对话框，单击“好的，立刻重启”按钮，重启计算机，如图6–3–7所示。

项目小结

本项目首先介绍了信息素养的概念及其重要性，信息素养的构成要素，包括信息意识、信息获取、评估以及利用能力等；然后介绍了信息安全的概念，识别常见的安全威胁。最后深入讨论信息伦理原则，强调个人和组织在信息处理中的道德责任和职业规范，如尊重隐私、保护知识产权。本项目着重于培养学生在信息时代的两项核心能力：一是信息素养，即有效识别、获取、处理和利用信息的能力；二是信息技术使用中的社会责任感，确保技术进步服务于社会的和谐与可持续发展。

课后习题

一、填空题

1. 信息素养主要包括________、________、________和________四大主要要素。
2. 信息安全的目标是保护和维持信息的三大基本安全属性，即________、________、________。
3. 信息安全具有________、________、________和________4项特征。

二、简答题

1. 简述素养的基本概念。
2. 信息技术的发展如何影响了社会的经济发展？请列举一个具体例子。

项目七

新一代信息技术

项目概述

本项目聚焦于当前科技前沿的新一代信息技术，介绍5G、量子信息技术、人工智能、物联网、区块链等关键技术的概念、发展现状及未来趋势。通过此项目，不仅能够领略技术的最新进展，还能够理解这些技术如何深刻改变我们的生活方式、工作模式乃至整个社会结构。

学习目标

在完成每个目标后，请在相应的方框内打钩，并撰写自我评价，以反映自己在学习过程中的表现。

目标	目标内容	是否完成	自我评价
知识目标	掌握新一代信息技术基础	□	
	掌握新一代信息技术在交通、消费、医疗、农业、工业、教育、科技研发、军事及教育等领域的具体应用	□	
能力目标	能够自主搜集并分析新一代信息技术的最新研究成果与发展动态，形成独立见解	□	
	针对特定行业或社会问题，能够运用新一代信息技术提出解决方案，进行技术选型与方案设计，展现问题解决与决策能力	□	

续表

目标	目标内容	是否完成	自我评价
素质目标	培养对新技术的好奇心与探索欲，鼓励在技术学习与应用中勇于创新，不断寻求技术突破与应用场景的拓展	□	
	在学习与应用新一代信息技术时，树立正确的伦理观，理解技术发展与社会进步的关系，重视个人行为对社会的影响，致力于技术的正面应用	□	
	面对信息技术的快速更迭，建立持续学习的意识，保持对新技术的关注与学习	□	

思政园地

在技术快速迭代的今天，作为信息技术的学习者，不仅要追求技术的精进，更应具备强烈的社会责任感与伦理意识。在探索新一代信息技术的同时，要思考如何让技术服务于社会的可持续发展，促进公平正义，保护个人隐私与数据安全，避免技术滥用。通过项目学习，树立正确的科技价值观，成为有温度、有责任感的技术创新者。

思维导图

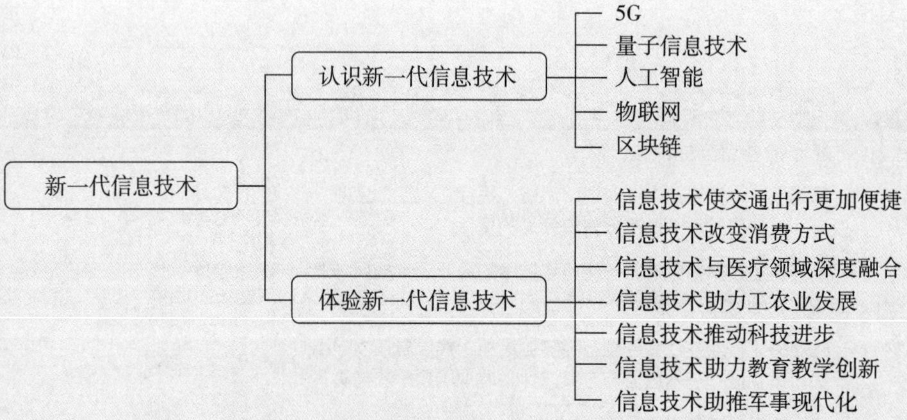

任务一

认识新一代信息技术

任务导入

【任务描述】

随着大数据和人工智能技术的不断发展，现代购物软件越来越能够精准地根据用户的偏好和行为推荐相关的商品。这不仅能提高用户的购物满意度，也能为电商平台带来更多的流量和销售机会。

随着新学期的到来，许多学生开始考虑购买一台新的笔记本电脑以满足学习和娱乐的需求。考虑到淘宝作为国内较大的电商平台之一，拥有海量的商品信息和用户基础，可以通过淘宝搜索来寻找最新款、性价比高的笔记本电脑。

【任务思考】

1. 学生分组，并针对本次活动展开深入的讨论。

（1）人工智能的定义是什么？

____

____

（2）人工智能在智能家居和医疗领域有哪些创新应用？

____

____

2. 按照实际操作过程，将操作内容及实施过程中遇到的问题或解决方法记录在表7-1-1中。

表 7-1-1　任务实施过程记录表

序号	操作内容	遇到的问题	解决方法
1			
2			
3			
4			
…			

知识积累

5G

一、5G

（一）5G概念

第五代移动通信技术（5th generation mobile networks，5G）是最新一代蜂窝移动通信技术。2019年6月6日，工业和信息化部（简称工信部）正式向中国电信、中国移动、中国联通、中国广电发放5G商用牌照，我国正式进入5G商用元年。5G是新一代信息技术的发展方向和数字经济的重要基础，如图7-1-1所示。

图7-1-1　5G技术

5G支撑应用场景由移动互联网向移动物联网拓展，将构建起高速、移动、安全、泛在的新一代信息基础设施。与此同时，5G将加速许多行业的数字化转型，并且更多用于工业互联网、车联网等，拓展大市场，带来新机遇，有力支撑数字经济的蓬勃发展。预计2020—2025年，我国5G商用直接带动的经济总产出将达10.6万亿元，5G将直接创造超过300万个就业岗位。

5G作为继4G后的新一代蜂窝移动通信技术，具有高带宽、低时延、大连接、低能耗的显著特征。

1．高带宽

5G的第一个显著特征就是快，其峰值速率可达20Gbit/s，是4G的20倍以上。直观理解，利用5G技术仅需1s就能下载完一部时长2h的高清电影。

2．低时延

5G网络传输时延降到10ms以下，快于人脑的反应时间的时延特性使一些高端工业制造及远程精密操作成为可能，比如远程驾驶操作、远程医疗手术、远程工业控制等创新性应用。

3．大连接

5G并发数是现有网络技术的100倍，展现了5G连接万物的维度和广度，5G可以支持每平方千米接入100万个设备，是4G的10倍连接，连接万物的能力逐渐渗透到我们日常生活的方方面面。

4．低能耗

5G设备一度电可支持超过5000GB数据的传输，是现有技术的1/100，其具有更高的能源效率。

（二）5G的主要技术

5G作为新一代的移动通信技术，它的网络结构、网络能力和要求都发生了很大的变化，主要技术包括D2D通信技术、多天线传输技术、密集网络技术、同时同频全双工通信技术和大规模的MIMO技术。

1．D2D通信技术

D2D（device to device）通信技术是指借助Wi-Fi、Bluetooth、LTE-D2D技术实现终端设备之间的直接通信。在现有的通信系统中，设备之间的通信都是由无线通信运营商的基站进行控制的，由于终端通信设备的能力和无线通信的信道资源有限，以致无法直接进行语音或数据通信。

D2D技术无须借助基站的帮助就能够实现通信终端之间的直接通信，拓展网络连接和接入方式。5G系统中，用户处在由D2D通信用户组成的分布式网络中，网络的参与者共享它们所拥有的一部分硬件资源，包括信息处理、存储和网络连接能力等。这些共享资源向网络提供服务和资源，能被其他用户直接访问而不需要经过中间实体。

2．多天线传输技术

通过采用多天线传输技术，利用足够多的天线，5G移动通信技术中的频谱效率将提升数十倍甚至更高。在5G技术中，广泛地引入了有源天线阵，使基站可支持的协作天线数量达到128根。此外，原来的2D天线阵列拓展成为3D天线阵列，结合高频毫米波技术，减少用户间的干扰，而且可以支持多用户波束智能配置，提高无线信号的覆盖性能。

3．密集网络技术

密集网络技术能使移动网络的覆盖面更广，主要通过两种方式：首先是在基站的外部设置很多根天线来增加网络范围面积；其次是在室外布置很多密集网络，让它们共同协作，增强有效性和准确性。5G移动通信通过使用密集网络技术，改善了网络覆盖，大幅度提升了系统容量，并且对业务进行分流，具有更灵活的网络部署和更高效的频率复用。但是，密集网络技术在小范围内存在一定的干扰，降低了网络的高效性。

4．同时同频全双工通信技术

利用同时同频全双工通信技术，在相同的频谱上，通信的收发双方可同时发射和接收信号，与传统的TDD（时分双工）和FDD（频分双工）双工方式相比，从理论上可使空口频谱效率提高一倍。全双工技术能够突破FDD和TDD方式的频谱资源使用限制，使得频谱资源的使用更加灵活。然而，全双工技术需要具备极高的干扰消除能力，这对干扰消除技术提出了极大的挑战，目前所用的消除干扰的方法有天线干扰消除、射频干扰消除、数字干扰消除等，其综合性能已经基本能满足实验室同时同频全双工通信的需求。

5．大规模的MIMO技术

MIMO（multiple-input multiple-output）技术，简而言之就是多天线发射和多天线接收。大规模MIMO技术基站需要配置大量的天线，这些天线集中在一个基站上。MIMO技术主要是将多个天线的空间资源整合起来，从而提高通信的质量，让频谱的频率增强，同时通过波束集中通信范围，让通信设备的信号干扰减少；另外，使用大规模MIMO技术可以通过降低发射的功率来提高基站的功率效率；当天线足够大时，其线性编码和检测是最佳的。现在MIMO技术已经被无限宽带通信系统采用，从而提高系统的容量。5G移动通信将其作为一个提高容量和效果的重要技术继续保留。

二、量子信息技术

量子信息技术

（一）量子信息的概念及特点

量子（quantum）的概念最早是由德国物理学家普朗克在1900年提出。所谓量子，其实就是能量的最基本携带者。量子有超出人们常规认识的一些奇妙特性，其不可分割性、量子态叠加性、不可复制性、量子纠缠等独特的现象和特性，具有重要的技术创新价值和潜力。

1．不可分割性

量子是构成物质的最基本单元，是能量、动能等物理量的最小单位，具有不可分割性。

2. 量子态叠加性

由于微观特性，量子状态可以叠加，即一个量子能够同时处于不同状态的叠加，也就是指一个量子系统可以同时处于不同量子态的叠加上。

3. 不可复制性

克隆一个物质首先要测量这个物质的状态，但是量子通常处于极其脆弱的“叠加态”，一旦测量就会被改变形状，不再是原来的状态，因此无法完全克隆。

4. 量子纠缠

量子纠缠是一种量子效应，当两个微观粒子处于纠缠态时，不论分离多远，对其中一个粒子的量子态做任何改变，另一个粒子会立刻感受到，并做出相应的改变。

量子信息技术（quantum information technology）是以量子系统“状态”所依据的量子理论、信息理论和计算机理论为基础，通过量子的各种相干特性（如量子态叠加性、量子纠缠和不可复制性等），进行计算、编码和信息传输的全新信息方式。量子信息技术能够突破传统计算机发展的瓶颈，更为高效地进行信息编码、传输和计算，形成远超过现有计算机的运算处理能力和安全性。

量子比特（qubit）是量子信息技术计算和处理信息的基本单元，量子比特是相对比特而言的，比特是经典计算机中表示信息量的基本单位，是一种由电脉冲表示1或0的二进制单元，构成计算机的基础。与经典比特不同的是，一个量子比特能同时表示0和1两个状态。在量子比特位数是n时，量子比特的存储容量是传统信息位的2的n次方倍，量子计算速度是传统计算速度的2的n次方倍，这一特性使量子计算机能够形成高密度储存和并行计算能力，设计出更加高效的算法。

（二）量子信息的应用场景

关于量子信息的很多研究尚处在实验室阶段，但也有一些技术正在走出实验室，在各个领域逐步得到应用，帮助它们实现前所未有的跨越式发展。下面介绍量子信息的几种常见应用。

1. 量子计算机

量子计算机是指用量子态表示信息，将量子比特作为信息处理和存储单元，采用量子算法和量子编码实现高速计算的新型计算机。

传统的电子计算机以0和1（即比特）作为信息处理单元，一个信息处理单元只能同时处理一个单状态比特，而量子计算机的信息处理单元是量子比特，由于量子叠加效应，可同时处理0和1，这使得量子比特能承载的信息量远高于传统电子比特。例如，4个电子比特可表示16个数字，但在同一时间只能表示16个数字中的其中1个。而4个量子比特却可在同一时间表示全部16个数字。这意味着，量子计算机的计算能力将随着量子比特数的增加呈指数增长，利用量子技术制造的量子计算机可在几秒内完成电子计算机几十万年才能完成的运算量。

量子计算机超强的计算能力为密码分析、气象预报、城市交通规划、石油勘探、药物设计等需要大规模算力的问题提供了解决方案，并可模拟高温超导、量子霍尔效应等复杂物理机制，为先进材料制造和新能源开发奠定科学基础。

2. 量子通信网络

量子通信网络是一种采用量子通信系统的保密通信网络，其可在广阔的空间范围内，为大量用户提供绝对安全的网络通信。因此，量子通信网络被称为信息安全的“终极武器”，可从根本上解决国防、金融、政务、能源、商业等领域的信息安全问题。当量子通信网络得到大规模推广后，人们将无须担心任何信息泄露，也不用担心网络恶意攻击行为。

3. 量子雷达

量子雷达（图7-1-2）是一种利用量子力学原理，通过收发量子信号来探测目标的新型雷达。由于量子的观测坍缩特性，量子雷达发射的光子一旦探测到物体，其量子特性就会发生改变，量子雷达即可立即发现目标的位置。且由于量子不可复制、不可分割的特点，量子雷达发射的量子信号无法被拦截和篡改，这使得量子雷达难以欺骗和反探测，常规雷达难以探测的隐形飞机也可被量子雷达轻松发现。

图7-1-2 量子雷达

量子雷达具有体积小、功耗低、抗干扰能力强、反隐身能力强、不易被敌方电子侦察设备发现和易于成像等优点，在军事和国防领域（如导弹防御和空间探测）具有极其广阔的应用前景和重大现实价值。

4. 量子导航

量子导航是基于各种量子效应和微加工技术的惯性导航系统，它无须依赖外部的GPS信号即可得到精确的设备位置信息，并可将传统GPS系统数米的导航距离提升至毫米级别，大大提高导航精度，这使得量子导航在无人机、潜艇、导弹、直升机等领域有着广阔的发展前景。

5. 量子成像

量子成像是利用量子纠缠现象发展起来的一种新型成像技术，理论上可在所有光学波段获得成像效果良好的图像，比目前最先进的激光全息成像技术更加强大。目前的量子成像研究多处在实验室阶段，需要的成像时间普遍较长（一般为数秒），不适于瞬时成像的场合，但随着日后技术的成熟，量子成像将在航空探测、军事侦察、远程成像等领域发挥重要作用。

三、人工智能

人工智能

（一）人工智能的概念及特点

1956年，约翰·麦卡锡首次提出人工智能的概念，并将人工智能定义为“制造智能机器的科学与工程”。《人工智能词典》将人工智能定义为“使计算机系统模拟人类的智能活动，完成人工智能才能完成的任务”。中国电子技术标准化研究院等编写的《人工智能智能标准化白皮书（2018版）》指出：人工智能是利用数字计算机或数字计算机控制的机器模拟、延伸和扩展人的智能，感知环境、获取知识并使用知识获得最佳结果的理论、方法、技术及应用系统。简而言之，人工智能拥有“仿人”的能力，即能通过计算机实现人脑的思维能力，包括感知、决策及行动。

人工智能区别于一般信息系统的特征是什么呢？一项应用或产品是否属于人工智能，主要看其是否具备人工智能的3个基本能力。

1. 感知能力

人工智能具有感知环境的能力，比如对自然语言的识别和理解、对视觉图像的感知等，如智能音响、人脸识别等。

2. 思考能力

人工智能能够自我推理和决策，各类专家系统就具备典型的思考能力，如阿尔法围棋（Alpha Go）。

3. 行为能力

人工智能具备自动规划和执行下一步工作的能力，例如，目前已经较为多见的扫地机器人、送餐机器人、无人机等。

（二）人工智能的分类

人工智能按照智能程度大致可以分为3类：弱人工智能、强人工智能和超人工智能。现阶段所实现的人工智能大部分指的是弱人工智能，并且已经被广泛应用。弱人工智能即擅长单个领域、专注于完成某个特定任务的人工智能。

图7-1-3展示了人工智能的分类及其发展步骤。

1. 弱人工智能

弱人工智能被称为狭隘人工智能或应用人工智能，指的是只能完成某一项特定任务或者解决某一特定问题的人工智能。

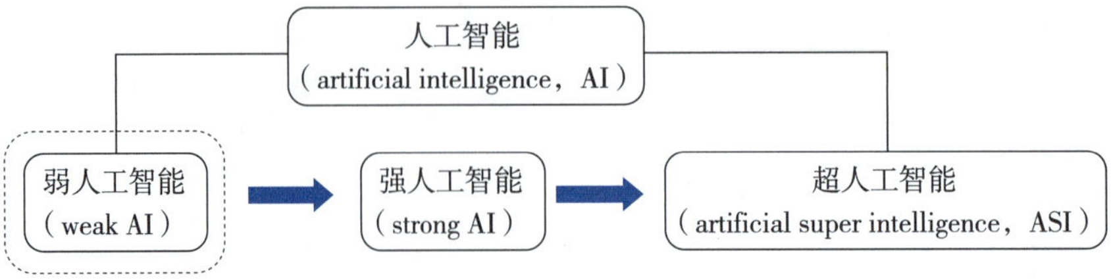

图7-1-3　人工智能的分类及其发展步骤

2．强人工智能

强人工智能被称为通用人工智能或全人工智能，指的是可以像人一样胜任任何智力性任务的智能机器。

3．超人工智能

超人工智能是超级智能的一种，超人工智能可以实现与人类智能等同的功能，即拥有类比生物进化的自身重编程和改进功能——“递归自我改进功能”。

四、物联网

物联网

（一）物联网的概念

物联网（The Internet of Things，IOT），顾名思义，就是将各种物体连接起来的网络，可以看作是物物相连的互联网（图7-1-4）。具体来说，物联网通过将射频识别（RFID）芯片、传感器、嵌入式系统、全球定位系统（GPS）等信息识别、跟踪、传感设备装备到各种物体上，实时采集任何需要监控、连接、互动的物体或过程的声、光、热、电、力学、化学、生物学、位置等各种信息，经过各类网络（主要是无线网络），联结物与物、物与人，实现对物品和过程的智能化感知、识别、定位、跟踪、监控和管理。

物联网主要具有3个特征：一是互联网特征，即物体接入能够实现互联互通的互联网络；二是识别与通信特征，即物体具有自动识别与物物通信的功能；三是智能化特征，即网络系统具有自动化、自我反馈与智能控制的特点。

图7-1-4　IOT物联网

物联网中的物可以包括各种各样的物体，大到铁路、桥梁、隧道、公路、建筑、电网、供水系统、油气管道，小到家用电器，因此物联网的应用极为广泛，将对经济、社会、生活产生极为深远的影响。

（二）物联网的主要技术

物联网技术的发展几乎涉及信息技术的方方面面，是现代信息技术发展到一定阶段后出现的一种集成性应用与技术提升，它将各种感知技术、网络技术、控制技术、自动化技术、人工智能等集成应用，使人与物、物与物智慧对话，创造一个智慧的世界。物联网牵涉的学科包括计算机科学与技术、电子科学与技术、通信工程、自动控制和软件工程等。

物联网应用中的关键技术包括RFID技术、传感技术、嵌入式技术等。

1．RFID技术

RFID（radio frequency identification）技术即射频识别技术，它通过射频信号自动识别目标对象，并对其信息进行标志、登记、存储和管理。RFID是物联网的基础技术。RFID标签中存储着各种物品的信息，这些信息通过无线数据通信网络采集到中央信息系统，从而实现物品的识别。

2．传感技术

传感技术是从自然信源获取信息，并对之进行处理和识别的多学科交叉的现代科学与工程技术，它涉及传感器、信息处理和识别等技术。如果把计算机看作处理和识别信息的“大脑”，把通信系统看作传递信息的“神经系统”，那么传感器就类似于人的“感觉器官”。

3．嵌入式技术

嵌入式技术是指将计算能力集成到各种设备或者系统中，以实现特定功能的技术。嵌入式系统不能使用通用型计算机，而且运行的是固化的软件，用术语表示就是固件（firmware），终端用户很难或者不可能改变固件。

五、区块链

区块链

（一）区块链的概念

人类的交流依靠的是信息，因此以前的互联网属于信息互联网，很难实现价值互联，它需要中心化的机构（如银行、支付宝等）耗费巨大精力去维护。如要实现价值互联，则需要建立与之相应的信用体系。如今区块链的出现，直接解决了价值互联的问题，使得互联网迈入价值互联网时代。

区块链是指通过去中心化和去信任的方式集体维护一个可靠数据库的技术方案，实现从信息互联网到价值互联网的转变。该技术方案主要是让参与系统中的任意多个节点，通过一串使用密码关联产生的数据块（每个数据块中包含了一定时间内全部的系统信息交流数据），生成数据指纹并将其用于验证信息的有效性和链接下一个数据块。区块链是新的分布式记账方式，其本质是交易各方信任机制建设的数学解决方案。它创造了新的交易模式，比特币就是区块链技术的首个成功应用。区块链如果运用到位，用户无须自己建立或维系任何第三方中介机构，就能实现自由支付。区块链还能运用到电商、保险、跨境支付等各个领域，可以极大提高效率。

区块链技术的模型是由自下而上的数据层、网络层、共识层、激励层、合约层和应用层组成的，如图7-1-5所示。

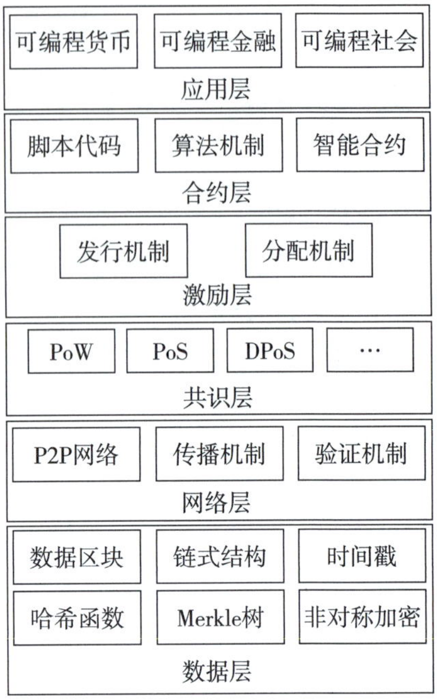

图7-1-5　区块链基础架构模型

（1）数据层。数据层封装了底层数据区块链式结构，以及相关的数据加密技术和时间戳等技术，这是整个区块链技术中最底层的数据结构。这些技术是构建全球金融系统的基础，数十年的使用证明了它非常安全可靠。区块链技术已巧妙地把这些技术结合在一起。

（2）网络层。网络层包括P2P的分布式组网机制、数据传播机制和数据验证机制等；P2P组网技术早期应用在BT这类P2P下载软件中，这就意味着区块链具有自动组网功能。

（3）共识层。共识层主要封装网络节点的各类共识机制算法。共识机制算法是区块链的核心技术，因为这决定了到底是谁来进行记账，而记账决定方式将会影响整个系统的安全性和可靠性。目前已经出现了十余种共识机制算法，其中比较知名的有工作量证明机制（proof of work，PoW）、权益证明机制（proof of stake，PoS）、股份授权证明机制（delegated proof of stake，DPoS）等。

（4）激励层。将经济因素集成到区块链技术体系中来，主要包括经济激励的发行机制和分配机制等，主要出现在公有链当中。在公有链中必须激励遵守规则参与记账的节点，并且惩罚不遵守规则的节点，才能让整个系统朝着良性循环的方向发展。而在私有链当中，则不一定需要进行激励，因为参与记账的节点往往是在区块链外完成的，是通过强制力或自愿要求来参与记账的。

（5）合约层。合约层是区块链可编程的基础，负责规定交易方式和流程细节：区块链可以理解为是去中心化不可篡改的账本，程序代码也是数据，也可以存到账本里。智能合约是存储在区块链中的一段不可篡改的程序，可以自动化地执行一些预先定义好的规则和条款，响应接收到的信息。合约发布之后，其运行和维护就交给全网的“矿工”去达成共识，是区块链去信任的基础。

（6）应用层。封装了区块链的各种应用场景和案例，比如搭建在以太坊上的各类区块链应用即部署在应用层，而未来的可编程金融和可编程社会也将会搭建在应用层。

该模型中，基于时间戳的链式区块结构、分布式节点的共识机制、基于共识算力的经济激励和灵活可编程的智能合约是区块链技术极具代表性的创新点。

（二）区块链的分类

区块链包括公有链、联盟链和私有链3种，其中公有链是指完全开放的区块链应用，公众不用经过任何许可即可在公有链发布消息，其特点是去中心化、完全透明，因此难以监管。联盟链和私有链要有一定授权许可才能参与区块链应用，由特定联盟和部门进行运营管理，因此并不是完全去中心化的，是一种可控、可信的区块链。由于私有链较为封闭，应用场景较为局限。

目前，联盟链是区块链创新的主阵地，我国大力发展区块链技术也主要是聚焦在联盟链的应用创新方面。联盟链兼顾公有链的去中心化和私有链的高效，同时可兼容现有规则体系并实现有效监管，是区块链技术最主要的应用落地方向。

图7-1-6展示了区块链的不同链在参与者、记账人、突出特点、场景应用方面的差异。

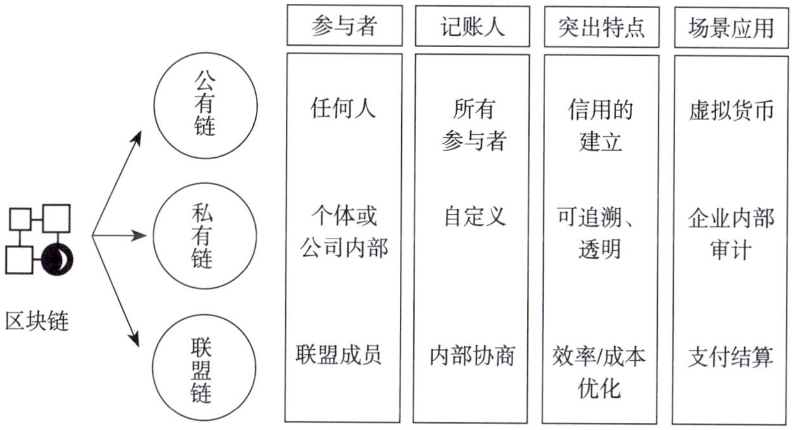

图7-1-6 三大链之间的差异

任务工单

展示任务实施的成果，并完成如表7-1-2所示的任务评价表。

表 7-1-2 任务评价表

评价项目	评价内容	分值	评价分值		
			自评	互评	师评
职业素养考核项目	考勤、仪容仪表	10			
	团队交流与合作意识	10			
	创新意识、纪律意识	10			

续表

评价项目	评价内容	分值	评价分值		
			自评	互评	师评
专业能力考核项目	积极参与教学活动并正确理解任务要求	10			
	认真搜集并积极讨论相关资料	10			
	任务实施过程记录表的完成度	10			
	对人工智能主要技术的了解程度	20			
	对人工智能主要应用方面的了解程度	20			
合计：综合分数_______		100			
综合评价：					
备注：					

任务实施

在购物软件中体会大数据。

（1）打开购物软件，在搜索框分别输入“笔记本电脑”“联想笔记本电脑”“戴尔笔记本电脑”，然后分别进入商品页面浏览几分钟。

（2）退出商品页面，再退出购物软件。

（3）等待几分钟后，再次打开购物软件，我们就会发现，在推荐页面会推送给与我们搜索过的商品同类的商品，如图7-1-7所示。

图7-1-7 推荐商品展示

任务二

体验新一代信息技术

任务导入

【任务描述】

在如今智能化、数字化的时代，人工智能（AI）已悄然渗透到我们生活的方方面面，无论是语音识别、图像识别，还是智能推荐、自然语言处理，AI都在以其独特的方式改变着我们的生活方式。今天，就让我们一同踏上这段探索之旅，通过手机端的“腾讯AI体验中心”小程序，亲身体验人工智能的神奇魅力。

【任务思考】

1. 学生分组，并针对本次活动展开深入的讨论。

（1）腾讯AI体验中心小程序都提供了哪些AI功能？这些功能是如何满足用户需求的？

____

____

（2）你认为AI技术的未来发展趋势是什么？哪些领域可能会受到更大的影响？

____

____

2. 按照实际操作过程，将操作内容及实施过程中遇到的问题或解决方法记录在表7-2-1中。

表 7-2-1　任务实施过程记录表

序号	操作内容	遇到的问题	解决方法
1			
2			
3			
4			
…			

知识积累

知识积累

目前，信息技术日益渗透到交通出行、商业、医疗、工业、农业、科技、教育教学、军事等领域，不断推动着人类社会的发展。

一、信息技术使交通出行更加便捷

如今，随着信息技术的发展而涌现出的各类信息服务系统和信息终端使得人们的交通出行越来越便捷。例如，利用购票网站，可以方便地购买火车票、飞机票等；利用电子地图，可以获取公交、地铁等出行路线；利用网约车，可以享受个性化的优质出行服务；利用导航软件，可以进行实时导航，并了解实时路况信息。

除个人出行外，信息技术在交通管理中的应用也非常普遍。在现代交通运输系统中，管理机构与运营中的汽车、火车、轮船、飞机之间可以及时互通消息；利用全球卫星定位系统，可以为飞机、轮船等交通工具制定航线；城市交通管理部门可以利用交通管理系统及时、准确、高效地完成监控路况与交通流量、管理灯光信号、发现交通事故、记录违章行为等各种任务。

知识链接

北斗卫星导航系统（BeiDou navigation satellite system，BDS）是我国自行研制的全球卫星导航系统，也是继美国的全球定位系统（global positioning system，GPS）、俄罗斯的格洛纳斯（global navigation satellite system，GLONASS）之后第3个成熟的卫星导航系统。2020年7月31日上午，北斗三号全球卫星导航系统正式开通。

北斗卫星导航系统可以在全球范围内全天候、全天时地为各类用户提供高精度、高可靠定位、导航、授时服务，已广泛应用于交通运输、海洋渔业、水文监测、气象预报、测绘地理信息、森林防火、通信系统、电力调度、救灾减灾、应急搜救等领域。未来，北斗卫星导航系统将在人类社会生产和生活的方方面面发挥更重要的作用，为全球经济和社会发展注入新的活力。

二、信息技术改变消费方式

信息技术在商业中的应用也深入到了各个方面。例如，在超市购物时，收银员只需用读码器扫描物品的条码，就可以自动计算应付款额（图7-2-1）；结算付款时，客户只需使用手机客户端扫描二维码，便可实现与商家账户的支付结算（图7-2-2）；日常生活中，通过网上银行或移动支付服务，可以实现水费、电费、燃气费、物业费缴纳（图7-2-3），以及一卡通充值、信用卡还款等活动。

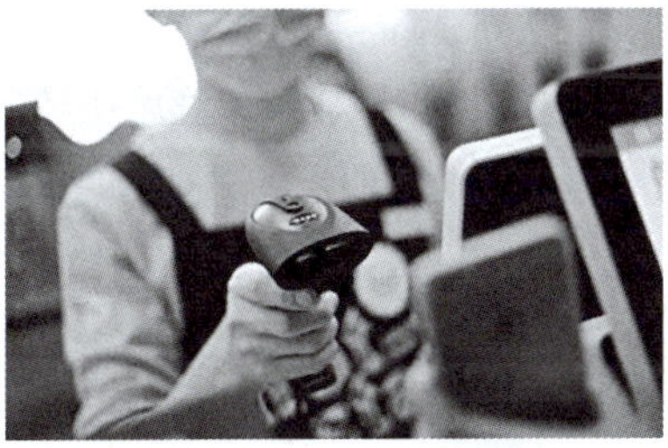

图7-2-1 扫码结算

图7-2-2 扫码支付

图7-2-3 在线缴费

三、信息技术与医疗领域深度融合

信息技术在医疗领域也得到了广泛应用。例如计算机X线断层扫描（CT）、超声成像、心电图、脑电图等先进的检测技术为疾病的诊断提供了依据；电子病历为医生提供了更加

图7-2-4　专家远程会诊

规范的综合信息，便于医生快速做出诊断；利用通信网络，可以将患者的病历信息发送给医疗专家，以便共同商讨给出诊断和治疗方案（图7-2-4）；利用信息技术进行药品的药性、成品的分析与化验等，可以更加快速、准确地得出结论。

四、信息技术助力工农业发展

工业机器人是工业现代化的典型应用场景，利用它代替人类完成很多繁重、重复或者毫无意义的流程性作业，可以解放劳动力、提高工作效率。例如，焊接机器人在汽车制造行业应用最为广泛，它在焊接难度、焊接数量、焊接质量等方面有着人工焊接无法比拟的优势。

信息技术在农业中的应用也日益深入，涉及农情监测、智能灌溉、农业设施生产制造、病虫害监测与防治、农产品销售与流通等方面。例如，利用遥感技术，可以收集地面上的植物、土壤分布信息，实时监控空气和土壤的温度、湿度及光照强度等参数，了解农作物的长势和病虫害信息等。

五、信息技术推动科技进步

信息技术的发展与应用改善了科研条件，帮助科研人员不断提高科研工作效率，提升自主创新能力，为科技进步创造了条件。例如，我国自行研制的“神舟十七号”飞船（图7-2-5）成功完成了一系列空间科学实验和技术试验；我国具有完全自主知识产权的“复兴号”动车组列车（图7-2-6）试验时速可达400千米，它的成功研制和生产标志着我国铁路成套技术装备特别是高速动车组已经走在世界前列。在这些科技创新和进步的背

图7-2-5 “神舟十七号”飞船

图7-2-6 “复兴号”动车组列车

后，虚拟仿真、人机交互、大数据分析、人工智能、3D打印等信息技术为高速运算、海量存储、智能控制等提供了有力支撑。

六、信息技术助力教育教学创新

信息技术从根本上改变了教与学的方式。借助信息技术，教师可利用各种信息工具开展生动的教学活动，引导学生主动思考和学习；学生也可以根据需要和兴趣，选择辅助学习软件进行个性化学习。此外，网络课程、远程教育等教学形式的普及，打破了时间、空间，甚至是年龄的限制，使终身学习成为可能。

七、信息技术助推军事现代化

信息技术在军事领域也得到了十分广泛的应用，对现代化武器装备、指挥方式、作战形式、军队结构及战略战术等都产生了巨大的影响。例如，利用计算机技术，可以在极短的时间内算出防空导弹的发射参数，并指挥导弹攻击入侵的敌机。此外，在现代战争中，电子侦察、电子预警、电子干扰、声呐探测、雷达系统、红外瞄准与夜视装置等，都离不开现代信息技术。

任务工单

展示任务实施的成果，并完成如表7-2-2所示的任务评价表。

表 7-2-2　任务评价表

评价项目	评价内容	分值	评价分值		
			自评	互评	师评
职业素养考核项目	考勤、仪容仪表	10			
	团队交流与合作意识	10			
	创新意识、纪律意识	10			
专业能力考核项目	积极参与教学活动并正确理解任务要求	10			
	认真搜集并积极讨论相关资料	20			
	了解信息技术的应用	20			
	能够正确地使用腾讯AI功能	20			
合计：综合分数_______		100			
综合评价：					
备注：					

任务实施

在智能手机上使用“腾讯AI体验中心”小程序，体验人工智能的一些应用。

一、打开“腾讯 AI 体验中心”小程序

（1）在智能手机上打开微信，点击右上方的搜索图标，进入搜索页面，如图7-2-7所示。

（2）点击中部的“小程序”，进入搜索小程序页面，在输入栏输入“腾讯AI体验中心”，点击“搜索”，就可以找到“腾讯AI体验中心”小程序，如图7-2-8所示。

（3）点击该小程序，进入“腾讯AI体验中心”，如图7-2-9所示。

图7-2-7　搜索页面

图7-2-8　找到小程序

图7-2-9　进入小程序

二、体验腾讯 AI 应用

腾讯AI体验中心现有“计算机视觉”“自然语言处理”“智能语音”三大类应用，每类应用下各有许多场景可供体验。

（1）场景物体识别。上传场景图片后，系统可以给出识别出的场景和物体的名称，如图7-2-10所示。

（2）语音识别。输入一段语音音频后，系统可以输出相应的文字，还可以选择输出语言的类型，包括粤语、英语等，如图7-2-11所示。

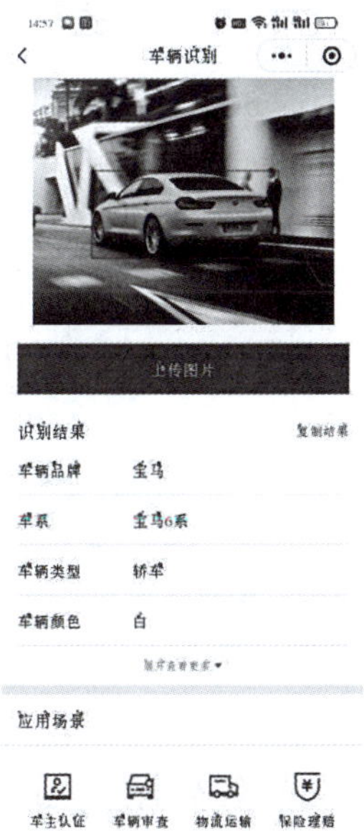

图7-2-10　场景物体识别　　图7-2-11　语音识别

项目小结

本项目主要探索和分析当前信息技术领域的最新进展，特别是5G、量子信息技术、人工智能、物联网、区块链等前沿技术，以及这些技术在社会各领域的广泛应用和深远影响。通过细致的任务分解与深入学习，学生不仅加深了对新一代信息技术的理解，还了解了信息技术对现代社会变革的关键作用。

课后习题

一、填空题

1. 人工智能的3个基本能力：________、________、________。

2. 物联网主要具有3个特征：________、________、________。

3. 区块链技术的模型是由自下而上的________、________、________、________、________和________组成的。

二、简答题

1. 想象你生活在一个完全由5G网络支持的智慧城市中，列举三项你认为5G技术能显著改善生活质量的具体应用场景。

2. 随着人工智能技术的日益成熟，它在医疗健康领域扮演着越来越重要的角色。请描述一个人工智能如何帮助医生提高诊断准确性的场景。

项目八

信息检索

项目概述

本项目旨在提升在海量信息中快速、准确地定位所需资源的能力，通过学习信息检索的基础知识、搜索引擎使用技巧以及专业平台的高效利用，培养高效的问题解决能力和独立学习的方法。本项目不仅注重技术层面的教授，也强调信息伦理与责任感的培养，确保在信息检索与利用过程中能够做出明智且道德的判断。

学习目标

在完成每个目标后，请在相应的方框内打钩，并撰写自我评价，以反映自己在学习过程中的表现。

目标	目标内容	是否完成	自我评价
知识目标	理解信息检索的基本概念	□	
	掌握信息检索方法	□	
	熟悉专利、商标检索及学术论文数据库的使用方法	□	
能力目标	快速、准确地在互联网、专业数据库中定位所需信息，运用关键词优化、过滤条件等技巧提升检索效率	□	
	熟练操作搜索引擎、专业数据库平台（如万方数据）进行数据检索、筛选、下载、分析，有效利用信息管理工具	□	
	基于信息检索技能，自主探索未知领域，持续扩展知识边界，适应快速变化的信息环境，提升终身学习能力	□	

续表

目标	目标内容	是否完成	自我评价
素质目标	树立正确的信息伦理观念，尊重版权，保护个人与他人隐私	□	
	培养批判性思维，对信息持审慎态度，不盲从，能独立思考，辨别信息真伪，形成理性判断	□	
	在信息检索与应用中保持好奇心，鼓励创新思维，探索新技术、新方法，不断优化信息处理与解决问题的策略	□	

思政园地

在信息检索的过程中，应树立正确的信息伦理观，尊重知识版权，避免盗版与抄袭，维护网络环境的清朗。同时，应具备辨别信息真伪的能力，拒绝传播未经验证的消息，为构建可信信息社会贡献自己的力量。此外，应利用所学知识服务社会，促进信息的公平获取，关注信息时代下不同群体的需求，展现信息时代青年的责任感与担当。

思维导图

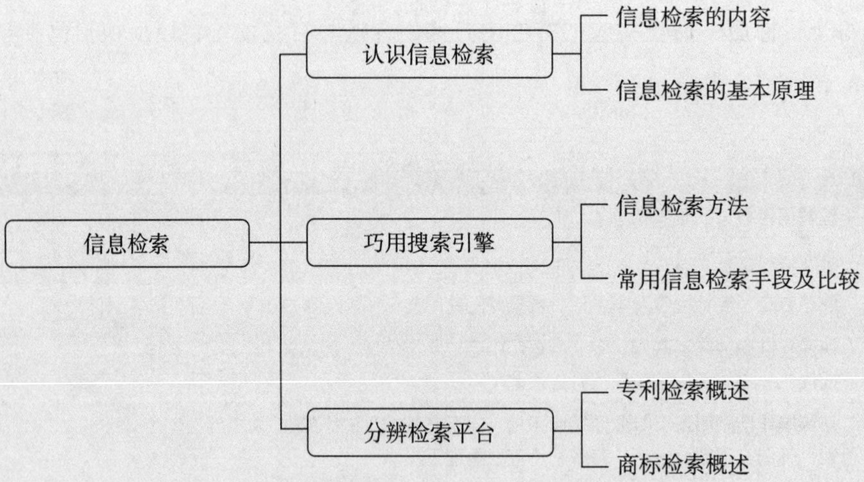

任务一

认识信息检索

任务导入

【任务描述】

在这个信息爆炸的时代，人们常常需要从海量的信息中寻找所需的内容。搜索引擎技术应运而生，成了人们获取信息的重要工具。在本次任务中，将使用搜索引擎技术来检索笔记本电脑配置信息。

【任务思考】

1. 学生分组，并针对本次活动展开深入的讨论。

（1）如何选择合适的关键词进行搜索？

____

____

（2）如何过滤和筛选搜索结果？

____

____

2. 按照实际操作过程，将操作内容及实施过程中遇到的问题或解决方法记录在表8-1-1中。

表 8-1-1 任务实施过程记录表

序号	操作内容	遇到的问题	解决方法
1			
2			
3			
4			
…			

知识积累

信息检索（information retrieval，IR）是将信息按一定的方式组织起来，并根据用户的需要找出有关信息的过程和技术。从根本上来说，真正具有信息素养的人不仅要具备信息意识，更要掌握信息检索技术，具备信息获取的能力。根据美国科学基金委员会、凯斯工学院研究基金会以及日本国家统计局的初步统计，科研人员在一个研究项目中，其时间分配大致如图8-1-1所示。

图8-1-1 科研人员研究时间粗略分配

从图8-1-1可见，在整个科研的时间分配比例上，用于查找和阅读情报资料的时间达50.9%，可见信息之重要，信息检索能力之重要。需要注意的是，信息检索与信息搜索是两个不同的概念，两者之间的差异，如表8-1-2所示。

表 8-1-2 信息检索和信息搜索的区别

项目	信息检索（retrieval）	信息搜索（search）
获取途径	是从有序信息集合中识别与获取所需信息	从任意资源获取所需信息
过程和方法	有一定的策略，是系统地查找资料	随机或更随意一些
技能	需要一定的专门知识和技能	简单，任意词
用途	课题或专题	日常生活、学习
结果	检索前通常不知道会有什么结果	通常知道结果
效率	迅速、准确	一般

一、信息检索的内容

信息检索可以从广义和狭义两个角度理解。从广义上讲，信息检索包括两个过程：一是信息存储（information storage），指将杂乱无序的信息有序化存储形成信息集合的过程（信息的标引、加工和存储过程）；二是信息检索（information retrieval），即用户根据需要从信息集合中找出特定信息的过程。

从狭义上讲，信息检索通常指第二个过程，仅指信息检索这一过程。

信息检索内容主要包含6种形式。

（1）文献检索（document retrieval）。文献检索是以文献（包括目录、题录、文摘、索引和全文）为检索对象，以科学的方法利用专门的工具，从大量的文献资料中迅速、准确、完整地查找到文献资料的过程。

（2）数据检索（data retrieval）。数据检索是以数值或数据（包括数据、图表、公式等）为对象的检索。它一般以数据大全、手册、年鉴等为检索工具。

（3）事实检索（fact retrieval）。事实检索是以某一客观事实为检索对象，查找某一事物发生的时间、地点及过程的检索。它一般利用字词典、年鉴、百科全书、手册等作为检索工具。

（4）全文检索（full retrieval）。全文检索是计算机程序通过扫描文章中的每一个词，对其建立一个索引，并指明该词在文章中出现的次数和位置，根据所建立的索引进行检索。

（5）超文本检索（hypertext retrieval）。超文本检索是利用非线性信息组织方法建立数据库并检索相关信息的方式。超文本的基本组成元素是节点和节点间的逻辑连接链。节点存储信息，节点中的信息和逻辑连接链被联系在一起，构成相互交叉的信息网络，当用户激活某个节点时，计算机就会在屏幕上显示出相应节点的信息。

（6）超媒体检索（media retrieval）。超媒体检索是在超文本的基础上发展而来的。随着多媒体技术的发展，开始将图像、图形、视频、动画、声频等超媒体信息载体用来建立超链接。存储对象从单维发展到多维，存储空间不断扩大。

二、信息检索的基本原理

信息检索的基本原理就是将用户需求（检索）标识和信息集合中存储（标引）标识进行比较和选择，其核心是两者通过检索语言进行匹配的过程。两者标识匹配，则具有这些特征标识的信息就从检索系统输出，输出的信息就是检索要求的信息。匹配有多种形式，既可以是完全匹配，也可以是部分匹配，这主要取决于用户需要，如图8-1-2所示。

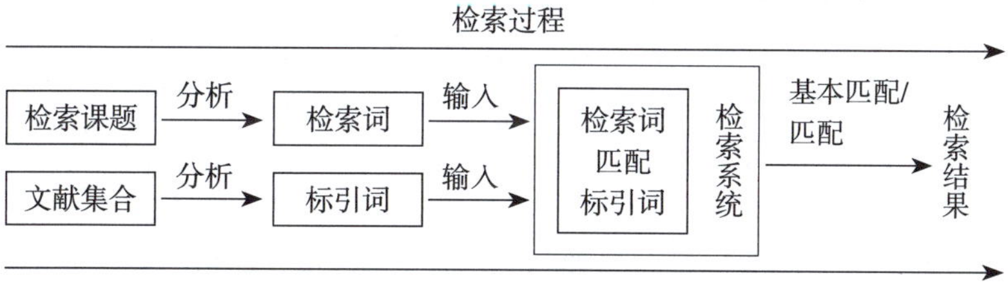

图8-1-2 信息检索原理

任务工单

展示任务实施的成果，并完成如表8-1-3所示的任务评价表。

表 8-1-3　任务评价表

评价项目	评价内容	分值	评价分值		
			自评	互评	师评
职业素养考核项目	考勤、仪容仪表	10			
	团队交流与合作意识	10			
	创新意识、纪律意识	10			
专业能力考核项目	积极参与教学活动并正确理解任务要求	10			
	认真搜集并积极讨论相关资料	20			
	了解信息检索的基本知识	20			
	能够正确地使用信息检索功能	20			
合计：综合分数______		100			
综合评价：					
备注：					

任务实施

一、打开搜索引擎网站

在浏览器中打开常用的搜索引擎网站，例如百度等，并输入关键词“笔记本电脑配置”，如图8-1-3所示。

图8-1-3　输入关键词“笔记本电脑配置”

二、筛选仔细

在搜索结果中，仔细筛选与目标品牌和型号相关的网页进行查看。可以通过单击搜索结果中的标题或链接来访问相关网页，如图8-1-4所示。

图8-1-4　单击搜索结果

三、了解电脑的配置信息

在相关网页中，详细了解该款笔记本电脑的配置信息，包括处理器、内存、硬盘等关键部件的规格和性能，如图8-1-5所示。同时，还可以查看其他用户对该款笔记本的评价和反馈。

详细参数

基本参数	
上市时间	2020年
产品类型	家用　更多家用笔记本>
产品定位	轻薄笔记本
处理器	
CPU系列	英特尔 酷睿i7 10代系列
CPU型号	Intel 酷睿i7 10875H　高端机　更多酷睿i7CPU>
CPU主频	2.3GHz
最高睿频	5.1GHz　运行流畅
核心/线程数	八核心/十六线程　多任务运行强
三级缓存	16MB
总线规格	DMI3 8GT/s
核心代号	Comet Lake-H>
制程工艺	14nm>
功耗	45W　耗电高
存储设备	
内存容量	16GB　极速运行
内存类型	DDR4 3200MHz>
硬盘容量	1TB>
硬盘描述	SSD固态硬盘>

图8-1-5　了解电脑的配置信息

四、结合用户评价和反馈

结合其他用户对该款笔记本的评价和反馈，对该款笔记本的配置做出综合评估。评估时可以考虑以下几个方面：配置是否符合个人需求、性价比是否合理、性能是否稳定等，如图8-1-6所示。

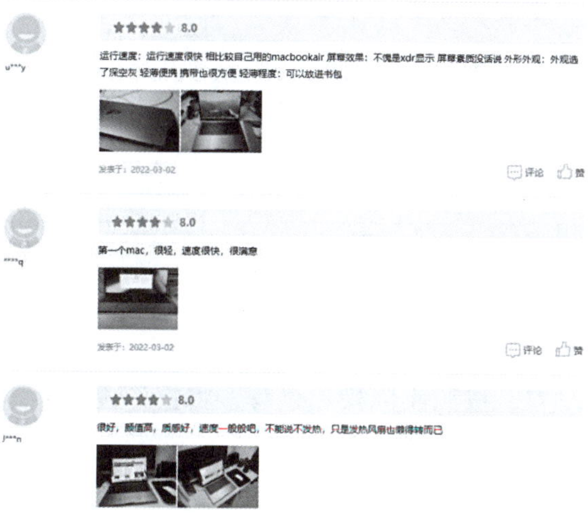

图8-1-6　用户评价

五、综合评估

根据综合评估结果，决定是否购买该款笔记本电脑。如果购买，可以选择合适的购买渠道和方式，以确保获得优质的售后服务和保障个人信息安全。

需要注意的是，在了解笔记本电脑配置时，应该选择可靠的来源和具有信誉的网站进行查询和比较。同时，对于不同的需求和使用场景，配置的选择也应该有所不同。因此，在购买前应该结合自身需求和使用场景进行综合考虑，以选择适合自己的笔记本电脑配置。

任务二

巧用搜索引擎

任务导入

【任务描述】

在数字化信息时代，搜索引擎已经成为人们获取知识和信息的重要途径。随着技术的不断进步，搜索引擎的功能愈发强大，不仅可以帮助人们迅速找到所需的信息，还能为人们提供丰富的背景资料和深入的分析。比如，最近，小明在探寻一句古诗的出处、作者以及创作背景时，就充分利用了搜索引擎的强大功能。这句古诗是："盛年不重来，一日难再晨。及时宜自勉，岁月不待人。"

【任务思考】

1. 学生分组，并针对本次活动展开深入的讨论。

（1）搜索引擎在提供信息时可能存在的局限性是什么？

____

____

（2）在数字化信息时代，我们如何更有效地利用搜索引擎进行学习？

____

____

2. 按照实际操作过程，将操作内容及实施过程中遇到的问题或解决方法记录在表8-2-1中。

表 8-2-1　任务实施过程记录表

序号	操作内容	遇到的问题	解决方法
1			
2			

续表

序号	操作内容	遇到的问题	解决方法
3			
4			
…			

知识积累

信息检索使用的方法和手段对检索效果影响非常大。检索过程中，使用科学、正确的检索方法和手段，可大大地提高检索效率；反之，则会事倍功半。

一、信息检索方法

常用的信息检索方法有以下3种。

（1）常用法。常用法分为顺查法——按照文献出版时间由远及近地逐年查找；倒查法——按照文献出版时间由近及远地逐年查找；抽查法——按学科兴旺时期检索信息。

（2）追溯法。追溯法是利用已知信息的某种指引，如文后的参考文献、相关书目、引文注释、辅助索引、附录等追踪检索。这些材料指明了与用户需求最密切的文献线索，往往包含了相似的观点、思路、方法，具有启发意义。

（3）交替法。交替法是把常用法和追溯法结合起来查找文献的方法，即先利用常规检索工具找出一批有用信息，再利用这些信息所附的引文进行追溯查找，由此获得更多信息。

二、常用信息检索手段及比较

常用信息检索手段分为手工检索、光盘检索、联机检索和网络检索。这些检索手段差异比较如表8-2-2所示。

表 8-2-2　各种检索手段差异比较

项目	手工检索	计算机检索		
		光盘检索	联机检索	网络检索
组成	印刷型书刊、资料	计算机硬件、检索软件、信息存储数据库、通信网络	中央服务器、检索终端、检索软件、联机数据库、通信网络	网络服务器、用户终端、网络数据库、通信网络
优点	直观，回溯性好，无时间限制，信息存储与检索费用低	设备简单、检索费用低、检索技术容易掌握	检索范围广泛、检索速度快、检索功能强、及时性好	检索方法简单、检索较灵活、方便，及时性好，检索费用和速度均低
缺点	检索入口少，速度慢，费时，效率较低	更新不够及时	检索技术复杂，设备要求高，回溯性差，检索费用昂贵，有时间限制	—

任务工单

展示任务实施的成果，并完成如表8-2-3所示的任务评价表。

表 8-2-3　任务评价表

评价项目	评价内容	分值	评价分值		
			自评	互评	师评
职业素养考核项目	考勤、仪容仪表	10			
	团队交流与合作意识	10			
	创新意识、纪律意识	10			
专业能力考核项目	积极参与教学活动并正确理解任务要求	10			
	认真搜集并积极讨论相关资料	20			
	了解搜索引擎的基本操作方法	20			
	能够正确地使用搜索引擎	20			
合计：综合分数_______		100			
综合评价：					
备注：					

任务实施

通过以下步骤，小明可以通过互联网查询并记录“盛年不重来，一日难再晨。及时宜自勉，岁月不待人”这句名句的出处、作者及创作背景，并将其记录在“记录单.doc”文档中。

一、查询出处与作者

（1）打开网页浏览器。

（2）在搜索框中输入“盛年不重来，一日难再晨。及时宜自勉，岁月不待人”诗句。

（3）按下回车键或单击搜索按钮，浏览搜索结果，如图8-2-1所示。

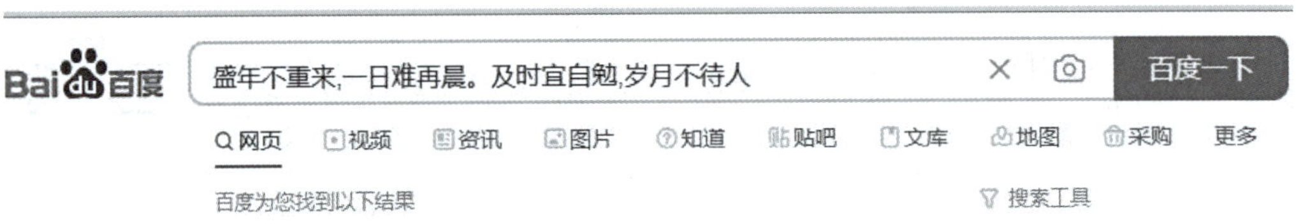

图8-2-1　古诗搜索

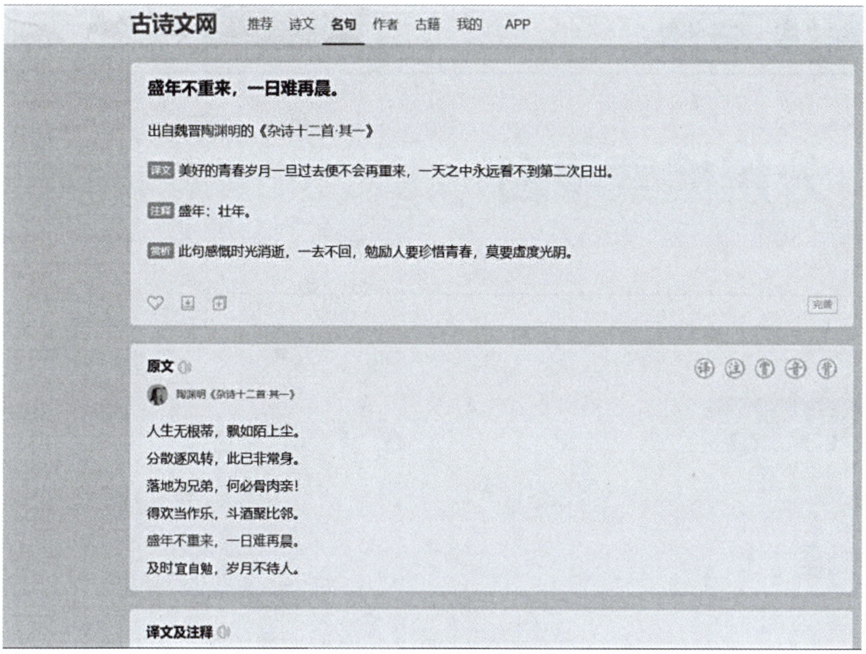

图8-2-2 搜索结果

（4）在搜索结果中，寻找最相关的网页或资料，通常这些网页会明确标明名句的出处和作者，如图8-2-2所示。

（5）验证信息的准确性，确保找到的资料是可靠和权威的。

二、了解创作背景

（1）在已经找到的出处资料中，寻找关于这句名句的创作背景信息。

（2）如果在出处资料中没有找到足够的背景信息，可以尝试在搜索引擎中进一步搜索这句名句的创作背景。

（3）仔细阅读并理解创作背景，这将有助于更好地理解和欣赏这句名句。

三、记录信息

（1）打开“记录单.doc”文档。

（2）在文档中创建一个新的段落或表格，用于记录这句名句的信息。

（3）将查询到的出处、作者及创作背景信息准确地记录在文档中，确保信息的完整性和准确性。

（4）如果可能的话，可以添加一些注释或自己的理解，以加深对这句名句的认识和理解。

任务三

分辨检索平台

任务导入

【任务描述】

小刚一直对中国农业高新技术产业的发展状况保持高度关注，希望能深入了解这一领域的最新研究成果。因此，他决定在万方数据平台上进行学术论文的检索。

【任务思考】

1. 学生分组，并针对本次活动展开深入的讨论。

（1）专用平台信息检索的特点是什么？

____

____

（2）专用平台信息检索在哪些领域有广泛应用？

____

____

2. 按照实际操作过程，将操作内容及实施过程中遇到的问题或解决方法记录在表8-3-1中。

表 8-3-1　任务实施过程记录表

序号	操作内容	遇到的问题	解决方法
1			
2			
3			
4			
…			

知识积累

知识积累

一、专利检索概述

专利检索是一项系统性的研究过程，旨在查找与自己的创新或发明相关的专利信息。这一过程有助于确保自己的创新是独特的，避免侵犯他人的专利权，提供法律保护，并提供有关市场竞争和技术趋势的洞察。

1．明确目标

在进行专利检索之前，首先需要明确自己的目标。确定自己希望检索的创新、技术领域和市场范围，以确保检索的方向明确。

2．使用专业工具和数据库

专业的专利数据库如美国专利商标局（USPTO）、欧洲专利局（EPO）和世界知识产权组织（WIPO），他们都提供了广泛的专利信息。这些数据库通常包含全球范围内的专利文档，可用于检索。

知识链接

世界知识产权组织（World Intellectual Property Organization），简称WIPO，是联合国保护知识产权的专门机构，根据《成立世界知识产权组织公约》而设立。该公约于1967年7月14日在瑞典首都斯德哥尔摩签订，于1970年4月26日生效。中国于1980年6月3日加入了该组织。

世界知识产权组织是致力于用知识产权（专利、版权、商标等）作为激励创新与创造手段的联合国机构。

世界知识产权组织、世界贸易组织、联合国教科文组织是三个主要的管理知识产权条约的国际组织（后两个国际组织不是知识产权专门机构）。

世界知识产权组织的总部设在瑞士日内瓦，在美国纽约联合国大厦设有联络处。

3．关键词搜索和分类

在专利数据库中，可以使用关键词、术语和分类来查找与自己的创新相关的专利。考虑使用多个关键词和不同的搜索策略，以确保不会错过相关信息，如图8-3-1所示。

4．分析专利文档

一旦检索到相关专利，需要仔细分析这些文档。了解专利的范围、技术细节和法律状态，以确定其对自己的创新的潜在影响，如图8-3-2所示。

图8-3-1　关键词搜索和分类

5．了解专利类型

专利分为不同类型，包括发明专利、实用新型专利和外观设计专利。了解不同类型的专利有助于确定哪种是最适合自己的创新。

图8-3-2　分析专利文档

6．评估侵权风险

专利检索还有助于确定自己的创新是否可能侵犯他人的专利权，这有助于降低法律风险，避免侵权诉讼。

7．制定战略

基于检索结果，制定战略，包括是否申请专利、如何申请专利以及如何管理和维护专利权。

8．持续更新

专利检索不仅在初始阶段有用，还需要定期更新，这有助于跟踪市场和技术的变化，以适应新的发展。

专利检索是创新过程中的关键步骤，旨在为创新者提供全面的市场洞察、法律保护和竞争策略。它有助于确保自己的创新得到充分的法律保护，同时提供关于市场趋势和竞争环境的有用信息。不管是个人发明家、初创企业还是大型组织，专利检索都是确保创新成功的不可或缺的一环。

二、商标检索概述

商标检索是指对商标数据库进行搜索和查询，以确定某个商标是否已经被他人注册或使用，以及是否存在与所需商标类似的商标。商标检索是商标注册申请的一个关键步骤，它有助于确保自己选择的商标是独一无二的，不会侵犯他人的商标权，从而提高商标注册成功的机会，如图8-3-3所示。

在进行商标检索时，通常需要考虑以下几个方面。

图8-3-3　商标检索网

1．商标相似性

检查是否存在与希望注册的商标相似或近似的商标，包括拼写、发音、外观等各个方面。

2．商标分类

商标注册按照类别进行，因此需要确定商标所属的类别，然后检查该类别中是否已经有相似的商标存在。

3．商标地理区域

商标权通常是地域性的，因此需要考虑你计划注册商标的地理范围，以确定是否已经有类似商标在该地区注册。

4．商标数据库

使用商标权威机构（例如美国专利商标局、欧洲联盟知识产权局等）的商标数据库，或者专业商标检索工具来进行详细检索。

5．潜在冲突

如果发现与已注册商标有相似性，需要评估潜在的冲突并确定是否需要调整你的商标。

商标检索的目标是确保你的商标在申请时不会受到拒绝，也不会侵犯他人的商标权，从而为你的商标提供法律保护。最好咨询专业律师或商标代理来执行这项任务，因为他们有经验和专业知识，可以提供有关商标检索和注册的建议。

任务工单

展示任务实施的成果，并完成如表8-3-2所示的任务评价表。

表 8-3-2　任务评价表

评价项目	评价内容	分值	评价分值		
			自评	互评	师评
职业素养考核项目	考勤、仪容仪表	10			
	团队交流与合作意识	10			
	创新意识、纪律意识	10			
专业能力考核项目	积极参与教学活动并正确理解任务要求	10			
	认真搜集并积极讨论相关资料	20			
	熟悉常用检索平台的用途	20			
	正确查询“中国农业高新技术产业”的学术论文	20			
合计：综合分数_______		100			
综合评价：					
备注：					

任务实施

一、进入中国万方数据平台

（1）打开浏览器，在地址栏中输入万方数据平台的官方网址，如图8-3-4所示。

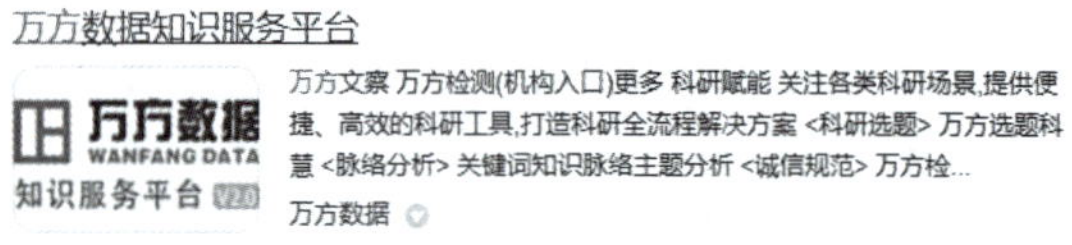

图8-3-4　万方数据平台

（2）在平台首页，可以看到各种学术资源的分类和推荐。为了进行论文检索，单击“学位论文”或类似的选项进入论文检索页面，如图8-3-5所示。

图8-3-5　单击学位论文

二、进行论文检索

（1）在检索页面，可以看到多个检索字段，如主题、作者、关键词等。为了了解中国农业高新技术产业的发展状况及最新研究成果，可以在主题或关键词字段中输入相关内容进行检索。例如，输入“中国农业高新技术产业”或“农业高新技术 最新研究”等关键词，如图8-3-6所示。

（2）根据需要，还可以设置检索条件，如时间范围、文献类型等。为了获取最新的研究成果，可以将时间范围设置为近几年，如图8-3-7所示。

（3）单击“检索”按钮，系统会根据设定的条件进行论文检索，并显示检索结果。

三、浏览与筛选论文

（1）检索结果会按照相关性或发表时间进行排序。可以单击标题或摘要，查看论文的详细信息和内容。

（2）在浏览论文时，注意查看论文的发表时间、作者、来源期刊等信息，以便判断论文的质量和可靠性，如图8-3-8所示。

（3）可以根据需要对检索结果进行筛选，如按照被引次数、下载次数等指标进行排序，以便快速找到高质量的论文。

四、阅读与整理论文

（1）找到感兴趣的论文后，可以单击“下载”或“在线阅读”按钮，获取论文的全文

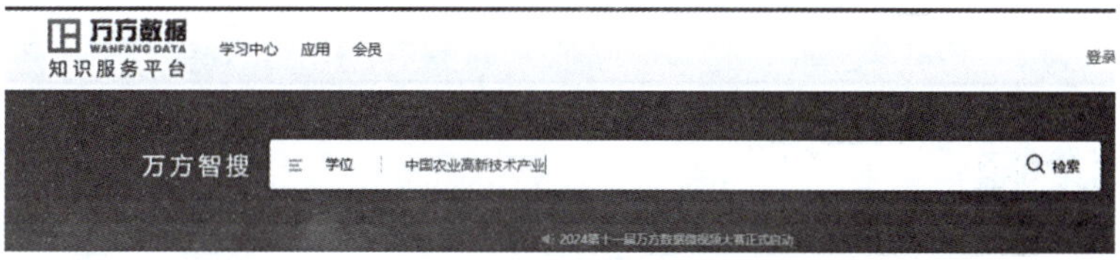

图8-3-6　输入“中国农业高新技术产业”关键词

图8-3-7　设置检索条件

图8-3-8　论文信息

内容，如图8-3-9所示。

（2）在阅读论文时，注意记录关键信息和观点，以便后续整理和分析。

（3）可以将下载的论文整理到一个文件夹中，便于后续查阅和引用。

通过以上操作过程，就可以在中国万方数据平台上进行学术论文的检索，并深入了解中国农业高新技术产业的发展状况及最新研究成果。

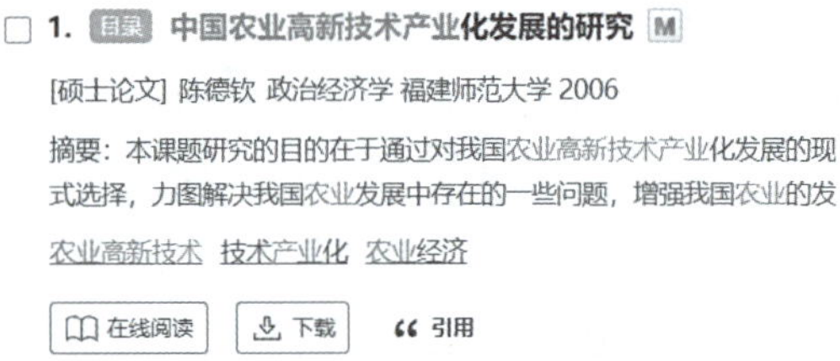

图8-3-9 “下载”或“在线阅读”按钮

项目小结

本项目重点介绍了信息检索的基础知识、搜索引擎的高效使用技巧，如关键词检索、高级搜索技巧等，最后介绍了在特定平台上的信息检索策略，特别是针对专利和商标的信息检索。通过本项目的学习实践，学生不仅了解了搜索引擎如何运作，并且为后续的高效检索打下坚实基础。

课后习题

一、填空题

1. 信息检索内容主要包含6种形式：________、________、________、________、________、________。

2. 常用的信息检索方法有3种：________、________、________。

3. 常用信息检索手段分为________、________、________和________。

二、简答题

1. 简述信息检索的基本概念。

2. 简述专利检索与商标检索的主要目的及其在实际应用中的重要性。

参考文献

［1］娄志刚，田驰，李杜. 信息技术（基础模块）（WPS版）［M］. 上海：上海交通大学出版社，2021.

［2］秋叶，刘晓阳. WPS Office高效秘籍［M］. 北京：人民邮电出版社，2021.

［3］程远东. 信息技术基础（Windows 10+WPS Office 2019）［M］. 北京：人民邮电出版社，2021.

［4］新阅文化，于忆. WPS Office 2019 商务办公从新手到高手［M］. 北京：人民邮电出版社，2020.

［5］李俊辉，马峰柏. WPS Office办公应用案例教程［M］. 北京：航空工业出版社，2020.

［6］李修云，尤淑辉. WPS Office办公应用基础教程［M］. 北京：北京大学出版社，2023.

［7］眭碧霞. 信息技术基础（WPS Office）［M］. 2版. 北京：高等教育出版社，2021.

［8］蔡杰锋，程书红，卢金花. WPS Office+移动办公从入门到精通（微视频版）［M］. 北京：清华大学出版社，2023.

［9］黄春风，赵盼盼. WPS Office办公软件应用标准教程［M］. 北京：清华大学出版社，2021.